此道之美

先秦诸子人性艺术论

张学君 著

華文出版社
SINO-CULTURE PRESS

图书在版编目（CIP）数据

此道之美：先秦诸子人性艺术论 / 张学君著．
北京：华文出版社，2025．3．-- ISBN 978-7-5075-6103-6

Ⅰ．B220．5；B82-061

中国国家版本馆 CIP 数据核字第 2025JL5630 号

此道之美：先秦诸子人性艺术论

著　　者：张学君
责任编辑：刘超平
出版发行：华文出版社
地　　址：北京市西城区广外大街 305 号 8 区 2 号楼
邮政编码：100055
网　　址：http://www.hwcbs.cn
电　　话：总编室 010-58336239　责任编辑 010-58336222
　　　　　发行部 010-58336267
经　　销：新华书店
印　　刷：三河市人民印务有限公司
开　　本：710mm × 1000mm　1/16
印　　张：17
字　　数：220 千字
版　　次：2025 年 3 月第 1 版
印　　次：2025 年 3 月第 1 次印刷
标准书号：ISBN 978-7-5075-6103-6
定　　价：88.00 元

序

学君是2005年在北京大学获得博士学位的。他的博士论文，选择先秦诸子人性论与艺术论为题，得以顺利地通过答辩。经过近十五年的继续思考与修改，现在以《此道之美：先秦诸子人性艺术论》为题出版。他的博士论文我读过，这回又认真地阅读了修改后的书稿，想谈谈对于这个课题以及学君这部著作的一些想法，权当他要我作的一个小序。

这个课题的重要性是不用说的，也是一个难题。说是难题，是因为中国传统哲学中的人性论，其基本思想及其流派，在先秦诸子那里就已完全成形，尤其是对于人性本质的讨论。但中国古代艺术，尤其是各种士大夫的艺术及其理论，却是在此后才全面发展的。这给选择以先秦诸子的人性论与艺术论为研究课题的研究者带来一种困境。首先，诸子思想中，真正可称为艺术观点的内容，是比较有限的，并且其中一些重要的观点，向来是关注度很高的。不多的几个命题，都已被反复讨论过。其次，先秦诸子，尤其是儒、道两家的人性思想对艺术的影响，主要表现在汉以后的文学艺术中。这种影响的情况很复杂，也很难说清楚。所以，学君当时选择这个题目做博士论文时，我是有些担心的。我希望他选择一个对义理、辞章、考据三方面都有所涉及的题目，哪怕专在辞章方面也好。但学君的兴趣和特长正在义理方面，尤其是对于像人性论这样的基本哲学问题，他是最喜欢探讨的。我其实对于义理问题，尤其是与人生及社会有密切关系的义理问题，也是深感兴趣的，所以最后还是支持他选这个题目，并且与他有过饶有兴味也不无分歧的讨论。尤其是对于孟荀两家的性善恶问题，我认为两家的出发点都是善的，但对于何为性之本体，孟子落实在善上面，而荀子落实在恶上面。我认为在这个问题上，孟子达到了一种哲学的高度，而荀子只是提出了一种意见。在我的理解中，人性的本体，只能是善，而不可能是恶。这是因为恶是情动以后的表现，其形态是千差万别、不能确定的。这种有差别的表象不可能成为本体。本体是性，是静的，是生而知之、生而能之的良知、良能。孟子用他的思辨，揭示出这个人性本体，所以它的人性论是一种哲学。后来王阳明当然是沿着孟子的性本体论，发展出在思想史上影响巨大的良知说的。而荀子所说的人类在行为上的种种恶的表现，虽然是一种现实，但从那里推究不出一种本体来。

再说人性论与艺术论的关系。艺术的根本在于表现人，这个人既包括个体的个人，也包括群体的人类与社会。因此，艺术发源于人性的自然抒发，以及对这种自然现象的伦理调节与审美表现。这个基本的原理，是放之四海而皆准的。这在先秦的艺术理论著作《礼记·乐记》里已有明确表述。我认为《礼记·乐记》是先秦诸子人性论与艺术论最完美的结合，是我们理解中国古代人性思想与艺术观念的关纽。艺术的问题，从根本上说就是人性的问题，而每种艺术理论，只要是有效的，就必然是以一种人性论与人生论为基础的。事实上，艺术所展示的就是人性，是从性静到情动的种种表现，落实在社会的层面，则为种种世相。只有表现出人性的艺术，才是理想的艺术。当然，人性的内涵是极为复杂的。人性的复杂性，也正是先秦诸子讨论的内容，或者说，他们之所以对人性问题展开热烈的讨论，正是因为其复杂性。这里又有一个发展过程。人类的思想与认识，是从神话时代发展而来的。在神话与原始宗教中，就包含着一种人性论，却是神性的、宗教性的。后来所谓神圣观念的人性论，即是渊源于神话时代之神性的人性体验。《左传》及老子、孔子，乃至于墨子的人性思想，也还是包含在其哲学观念与伦理思想的全体之中的，并且是以一种独断论的方式呈现的。真正对人性展开讨论的，是战国时代的孟、庄、荀、韩诸家。也就是说，到了这个时候，人性论才作为一种学术内容得到研究。这个过程其实一直延续到两汉、魏晋。但到了此时，佛教传入，道教兴起，对人性论问题的讨论显得更加复杂。人性问题与佛性、仙性的讨论交织在一起，一些传统命题却被搁置。例如，孟子的性善论，一直到宋明时代陆九渊、王阳明的心学中，才有实质性的发展，并且成为中国传统哲学大厦的拱顶。

学君这部著作最值得肯定的地方是，他尝试将原本区分开来的儒、墨、道诸家的人性论与艺术论，放在一个思想发展的系统中来研究。思想，甚至艺术，都不是孤立的，而是经历了一种超越个别思想家、艺术家的历史地发生、发展与演变的过程。学君说："我希望能够找一条思想演进的线索，把先秦人性艺术论的发展描述成一个问题在历史上流动，随着历史的发展而不断丰富深化，复原一个历史与逻辑相统一的问题。"这是我最为赞赏的。正是因为这个愿望，他沉潜于这个课题近二十年，梳理出系统的看法，形成了一个先秦诸子人性艺术论的思想体系。这个体系，他称之为"四家七子八派"，以孔子为正统，墨子为变化，孟子为先秦性善论的集大成者，而荀子、韩非子则为对前面主流思想的一种反向思考，也可以说是一种补充。对于道家的老子、庄子及庄子后学，则将其处理为另一条发展脉络，这一条脉络与上面那条脉络是平行的，并且也是相互影响的。至于书中的许多具体观点，其创新或承继，其是与非，我想读者会有自己的认识的。

学君是我在先秦两汉文学方向上带的第一个博士生。我从1997年担任博士生导师以来，按照科研与教学的分段，指导魏晋南北朝隋唐五代文学方向的博士生，我自己的研究也主要集中于这一段。但那几年，几位老先生退休后，先秦两汉文学方向的博导一时空缺。如果这种情况持续下去，会影响这一段以后的博士生招生。所以，教研室同人商量，征得先生们的同意后，由我兼带先秦两汉文学方向。我虽然对汉乐府做了一些研究，同时在撰写《唐前生命观和文学生命主题》一书时，对先秦两汉的一些问题也做了一些探讨，但对于担任这个方向的博士生导师，还有些担心不能胜任。也许正是出于这个原因，我对自己指导的这几位先秦两汉文学方向的博士生，要求似乎更加严格。另外，也许是因为我自己在先秦文学方面没有足够有影响的研究成果，尽管对他们所做的课题有一些想法，甚至有些自己觉得比较重要的观点，有时也不太容易被他们所接受。好在他们都能出色地完成博士论文的撰写工作，并且都顺利地通过了答辩，获得好评。几年后，本段有了其他博导，我也就很自然地退出了本段的指导工作。现在学君要我为他的这本书作序，笔头不觉就滑到这件事上来了。我很感谢这几位博士，是他们通过自己的努力，让我的指导工作得以较好地完成。我也希望他们在学术上都做出更出色的成果，我将与有荣焉！

钱志熙

2021年3月28日书于京北寓所

目　录

第二章　墨子：底层社会的审美公义

第三章　孟子：仁善之为美

第四章　荀子：礼义之为美

第五章　韩非子：法家的艺术审察

第六章　老子：天地有大美而不言

第七章　庄子：性情消泯，言语逍遥

第八章　庄子后学：自然人性论美学

绪　论

先秦人性艺术论的产生

人类文明创造的三大领域，科学是求真的，哲学是明善的，而艺术是审美的。降及人文科学，史学是求真的，哲学是明善的，而文学是审美的。柏拉图认为，人类文化创造的三个根本价值就是真、善、美。如果把生命价值比作一棵树，则真是扎于泥土的根，善是向上生长的干，而美则是从里向外开放的花朵。无根则树不能生，无干则树不能长，而无花则无以展示生命的美丽与高贵，故而艺术之美实是世间生命的自我绽放。蔡元培提倡以美育代替宗教，就是因为意识到了美在生命价值中的崇高地位。历史可以满足人的求知欲，哲学可以满足人的明理欲，而唯有美学可以给人以情感的安顿，让干涩枯萎的心灵得以滋润鲜活。艺术的发展水平，显示着一个社会文明程度的高低；而对艺术的不同态度，也透露着思想家们理论境界的深浅。

先秦是中国文化的源头，诸子思想对传统中国乃至现代中国的文化形态有着深刻影响，而诸子美学也开创了中华民族审美心理的基本格局。要了解中国传统美学，必然要从先秦诸子开始。

研究诸子美学，有材料不足的困难。诸子的理论重心并不是艺术，除儒家以外，纯粹以艺术作为话题的情况并不多。他们的美学多与其对社会政治问题的讨论混合在一起。这就要求我们必须做一番钩沉索隐的工作，通过一些话语碎片复原或重建他们的美学体系。例如孔子，其艺术论明确表征的主要有“兴观群怨”“思无邪”“尽善尽美”“文质彬彬”等相对孤立的条目，学者们对这些只言片语背后的意义进行了努力的挖掘和详尽的阐释，这就好像从历史的废墟中捡出一些残砖片瓦，试图重建昔日壮丽的楼台，用心是好的，但那些碎片实在太零碎了，复原工作总给人一种东鳞西爪、难窥全豹的感觉。

其实，孔子的美学绝非那些只言片语所能概括的，它根植于孔子整体的哲学思考之中，就像一棵枝叶繁茂的大树上开着的星星点点的几朵小花。小花诚然可以展现大树的美学，美的根源却不在花上，而在于枝干和树根。所以，我们应该换个思路，从孔子思想的根本出发来考察他的美学。我们不能只关注孔子直接谈及艺术的部分，而要把它看成是冰山露出水面的一角，海平面下面才是他美学思想的主体。它一方面决定了孔子美学的基本形态，另一方面本身就有“潜美学”的价值。从这个角度切入，做研究才更有根底，才能够深入下去。孔子如是，其他诸子亦复如是。

那么，诸子美学的根本在哪里呢？笔者以为是人性论。艺术表现人性，艺术就是人性之根上生出来的花朵，艺术史就是人类的一部人性表现史。从这个意义上讲，诸子美学可以归结为诸子的人性艺术论。

一、人性艺术论的理论架构

人性是思想史上一个极为重要的问题，所有伟大的思想家都不能回避对它的思考。人类的一切活动都是从人出发，都是为了人，对人性的认定是哲学思考的一个基本前提。只有明确了人的本质属性，人类才能确定自己在宇宙中的位置以及生存的意义。古希腊德尔菲神庙入口处刻着这样一句话：“认识你自己。”这可以看成是轴心时代的西方哲人对轴心问题的回答，为苏格拉底所深深认可。相对来说，西方哲学家更注重对宇宙论和知识论的分析，人性的问题在他们那里并不占有绝对重要的地位。而中国思想家则更注重社会伦理之学，以人性论为讨论中心。中国哲学并非没有宇宙论，但与人性论实密不可分，宇宙的根本原理即人生的根本原理。张岱年说：“中国人生论之立论步骤常是：由宇宙论而讲天人关系，进及于性论，再由性论讲人生之最高准则。”①可以说，人性是中国哲学的核心问题。从先秦时代孟子、告子和荀子对人性善恶的争论，到汉唐之际流行的性三品说，再到宋明理学对心性问题的思考，都是围绕着人性展开的。清代朴学发达，义理之学受到排斥，但王夫之、阮元、戴震和焦循等人都对人性问题有着集中的探讨。

王国维考察了古今中外对人性的各种说法，最终仍百思不得其解。他说：“古今东西之论性，未有不自相矛盾者。使性之为物，如数及空间之性质然，吾人之知之也既确，而其言之也无不同，则吾人虽昌言有论人性之权利可也。试问吾人果有此权利否乎？今论人性者之反对矛盾如此，则性之为物，固不能不视为超乎吾人之知识外也。”②认识人性确实不是一件容易的事，正如眼睛可以看见万物却看不见自身，人类对自身的认识远不如对客观世界的认识更清楚，但我们至少可以先界定一下人性的内在构成。

按照人类的思维习惯，事物属性建构于区别性之上。孤立地谈一个事物的属性是很难的，我们只能通过事物间的差别来认识它。索绪尔指出，语言符号能指与所指关系的差异性是确定概念意义的基本原则，能指的肯定意义是借助所指的否定意义来确定的。也就是说，想

①张岱年：《中国哲学大纲》，中国社会科学出版社，1982，第166页。

②王国维：《论性》，载姚淦铭、王燕《王国维文集》第三卷，中国文史出版社，1997，第242页。

说明一个事物是什么，先要说明它不是什么。我们可以依照这个思路，逐步缩小“包围圈”：首先，在宇宙中，人类不同于山河大地这样的非生物，它是有生命的生物；其次，在生物界中，人类又不同于无情感的植物——“人非草木，孰能无情”，人类属于“有情众生”，即动物；最后，在有情的动物界中，人类是高级动物。可见，人兽之别是界定人性构成的最后一步。孟子说人性善，禽兽性不善。其实禽兽本来无所谓善恶，如我们不能说狼是恶的，羊是善的。荀子说人能“群”，禽兽不能“群”，其实动物中蜜蜂和蚂蚁都能“群”，这也不是人与禽兽的根本区别。对于这个问题，笔者觉得王充的说法最有道理：

> 夫裸虫三百六十，人为之长。人，物也，万物之中有知慧者也。其受命于天，禀气于元，与物无异。鸟有巢栖，兽有窟穴，虫鱼介鳞各有区处，犹人之有室宅楼台也。能行之物，死伤病困，小大相害。或人捕取以给口腹，非作窠穿穴有所触，东西行徙有所犯也。人有死生，物亦有终始，人有起居，物亦有动作，血脉、首足、耳目、鼻口与人不别，惟好恶与人不同，故人不能晓其音，不见其指耳。及其游于党类，接于同品，其知去就，与人无异。（《论衡·辨祟篇》）

王充在分析人类与动物的差别的时候，对二者的共性和个性都涉及了。人与动物都是有欲望、好恶的，从中可以看出人性中有情感的因素；但只有人是“万物之中有知（智）慧者”，而禽兽则是愚痴的众生。佛家认为三毒与三恶道相应，贪心感饿鬼之报，嗔心感地狱之报，痴心感畜生之报，亦可作为旁证。由此可以推知，人性由两个元素构成，一个是情感，一个是理智。《楞严经》说一切众生有情想二习，情就是情感，想就是理智。英国哲学家休谟《人性论》主体分为两部分：先论知性，后论情感，也是分别对应着理智与情感。我们通常会形容一件事“合情合理”或“情理难容”，劝人时讲究“晓之以理，动之以情”，便是不自觉地把人性做了这样的区分。

先秦诸子在讨论人性问题的时候，也都是针对这两个元素而展开的。例如，孔子常常仁智并举，仁对应的是情感，智对应的是理智。荀子则直接情智并举：“礼然而然，则是情安礼也；师云而云，则是知若师也。情安礼，知若师，则是圣人也。”老子的人性论是以超越情智为特征的，即所谓“常使民无知无欲”。大体来说，知对应着理智，而广义的欲则涵摄着情感。

为了方便，我们把情感和理智简称为“情”和“理”。当然，任何概念都有它的局限性和模糊性，比如情会涉及欲，而理则常被等同于智，本书会根据现实情况加以变通。同时，将人性的内在构成界定为情和理，并不意味着思想家们对它的认识是统一的，他们之间的差别正是本书要讨论的内容。

当诸子从人性论的视角观察艺术的时候，他们的着眼点落在哪里呢？下面再看一下艺术的内在结构。

康德说，美是艺术的根本特征。艺术之美的根源何在，美学史上有两种不同的观点。李泽厚说：

> 现代一些美学家否认存在有特定的审美感情或审美感受的情感状态。他们认为所谓审美感受、审美感情不过是日常生活中的各种经验的感受、感情的“某种方式”的“恰到好处”的协调、综合、均衡、中和，这种“中和”的感情越多、越丰富、越恰到好处，就越能形成审美感受，就得到越多的美感。……
>
> 另外一种相反的意见……认为有一种特殊的审美感情，它们是对对象的形式——色彩、线条、音响即所谓“有意味的形式”的反应。只有在这种纯形式的欣赏中才能获得审美感情，其他涉及内容（如故事、情节、人物）的情感、感受或认识都不能算作审美。（《美学四讲》）

李泽厚最后总结道："这两种意见颇不相同甚至对立，但都有一定道理。前者显然更适用于各再现艺术部类，后者则更与表现艺术合拍。"[①]事实上，这两种观点并非正反对立，而是表里互补。前者关注艺术的情感内容，后者则关注艺术的美学形式，审美活动就是从这两个方面展开的。如果用传统文论的术语，不妨称之为"情"和"文"。刘勰云：

> 故立文之道，其理有三：一曰形文，五色是也；二曰声文，五音是也；三曰情文，五性是也。五色杂而成黼黻，五音比而成韶夏，五情（性）发而为辞章，神理之数也。……夫铅黛所以饰容，而盼倩生于淑姿；文采所以饰言，而辩丽本于情性。故情者文之经，辞者理之纬；经正而后纬成，理定而后辞畅：此立文之本源也。（《文心雕龙·情采》）

刘勰把艺术分为三种：基于视觉，眼观五色之文，是为美术；基于听觉，耳听五音之文，是为音乐；基于知觉，心感五性之文，是为文学。

就形式而论，美术是"形文"，音乐是"声文"，文学应该是"言文"。就内容而论，文学作为语言艺术，以文字来表现感情，自然可以说是"情文"，事实上任何艺术本质上都是"情文"。美术以线条和色彩来表现生活，其形式要素"文"显得更为突出，不过如果一幅画没有灵魂，不能表现出画家的精神气质，则无论画人画物，都与科普插图没有区别。中国画强调写意，意在笔先，就是因为笔以表意，文以传神。音乐以声音来抒发情感，也是有情有文。《毛诗大序》说："情发于声，声成文谓之音。"音乐的文即音调的高低、音色的刚柔、节奏的缓急。刘勰用"情文"来专指文学，只是为了突出情感对于文学本质的规定性意义。

---

①李泽厚：《美学四讲》，载《美学三书》，安徽文艺出版社，1999，第531—532页。

综合所有艺术的共性，我们可以说，情感内容和文采形式是构成艺术的两个基本元素，用刘勰的话来说是“情采”，我们则称之为“情文”。由于思考社会问题的综合性，先秦诸子常用的术语是“质文”。

人性有情有理，艺术有质有文，把人性和艺术结合起来考察，最终可以落实到以下两点——情理关系与质文关系，先秦诸子人性艺术论的基本结构由此建立。由于侧重点的差异，诸子形成了各具特色的美学思想。

第一，主情与主理有区别。《文心雕龙·明诗》说：“人禀七情，应物斯感。感物吟志，莫非自然。”这是说文章可以抒情。《文心雕龙·情采》说：“是以联辞结采，将欲明理。”这是说文章也要明理。依常人的理解，艺术表现人性，自然要以抒情为主。清人吴雷发《说诗菅蒯》说：“诗以道性情，人各有性情，则亦人各有诗耳。”但理学家就不这么看，于是又有了文以载道之说，载道当然就要主理。情理冲突是美学史上永恒的话题，戏曲家汤显祖就自称以情抗理。对思想家而言，对情理关系的不同态度决定了他们美学思想的基本方向。

第二，重质与重文有区别。一方面，内容决定形式，如陆机《文赋》说：“诗缘情而绮靡，赋体物而浏亮。”可见缘情之诗多绮丽奢靡，体物之赋多形象鲜明，顺理而推，载道之文当周正庄严；另一方面，形式也反作用于内容，优美或拙劣的文笔可以使人产生直接的情感反应，可见二者的关系是相互的。

二、先秦人性艺术论的成熟

先秦诸子人性艺术论的兴起，是中国文化走向成熟的一个表现，有着深厚的历史背景。

当先民尚与鸟兽同群，文明尚未开化的时候，人性的问题还没有引起人们的关注。人性论出现的前提是自我意识的觉醒和人文精神的确立。中国文化起源很早，但经历了漫长的发展过程，直到周代才出现了前所未有的繁荣。人文精神在周代达到了一个新的高度。孔子说：“周监于二代，郁郁乎文哉！吾从周。”

周代文化是革去殷命之后对殷礼有所损益的结果。孔子说：“周因于殷礼，所损益，可知也。”商周文化的传续当然是一脉相承的，但更值得关注的是周人为中国文化新增添了些什么。《礼记·表记》记载孔子语曰：

殷人尊神，率民以事神。先鬼而后礼，先罚而后赏，尊而不亲。……周人尊礼尚施，事鬼敬神而远之，近人而忠焉。

殷商之敬天尊神，只看大量的占卜甲骨就可见一斑。而周人之敬鬼神而远之，则体现出从天命到人事的重要转变。这种转变是如何发生的呢？历史学家许倬云以为：

周人以蕞尔小邦，人力物力及文化水平都远逊商代，其能克商而建立新的政治权威，由于周人善于运用战略，能结合与国，一步一步的构成对商人的大包抄，终于在商人疲于外战时，一举得胜。这一意料不到的历史发展，刺激周人追寻历史性的解释，遂结合可能确曾有过的事实（如周人生活比较勤劳认真，殷人比较耽于逸乐）以及商人中知识分子已萌生的若干新观念，合而发展为一套天命靡常惟德是亲的历史观及政治观。①

这个重大的文化奠基工程，是由周公旦完成的。虽然周武王就已经消灭商纣而建立了西周，但天下一直到周公征伐之后才彻底安定下

①许倬云：《西周史》（增补本），生活·读书·新知三联书店，2001，第111页。

来。周公既有武功又有文治，制礼作乐，对周代的制度文化建设做出了重大的贡献。他在内忧外患中总结了丰富深刻的人生经验和政治经验，却把建设的重心放在君主个人的道德修养上。我们从他反复训诫康叔和成王的话中处处能发现以德治国的精神，如《尚书·康诰》：

> 王曰："呜呼！小子封。恫瘝乃身，敬哉！天畏棐忱，民情大可见。小人难保。往尽乃心，无康好逸豫，乃其乂民。我闻曰：'怨不在大，亦不在小；惠不惠，懋不懋。'已，汝惟小子，乃服惟弘王，应保殷民；亦惟助王宅天命，作新民。"

他不厌其烦地对康叔说，一定要小心谨慎，不要贪图逸乐，要时时有忧患在身的念头；要尽心尽力地去治理百姓，这样才能襄助大王安定天命，使小民日新其德。天命靡常，唯德是辅，这就将历史的成败落实到作为历史主体的人的德性上。把目光从天命转到人事，这正是人文精神的真正发端，因为只有在有了命自我立的意识之后，人类才会把对天神的注意力转向自身，寻求自我实现的途径。

天子是人，庶民也是人。天子的德性可以自我迁化，众庶的民情自然也是可以改变的。周公意识到体察"民情"的重要性，也意识到民性是可以改变的，于是提出"作新民"的要求，成为《礼记·大学》中"新民"说之本。这自然会引发更普遍意义上的思考：人的本性是什么？人性对命运有什么影响？如何观乎人文以化成天下？

周初的人文精神孕育了人性论思想，但人性论的真正发达还是在春秋战国时代。从周初到春秋战国，人性问题随着时代的发展而日益受到重视。表现在历史文献上，"性"字开始频频出现，对人性的讨论也逐渐深入。

春秋战国是中国社会发生急剧变革的时代，是一个人性觉醒的时代，也是一个欲望和知识同时膨胀的时代。经济上，井田制被破坏，私有制在一定意义上确立，从法律上提升了人们的自我意识[①]；而社会生产力的发展，又强化了人们享受生活的欲望。政治上，礼崩乐坏，政治多元化成为大势所趋。由于各诸侯国关系日趋复杂多变，个人选择和改变命运的机会也不断增多。文化上，统一的意识形态已不复存在，个体话语获得了极大的空间。在这样的历史语境下，个人的生命能量得到空前的发挥，人性的觉醒成为一个不可遏止的时代潮流。

殷商以来数百年的文化积累，为周代人性论的思考做了理论上的准备。虽然我们很难描绘出这一历史时期思想界演变的详细图景，人们对社会人生的思考在不断深化却是一个明显的事实。《左传》和《国语》记载了当时一些大人君子对“民性”的意见，从某种意义上讲已经接近对人性的讨论。《左传·襄公十四年》中，师旷对晋侯说：“天生民而立之君，使司牧之，勿使失性。”《左传·襄公二十六年》中，子产说：“夫小人之性衅于勇、啬于祸、以足其性而求名焉者，非国家之利也。”《左传·昭公十九年》中，沈尹戌说：“吾闻抚民者，节用于内，而树德于外，民乐其性，而无寇仇。”《国语·鲁语上》中，鲁襄公说：“夫人性，陵上者也，不可盖也。求盖人，其抑下滋甚，故圣人贵让。”这些都是通过讨论普通人的性格触及人性问题的核心。尤其是子产，作为一个有思想的政治家，他对社会的治理就建立在对人性的理解之上。《左传·昭公二十年》：“郑子产有疾，谓子大叔曰：‘我死，子必为政。唯有德者能以宽服民，其次莫如猛。夫火烈，民望而畏之，故鲜死焉；水懦弱，民狎而玩之，则多死焉，故宽难。’”这一段典故又曾为韩非子所引，成为他讨论人性与法制关系的一个材料。

---

①这里只是概说，真实的历史不可简单而论。按秦晖的说法，出土的《秦律》证明秦朝实行的是严格的国家授地制，而非土地自由买卖。不过，“出土《秦律》中一方面体现了土地国有制，一方面又为反宗法而大倡个人财产权，给人以极‘现代’的感觉”。见秦晖：《“大共同体本位”与传统中国社会》，载《传统十论——本土社会的制度、文化及其变革》，复旦大学出版社，2004，第79—80页。

春秋战国时代，诸子兴起，百家争鸣。诸子站在不同的立场，或亲自参与社会政治改革，或从事教育文化事业，或与现实保持一定的疏离和超脱，从不同的角度对社会问题进行思考和讨论。人性是他们关注的一个焦点，他们的政治思想、经济思想、教育思想无不是以其人性论为基础的，并达到相当的深度。《庄子·列御寇》借孔子之口，谈人性之复杂：

凡人心险于山川，难于知天。天犹有春秋冬夏旦暮之期，人者厚貌深情。故有貌愿而益，有长若不肖，有顺怀而达，有坚而缦，有缓而钎。故其就义若渴者，其去义若热。故君子，远使之而观其忠，近使之而观其敬，烦使之而观其能，卒然问焉而观其知，急与之期而观其信，委之以财而观其仁，告之以危而观其节，醉之以酒而观其则，杂之以处而观其色。九征至，不肖人得矣。

正所谓“画虎画皮难画骨，知人知面不知心”。在“孔子”看来，人类往往是“厚貌深情”，深不可测的，天之四时旦暮犹可期可信，“人心险于山川，难于知天”，所以要以“九征”来观察应对。先秦诸子的人性论就建立在这样深入细致的观察与思考之上。

下面再看先秦艺术的发展。

艺术，尤其是音乐艺术的进步，是周代文化繁荣的重要表现之一。无论是从传世文献的记载，还是从出土文物中，我们都能感受到周代艺术发展的盛况。相对而言，周代美术因为受到质料的限制，主要以岩画、壁画、漆画和帛画为主，有时体现在器物的纹饰上，这种情况到造纸术发明之后才会有较大改变；而文学尚未从广义的文章之学中独立出来，《诗经》中的“风”今天看来近于“纯文学”作品，但在当时也被赋予了很强的政治功能。只有音乐，可以说代表了东周时期艺术发展的最高成就。

音乐的发展是因为君王的重视。周公制礼作乐，使音乐成为国家典礼的重要组成部分，音乐的发展有了制度保证，这可以从《周礼》乐官的设置上得到证明。同时，音乐艺术的发展，还要受制于社会经济生活的水平。《吕氏春秋·古乐》载，“昔葛天氏之乐，三人操牛尾，投足以歌八阕”，可以想见其原始与简陋。《周礼》规定天子八佾，亦不过是六十四人的乐舞，显然是与那个时代的经济水平相适应的。

到了东周时代，随着社会经济的发展，无论是乐器品种、乐器制作还是乐队体制，都有了明显的发展。以乐队的规模而论，《墨子·非乐》中说：“今王公大人虽无造为乐器……将必厚措敛乎万民，以为大钟鸣鼓、琴瑟竽笙之声。”读者或以为不免夸张，然而曾侯乙墓的乐器分布，已勾勒出一个战国早期庞大完整的乐队的格局。小小的曾国就有如此庞大的乐队，那些大国音乐艺术的发达便可想而知。《韩非子·内储说上》提及：“齐宣王使人吹竽，必三百人。”仅仅是吹竽便要组成三百人的乐队，更何况钟鼓之乐呢？当时诸侯间还流行以送女乐为礼，如《史记》所载，齐国担心孔子仕鲁而鲁强，为沮（阻止）鲁国之政，选“齐国中女子好者八十人，皆衣文衣而舞康乐”，以馈鲁君。诸侯相赠之女乐，必然是完整的乐队，可以想见当时宫廷音乐的发达。

东周时代音乐艺术的发展，还体现在民间俗乐的繁荣上。《战国策·齐策》记述齐国民间音乐：“临淄甚富而实，其民无不吹竽、鼓瑟、击筑、弹琴……”透过夸张的语言艺术，我们不难想见当时诸侯国音乐的普及程度。而流行于民间的“郑卫之音”尤其受宫廷的欢迎，对古典雅乐产生了很大的冲击和影响。魏文侯对子夏说，自己“端冕而听古乐，则唯恐卧；听郑卫之音，则不知倦”。梁惠王见孟子时，也直言自己“非能好先王之乐也，直好世俗之乐耳”。《史记·赵世家》载，赵烈侯喜郑声，甚至要赐给郑歌者二人良田各万亩。

音乐艺术的高度发展，必然会引起诸子的关注。孔子在齐闻《韶》，三月不知肉味，感叹：“不图为乐之至于斯也！”当诸子对社会问题发表见解的时候，音乐自然而然地成为话题之一，比如墨子著有《非乐》，荀子著有《乐论》，乃至不重礼乐的孟子在谈及“与民同乐”时，也要拿音乐来说事。

艺术是人性之花，当先秦诸子以各自的人性论观照艺术现象时，自然形成了不同的人性艺术论。

三、四家七子八派的关系

宽泛地讲，先秦诸子是涉及很多学派的，但在人性艺术论上能成一家之言、产生重大影响的并不是很多。本书只选取了儒、墨、道、法四家七子——孔子、墨子、孟子、荀子、韩非子、老子和庄子——进行论述，道家部分增加了“庄子后学”，合起来便是四家七子八派。

以诸子为单位来安排章节，容易给人一种“板块感”，这是诸子研究中最容易犯的一个毛病。笔者觉得，尽管思想家都是独立的个体，但他们讨论的问题是有延续性的。笔者希望能够找一条思想演进的线索，把先秦人性艺术论的发展描述成一个在历史上流动，随着历史的发展而不断丰富深化的问题，复原历史与逻辑相统一的过程。

孔子是中国主流文化的传承者和开创者，是一个承前启后的思想家。他的人性思想对后世产生了深刻影响，所以把他放在第一章来讲。墨子生于孔子后，先学孔子之术，后来才另立门户，将孔子的差等之仁发展为兼爱之义，并在贵义思想上影响了后来的孟子，实处承前启后之地位，故而放在第二章来讲。孟子继承孔子之仁，吸收墨子之义，提出性善论，放在第三章来讲。从孔子之仁，到墨子之兼爱，再到孟子之性善，中国人性论在积极方面走到了它的顶点。物极必反，荀子为了矫正孟子之偏，隆礼重法以修饬人欲，是为第四章。韩非子顺着老师的思路走到极端，彻底坚持性恶论，专任法术，是为第五章。就这样，中国人性论在消极方面走到了它的顶点。

为了照顾这种思想演进的逻辑性，笔者把道家的老子和庄子放到后面来讲，是为第六章与第七章。从历史来看，这样安排自然是有缺憾的——老子的年代稍早于孔子，而庄子则与孟子同时，且老庄对其他几家并非没有深刻的影响，如韩非子有《解老》《喻老》。但从逻辑来看，这又有其合理性。道家思想有早熟的特点，它是对诸子百家思想的超越性反思。如果把儒、墨、法三家和道家看成“是非”与“天钧”的“两行”，则可以分头叙述。老庄因为对现实持疏离态度，有一种客观的冷静与超脱，故能跳出是非善恶之辨，在相对性之外发现人性的新境界，把它放在后面讲，正有助于提高我们对人性的认识。

道家部分除了老庄之外，还加上了庄子后学相关内容。庄子与老子有一脉相承的地方，而庄子后学则在人性论上走了一条与老庄背道而驰的道路。因为它对中国美学思想的发展有很大影响，所以不能不另辟专章进行论述。

以上就是本书的整体结构安排，具体到每一章，都分为两部分，先阐述诸子的人性论，然后探讨与之相应的艺术论。对艺术论的阐述聚焦于两点——艺术的情感内容和美学形式。前者关涉情与理的关系，后者多表现为质与文的关系。把握了这两点，也就抓住了各章的逻辑线索。

有两点需要补充说明一下：

第一，同一学派之内，有些美学命题在历史上不断地被重复提出。这一点在儒家和道家那里尤为明显，比如孟子和荀子在继承孔子思想的同时又有所发展，庄子之于老子亦复如是。为了避免重复，本文采取了“互见法”的安排方式。例如，美和善的关系，孔子和孟子都谈过，但孟子谈得更充分，就以孟子为主。“物化”是庄子和庄子后学都很关心的一个命题，为了讨论方便，把它放在庄子后学部分来讲。希望读者能前后观照，自然会得出较为全面的结论。

第二，不同学派之间有许多共同话题，诸子围绕这些话题相互辩难，因此，先秦思想史就是一部诸子互动的历史。考虑到这一点，本书在具体论述时，将会打破学派的限制，采用“引证法”和“反证法”来进行论证。例如，借韩非子来说老子，借荀子来说墨子，借墨子来说孟子。“借客定主”自然有一定的风险，却也有其超胜之处，笔者希望能把握好这样做的尺度。

第一章 孔子：人本主义者的艺术人生

作为夏、商、周三代文化的继承者、儒家学派的开创者，人性问题在孔子的思想世界中占有非常重要的地位。梁启超说："儒家舍人生哲学外无学问，舍人格主义外无人生哲学也。""儒家一切学问，专以'研究人之所以为人者'为其范围。"[①]可以说，儒学就是人学。孔子说："鸟兽不可与同群，吾非斯人之徒与而谁与？"又有"厩焚。子退朝，曰：'伤人乎？'不问马"一事。凡此，皆可以看出孔子以人为本的精神。孔子立足于人世间，致力于人性的教化和人本的建立，称得上是一个不折不扣的人本主义者，我们正可以由此窥见其人性论的信息。

第一节　夫子之言性与天道

一、性相近也，习相远也

向来有这样一种说法：作为一个立足于现实人生的大思想家，孔

①梁启超：《先秦政治思想史》，东方出版社，1996，第83—84页。

子对那些神秘或抽象的话题，一直采取回避态度——所谓“子不语怪力乱神”。比如，鬼神和生死是神秘性的话题，因而孔子回避之：

> 季路问事鬼神。子曰：“未能事人，焉能事鬼？”曰：“敢问死。”曰：“未知生，焉知死？”（《论语·先进》）

人性与天道的问题有抽象的意味，孔子似乎也在回避：

> 子贡曰：“夫子之文章，可得而闻也；夫子之言性与天道，不可得而闻也。”（《论语·公冶长》）

有了子贡这一句话，我们对于孔子人性论的预期便打了折扣。不过，儒家以教化为业，孔子更是一个专业的教育家，如果没有对人性的清醒认识，他的教育理念就会成为无源之水、无本之木。

有证据表明，孔子之前的一些贵族学者已经有了相对成熟的人性观。晋文公重耳曾就太子讙的教育问题请教胥臣：“吾欲使阳处父傅讙也而教诲之，其能善之乎？”他的意思是说：“我想让阳处父教育太子，能让他变善吗？”胥臣回答说：

> 是在讙也。蘧蒢不可使俯，戚施不可使仰，僬侥不可使举，侏儒不可使援，蒙瞍不可使视，嚚瘖不可使言，聋聩不可使听，童昏不可使谋。质将善而贤良赞之，则济可竢。若有违质，教将不入，其何善之为！（《国语·晋语四》）

胥臣认为，这决定于讙的素质。天生的脊椎强直者不能让他弯腰，驼背的人不能让他仰视，矮人国的人不能让他举重，侏儒不能让他爬高，失明的人不能让他看见东西……本质好再加上贤良的辅佐，则进步可期。如果本质逆反，对教诲滴水不进，还谈什么变善呢？胥臣还以周文王为例，说明本质良好，会让师长特别省心，这可不只是老师教诲的功劳。

晋文公问："然则教无益乎？"胥臣答道：

> 胡为文，益其质。故人生而学，非学不入。……官师之所材也，戚施直镈，蘧篨蒙璆，侏儒扶卢，蒙瞍修声，聋聩司火。童昏、嚚瘖、僬侥，官师之所不材也，以实裔土，夫教者，因体能质而利之者也。若川然有原，以卬浦而后大。（《国语·晋语四》）

教育并不是没有用处，它可以"益其质"，"加以文采乃善"（韦昭注）。至于前面提到那八种体能有障碍的人，驼背者可以让他击打镈钟，结胸的人让人头顶玉磬给人敲，侏儒让他演杂耍，失明者让他搞音乐……总之，要"因体能质而利之者也"，就好像河流只有疏通源头，才能流向大海。

从胥臣那确定的语气和侃侃而谈的样子，可以看出这在当时是相当成熟的思想。孔子因材施教的理念，似乎能从这里找到源头。比如，孔子也与胥臣一样，认为人的才性是有差异的，甚至差异相当悬殊：

> 孔子曰："生而知之者上也，学而知之者次也；困而学之，又其次也；困而不学，民斯为下矣。"（《论语·季氏》）
>
> 子曰："唯上知与下愚不移。"（《论语·阳货》）

可见孔子也承认，人的天赋是有差别的。平心而论，这也符合实情。虽然有人说，生命是一张白纸，画什么成什么。但鱼天生会游，鸟天生会飞，即便是同为人类，他们先天的差别也不能否认：既有高下之分，也有偏全之别；有全才，有偏才；或偏于劳心，或偏于劳力；或偏于仁，或偏于智，这是孔子因材施教的基本依据。

唯上知（智）与下愚不移，上智不必移，下愚不肯移。但这个世界并非只有上智和下愚两种人，二者之间还有大部分“学而知之”和“困而知之”的“中人”。孔子说：“中人以上，可以语上也；中人以下，不可以语上也。”这样一来，人类根据素质便可以分为上智、中人、下愚三种，这正是后世“性三品”说之所本。

中人不妨看成处于人类情智平均水平的人，数量最多，差别最小，由此孔子推出了那句经典名言：

子曰：“性相近也，习相远也。”（《论语·阳货》）

孔子随机设教，多为中人而发。中人的本性是相近的，只因后天学习和环境影响才逐渐拉大距离。“性相近”给人开始修身的信心，而“习相远”则指出了人性转变的可能性。习是学习，也是积习，积学日久，品性必然会发生变迁。

那按孔子本意，性相近是近于善，还是近于恶呢？习相远是远于善，还是远于恶呢？或者说，他的人性观更接近孟子还是荀子呢？

这真是一个让人困惑的问题。我们发现，孟子、荀子做了两个方向的理解，且都能说得通。让孟子来解释，性相近是近于善，习相远乃是由于后天的积习而远离了本性之善。让荀子来解释，性相近则是近于恶，习相远乃是通过后天的学习而远离本性之恶。

就人之常情而言，我们不能想象孔子是性恶论者，而宁可相信他是主张性善论的。但值得注意的是，孔子说“性相近”，却不说“性相同”，这一点与孟子、荀子都不一样。孟子说：“故凡同类者，举相似也，何独至于人而疑之？圣人与我同类者。”（《孟子·告子上》）荀子说：“凡人之性者，尧舜之与桀跖，其性一也；君子之与小人，其性一也。”

(《荀子·性恶》)孔子为什么只说性相近而不说性相同呢?

孔子一定意识到了这样一个理论困境:说性相同就意味着定性,而定性就意味着不能有变化。根据普通人的生活经验,人性显然是可以转变的。狼可以驯化为狗,野猪可以驯化为家猪,更何况人类呢?把性定为善,不能解释恶的来源;把性定为恶,也不能解释善的来源。言性善与言性恶就像一个重物只能放在天平的一端,无论放在哪一端都会产生失衡现象。从这个角度说,避免给人性定性,反倒更为通达合理。苏轼说:“昔者夫子之文章,非有意于为文,是以未尝立论也。所可得而言者,唯其归于至当,斯以为圣人而已矣。夫子之道,可由而不可知,可言而不可议。此其不争为区区之论,以开是非之端,是以独得不废,以与天下后世为仁义礼乐之主。”(《子思论》)

对孔子的“性相近”说,也可以做这样的理解。表面上看,“性相近”略嫌含糊,殊不知此含糊大有深意,它避免了问题扩大化。孔子不言性善,只是劝善:“仁远乎哉?我欲仁,斯仁至矣。”一个善念发动,此时的心性就是纯善的,这就是“继之者善也,成之者性也”。如能做到无终食之间违仁,念兹在兹,庶可至于尽善的境界。只谈相近,不谈相同;不纠缠理论,更重视实践,这是孔子明智的地方,其模糊处未尝不是其圆融处。梁漱溟说:“一般人是要讲理的,孔子是不讲理的;一般人是求其通的,孔子则简直不通!然而结果一般人之通却成不通,而孔子之不通则通之至。”[①]

至于善恶背后是否还有一个绝对的超越性的人性,这个问题孔子是否考虑过,这在《论语》中是没有答案的,我们姑且搁置,后面再议。

“性相近,习相远”最大的理论意义在于认为人性是可以改变的。君子与小人的差别不在“性”上,而在“习”上。这就对人的生活环境和

---

①梁漱溟:《东西文化及其哲学》,商务印书馆,1999,第129页。

后天修身提出了要求。对君王来说，要创造一个能使“民德归厚”的生活环境，用教化来移风易俗。对平民来说，要通过不断的修身学习来提高自己的道德品性。所以《论语》第一篇就是《学而》，第一章就是“学而时习之，不亦乐乎”。孔子年十五而志于学，不断提高生命境界，逐渐拉开与常人的距离，乃至有高不可及的感觉。但他自称“我非生而知之者，好古，敏以求之者也”。这正是“性相近，习相远”的现身说法。郭店楚简《成之闻之》中说：“圣人之性与中人之性，其生而未有非志。次于而也，则犹是也。虽其于善道也亦非有怿，数以多也，及其博长而厚大也，则圣人不可由与埤之，此以民皆有性而圣人不可慕也。”可以看成是孔子“性相近，习相远”说的展开。

那么，孔子的人性论仅止于此吗？

让我们再回头考察子贡那句话的语意。“夫子之言性与天道”，可见夫子对于性与天道，本来是言说过的，只是子贡不可闻而已。子贡在孔子弟子中，比起颜回等高足，只能算是“中人”，联系“中人以下，不可以语上也”，说他不能得闻上智水平的学说，也是说得通的。

那么，孔子关于性与天道的言论在哪里呢？清儒戴震对这个问题有过相同的困惑，后来终于找到了答案。他在《孟子字义疏证》序言中说：“丙申余少读《论语》，端木氏之言曰：‘夫子之文章可得而闻也，夫子之言性与天道不可得而闻也。’读易，乃知言性与天道在是。”此处的“易”即被称为“十翼”的《易传》。我们对孔子人性论的进一步考察，就从《易传》开始。

二、走近老子，超越易理

孔子与《易传》的关系曾是学术史上一个聚讼纷纭的公案。孔子作《易传》，最早见于《史记·孔子世家》：“孔子晚而喜《易》，序彖、系、象、说卦、文言。读《易》，韦编三绝。曰：‘假我数年，若是，我于《易》

则彬彬矣。’”孔颖达《周易正义》序中说：“其彖、象等十翼之辞，以为孔子所作，先儒更无异论。”最早怀疑孔子与《易传》关系的是宋代欧阳修，叶适继之，清人崔述又继之。20世纪前期，在疑古思潮的推动下，古史辨派几乎彻底推翻了孔子作《易传》的成说。

1973年，马王堆帛书《易传》出土，为孔子作《易传》提供了有力的证据。帛书《要》明言孔子晚而好《易》，“居则在席，行则在囊”，又说：“吾好学而才闻要，安得益吾年乎？”正与《论语·述而》中孔子所述“加我数年，五十以学《易》，可以无大过矣”相合。有意思的是，对孔子学《易》表示疑惑的，恰恰就是感叹“夫子之言性与天道，不可得而闻”的子贡：“夫子亦信其筮乎？”孔子则回答，“我观其德义耳”“吾与史巫同途而殊归”“后世之疑丘者，或以《易》乎”。正如李学勤先生所说：“他（孔子）与《易》的关系也一定不限于是个读者，而是一定意义上的作者。他所作的，只能是解释经文的《易传》。”[①]可以说，孔子与《易传》的关系再无疑义，再炒疑古派的冷饭则甚属无谓。

然而这就有了重新认识孔子的问题。我们已经习惯了《论语》中的孔子形象——不语怪力乱神，罕言性与天道，现在如何解释《论语》和《易传》间的差异呢？周予同说：“号称‘十翼’的《易传》……不但文体同《论语》不相似，而且思想内容也不一致。”[②]钱穆说：“《系辞》里的道，明与老庄的说法相合。……《易系》里的思想，大体上是远于《论语》而近于老庄的。”[③]陈鼓应干脆认为《易传》是道家学派的作品：“我们细读《系辞》，可以看到他的阴阳说、道器说、太极说、精气说、原始返终说，以及‘道’、‘德’、‘神’、‘神明’、‘究几’等等重要的范畴与概念，都和老子思想是一脉相承的关系。”[④]可见，要厘清孔

---

①李学勤：《走出疑古时代》，辽宁大学出版社，1997，第77页。

②朱维铮：《周予同经学史论著选集》，上海人民出版社，1983，第804页。

③钱穆：《论十翼非孔子作》，载顾颉刚《古史辨》（第三册），上海古籍出版社，1982，第92页。

④陈鼓应：《易传与道家思想》，生活·读书·新知三联书店，1996，第72页。

子与《易传》的关系，必须弄清老子与《易经》的关系以及老子与孔子的关系。

陈鼓应《易传与道家思想》一书的观点受到很多学者反对，不过老子与《易经》的联系却是不容否认的。《易经》作为上古占筮之书，本由历代史官完成。史官的职事之一就是执掌历法，从斗转星移、寒来暑往的自然现象中总结规律，对应人事之休咎，发明占筮之法。被孔子称为“史筮”的，就是主持易占的这些史官。老子本人是周朝的柱下史，《易经》必然会成为他的思想资源。略加对比就会发现，老子思想多与易理相合。

《易经》的基本哲理，可以用八个字来概括：“二元对立，物极必反。”首先，世界是二元对立的，所以才有了阴阳两爻的对立，四象、八卦乃至六十四卦皆由此推演而来。其次，对立的双方互相转化，基本规律是物极必反。先看作为“易之门户”的乾、坤两卦：乾从初九“潜龙勿用，阳在下也”到上九“亢龙有悔，盈不可久也”，坤从初六“履霜坚冰，阴始凝也”到上六“龙战于野，其道穷也”，展示的都是物极必反的过程。再看十二消息卦的阴阳消长：从复卦一阳始生开始，至乾卦六爻皆阳，然后阳极阴生，继之以姤卦，最后终之以六爻皆阴的坤卦，也是一个完整的物极必反的过程。至于损、益两卦的卦序，先损而后益，更是“满招损，谦受益”的形象展示，体现的也是物极必反的规律。

“二元对立，物极必反”亦是老子思想的重要组成部分。《老子》第二章讲的便是二元对立，所谓“天下皆知美之为美，斯恶已，皆知善之为善，斯不善已”，第四十二章更有“万物负阴而抱阳”的说法，其与易理的关系更为明显。至于物极必反，《老子》第四十章说“反者道之动”，这与阴阳转化的易理同出一辙。人类遵循此律，凡有所为皆当从相反的方向下手：“故物或损之而益，或益之而损。”这就是“欲取先与”的损益之道。

老子之道与《易经》的原理全无二致。从这个意义上讲，不妨说早在孔子作《易传》之前，老子就已经创作了道家版的《易传》，那就是《老子》。陈鼓应在《易传》中发现了“道家思想”，这并不奇怪，因为孔子、老子二人有着共同的知识背景。我们还要指出，孔子学《易》很可能是受到老子的影响。

孔子适周见老子事，见《史记》之《孔子世家》和《老子列传》。司马迁明文记载的见面缘起，则与鲁人南宫敬叔有关。据《左传·昭公七年》载：

> 九月，公至自楚。孟僖子病不能相礼，乃讲学之，苟能礼者从之。及其将死也，召其大夫，曰：“礼，人之干也。无礼，无以立。吾闻将有达者曰孔丘，圣人之后也……我若获没，必属说与何忌于夫子，使事之，而学礼焉，以定其位。”故孟懿子与南宫敬叔师事仲尼。

按，昭公七年，孟僖子“病不能相礼”，这一年孔子十七岁。“及其将死也”，乃是昭公二十四年，那时孔子三十四岁。显然，左丘明在这里用了“预叙”的笔法。司马迁写《孔子世家》，对本段史实的理解出现了疏误：“孔子年十七，鲁大夫孟釐子病且死，诫其嗣懿子曰……及釐子卒，懿子与鲁人南宫敬叔往学礼焉。”无论如何，由此引出孔子适周之事：

> 鲁南宫敬叔言鲁君曰：“请与孔子适周。”鲁君与之一乘车，两马，一竖子俱，适周问礼，盖见老子云。（《史记·孔子世家》）

孔子适周的年龄，《史记》未载。《孔子世家》大体上是编年叙事，适周之事被放在孔子三十岁齐景公问政之前，可见当距孟釐子之卒很近。又《礼记·曾子问》载孔子自述见老子之事：“昔者吾从老聃助葬于巷党，及堩，日有食之……”参考《春秋》经传和《中国历史日食典》，昭公二十四年四月有日食，下一次则是六年之后。所以，适周之事只能发生在这一年，即孔子三十四岁时。据《孔子世家》记载，孔子与老子见面时的情形是这样的：

适周问礼，盖见老子云。辞去，而老子送之曰：“吾闻富贵者送人以财，仁人者送人以言。吾不能富贵，窃仁人之号，送子以言，曰：聪明深察而近于死者，好议人者也。博辩广大危其身者，发人之恶者也。为人子者毋以有己，为人臣者毋以有己。”孔子自周反于鲁，弟子稍益进焉。（《史记·孔子世家》）

然而在《老子列传》中，老子对孔子却是另一番教诲：

子所言者，其人与骨皆已朽矣，独其言在耳。且君子得其时则驾，不得其时则蓬累而行。吾闻之，良贾深藏若虚，君子盛德容貌若愚。去子之骄气与多欲，态色与淫志，是皆无益于子之身。吾所以告子，若是而已。（《史记·老子列传》）

如果说这是同一次谈话的内容，司马迁何不合而并之，用互见法提示一下即可？很可能，他看到了两则关于孔子、老子谈话的内容，不知如何取舍，于是分头系于两人的传记之中。

如果我们认定孔子和老子只见过一面，这个问题当然是无解的。但据《庄子·天运》载，孔子五十一岁时见老子：

孔子行年五十有一而不闻道，乃南之沛见老聃。老聃曰：“子来乎？吾闻子，北方之贤者也，子亦得道乎？”孔子曰：“未得也。”老子曰：“子恶乎求之哉？”曰：“吾求之于度数，五年而未得也。”老子曰：“子又恶乎求之哉？”曰：“吾求之于阴阳，十有二年而未得。”

因为《庄子》“寓言十九”，后人多不将它看成信史。不过如果本段纯是寓言，则所举数字当取整数，说孔子五十不闻道也就罢了，何必要说五十一呢？学度数五年也就罢了，学阴阳何必要说十二年呢？此中也许有真实的历史信息。联系《史记》所载孔子三十四岁见老子，加上十七年正好是五十一岁，很可能孔子与老子相见不止一次：一次是昭公二十四年，孔子三十四岁；还有一次是定公九年，孔子五十一岁。至于孔子与老子何以会在沛地相见，史上没有记载。近据李炳海先生考证，老子晚年由周入楚，隐居于陈地苦县，即今河南鹿邑，离沛县不远。[1]而孔子于定公九年为鲁中都宰，在山东汶上，离沛县也很近。所以这次见面还是有可能实现的。司马迁未必没有注意到《庄子》这条材料，也许是因为把它当成“寓言”而忽略掉了。

第一次见面，孔子三十四岁，正血气方刚，积极入世，所以老子告诫他不要“好议人”，乃至“发人之恶”。今天看来，这次见面似乎没有给孔子多大的触动。此时的孔子不语怪力乱神，不谈性与天道，对《易经》一类的卜筮之书应该是敬而远之的。

到了五十一岁，孔子阅世已深，则容易与老子产生共鸣，也更容易对易理发生兴趣，学《易》也当在此前后。对于“加我数年，五十以学《易》，可以无大过矣”这句话，皇侃《论语义疏》称“当孔子尔时年已四十五六”。这其实是误解。学《易》随时可以，何必要等几年再学呢？古人年寿短，常“恐年岁之不吾与”。盖孔子此时已有五十岁，意谓五十以学《易》，假以数年，可以无大过矣。五十一见老子，五十而学《易》，五十而知天命，取其整数，三者相合，应该不是巧合。

我们知道，损益之道是《易经》的基本原理，也是老子之道的重要

---

①李炳海：《孔子赴周学礼、老子由周入楚考辨——兼论孔、老之间的交往及传说》，《山西大学学报》（哲学社会科学版）2012年第3期。

组成部分。《易》触动孔子最深的，正是这一点。这在传世文献和出土文献中都有证据：

> 孔子读《易》，至《损》《益》，未尝不愤然而叹，曰："益损者，其王者之事与！事或欲以利之，适足以害之；或欲害之，乃反以利之。利害之反，祸福之门户，不可不察也。"（《淮南子·人间训》）
>
> 孔子读《易》，至于《损》《益》，则喟然而叹。子夏避席而问曰："夫子何为叹？"孔子曰："夫自损者益，自益者缺，吾是以叹也。"（《说苑·敬慎》）
>
> 孔子繇易，至于《损》《益》一卦，未尝不废书而叹，戒门弟子曰："二三子，夫损益之道，不可不审察也。"（马王堆帛书《要》）

三段文字都记载了孔子的"一声叹息"，充分表现了他晚年接触到新理论时的新奇感，这必然会影响《易传》的写作。《系辞》云："尺蠖之屈，以求伸也；龙蛇之蛰，以存身也；精义入神，以致用也；利用安身，以崇德也。"这说的正是损益之道。

那么，《易传》是否改变了《论语》中的孔子形象呢？这就涉及《易传》与《论语》的关系了。易理的基本结构就是二元对立，物极必反，而孔子早年的理论，无论是"仁者爱人"还是"礼别异"，都是在"二"上下功夫；仁者损己爱人，终成益己自爱的智者，这合乎他晚年发现的损益之道，也是一种物极必反。可见，孔子学《易》之前，虽未明易理，而日用之间实与易理暗合；学《易》之后，不过是为自己的人本主张找到了天道的依据。《史记·太史公自序》讲孔子作《春秋》时说："我欲载之空言，不如见之于行事之深切著明也。"勉强地比附一下，《易传》就是"空言"，《论语》就是"行事"。

通过《易传》，我们发现了孔老相通之处。柳诒徵说："孔子于《易》，由阴阳奇偶之对待，阐明太极之一元……谓神无方，易无体，而道在阴阳之相对……其于形而上之原理，与老子所见正等。”[①]那么，孔子的《易传》是否重复了老子的学说，二人思想的区别在哪里呢？

应该说，由于有着共同的思想资源，二人对宇宙基本原理的认识是相同的。老子说：“道生一，一生二，二生三，三生万物。”孔子则说：“是故《易》有太极，是生两仪，两仪生四象，四象生八卦，八卦定吉凶，吉凶生大业。”在宇宙演化的过程中，最重要的一步是“一生二”，孔子与老子在这一点上的认识完全一致。但在同一个天道背景之下，推天道以明人事时，二人却表现出不同的思想趋向。

老子的推理是这样的：“万物负阴而抱阳”，这是阴阳对立的天道；“天下皆知美之为美，斯恶已；皆知善之为善，斯不善已”，这是善恶对立的人本。用《易传》的句式，就是“立人之道，曰善与恶”。

孔子的推理是这样的。“立天之道，曰阴与阳；立地之道，曰柔与刚”，这是阴阳对立的天道；“立人之道，曰仁与义”，此处善恶对立消失了，变成了仁义并立。孔子在这里完成了一个偷天换日般的工程，强行使仁义成了天道在人间的投射，拥有了先天的合法性。

孔子甚至不顾天道二元性与人本二元性的对应，只以一纯“善”继承之：“一阴一阳之谓道，继之者善也，成之者性也。”也就是说，面对一个阴阳善恶均势的宇宙，孔子却把“善”单提出来，以继承天道、成就人性，这不就是“为生民立命”吗？

不仅如此，孔子还将人本之善反射给天道，所谓“天地之大德曰生”“生生之谓易”，这不就是“为天地立心”吗？

至此，我们了解了孔子对易理的深刻改造。他把人类的仁爱安插到物理的天人之际中。老子的天道是冰冷的——“天地不仁，以万物为刍狗”；老子的人本也有些冰冷——“将欲取之，必固与之”，所以他才

---

①柳诒徵：《中国文化史》，中国大百科全书出版社，1988，第237页。

被奉为权谋之术的宗师。而孔子的天道却是温暖的——天道有“好生之德”；孔子的人本也是温暖的——“仁以爱之，义以正之”。孔子告诉我们，人类面对冰冷的宇宙，大可不必消极“无为”，而是要积极地参赞天地之化育，以补造化之不足，如此就与老子分道扬镳了。可以说，孔子走近了老子，又离开了老子；把握了易理，又超越了易理。

三、推心成仁，称情立礼

孔子说仁义是天道投射下来的，只是为了强化一种天赋道德的观念。事实上，他清楚地知道，这只是“比德”意义上的天人合一。那些由他一手创造的“上天垂训”，并不足以说服天生不讲仁义的凡夫俗子。“唯上知与下愚不移。”“中人以下，不可以语上也。”为了给广大的中人和下愚一个说法，他必须同时在人间层面论证“仁”的合理性，而论证的线索就在《论语》一书中。

《论语》一书，汇集语录，杂凑成篇，体系性不强，这大概正是孔子平时随机设教的实际情形。由于没有在《论语》中发现成体系的思想，黑格尔毫不掩饰地表达了对孔子的轻视。类似的误解也许在孔子生前就存在，因而孔子曾不止一次地提示弟子，自己的学说是“一以贯之”的：

> 子曰：“赐也，女以予为多学而识之者与？”对曰：“然，非与？”曰：“非也。予一以贯之。”（《论语·卫灵公》）
>
> 子曰：“参乎！吾道一以贯之。”曾子曰：“唯。”子出。门人问曰：“何谓也？”曾子曰：“夫子之道，忠恕而已矣！”（《论语·里仁》）

孔子对子夏说“予一以贯之”，子夏偏偏没有接着问一句，那一以贯之的到底是什么。孔子对曾子说“吾道一以贯之”，偏偏曾子也没有接着核实一下，而自行解释为“忠恕”[①]，说起来确实有些遗憾。不过，曾子的忠恕一贯说倒也能自圆其说。有一次，子贡问孔子：“有一言而可以终身行之者乎？”孔子回答：“其恕乎！己所不欲，勿施于人。”（《论语·卫灵公》）“恕”是一言可以行之终身者，也是某种意义上的“一以贯之”。稍加考察，我们会发现，“恕”在孔子的伦理学中确实有作为线索贯穿整个系统的作用。

“恕”的意思，用孔子的原话来解释，就是“己所不欲，勿施于人”。每一个人都希望得到爱，都不愿受到伤害，将心比心，他人也是如此，所以不要去伤害他人，可见恕其实是一种同情心。人同此心，心同此理，人类如果能够对别人的痛苦感同身受，就自然会给别人以生存的空间，这便是“恕”之宽，即所谓“宽恕”。

值得注意的是，“恕”的起点是自爱，这表现了孔子对人性的深切体察。《荀子·子道》中记载了孔门的一段对话，孔子就仁者与知者的区别向弟子发问：

> 子路入，子曰：“由！知者若何？仁者若何？”子路对曰：“知者使人知己，仁者使人爱己。”子曰：“可谓士矣。”子贡入，子曰：“赐！知者若何？仁者若何？”子贡对曰：“知者知人，仁者爱人。”子曰：“可谓士君子矣。”颜渊入，子曰：“回！知者若何？仁者若何？”颜渊对曰：“知者自知，仁者自爱。”子曰：“可谓明君子矣。”

三个弟子的表述既有侧重点的不同，也有境界高下之别。子路说

①宋叶适云：“予尝疑孔子既以‘一贯’语曾子，直‘唯’而止，无所问质，若素知之者。以其告孟敬子者考之，乃有粗细之意，贵贱之别。未知于‘一贯’之指果合否？曾子又自转为‘忠恕’，忠以尽己，恕以及人，虽曰内外合一，而自古圣人经纬天地之妙用，固不止于是。疑此语未经孔子是正，恐亦不可便以为准也。”见叶适：《习学记言》（卷十三），上海古籍出版社，1992，第110页。

的是仁的效果，在孔子看来是境界最低的。子贡说的是仁的方式，得了“平均分”。而颜渊作为孔子的高足，一语指向仁的原理：“知者自知，仁者自爱。”为什么这么说呢？爱人者必先自爱，世上无不自爱而能爱人者。据《韩非子·二柄》载：“齐桓公妒而好内，故竖刁自宫以治内；桓公好味，易牙蒸其子首而进之。”这两人都是不自爱而爱人的极端典型。《史记》与《管子》都记载了管仲对此二人的评价：

> 管仲病，桓公问曰：“群臣谁可相者？”管仲曰：“知臣莫如君。”公曰：“易牙如何？”对曰：“杀子以适君，非人情，不可。”公曰：“开方如何？”对曰：“倍亲以适君，非人情，难近。”公曰：“竖刀如何？”对曰：“自宫以适君，非人情，难亲。”管仲死，而桓公不用管仲言，卒近用三子，三子专权。（《史记·齐太公世家》）

在《管子·小称》中，管仲的话是这样的：“人情非不爱其子也，于子之不爱，将何有于公？……人情非不爱其身也，于身之不爱，将何有于公？”诚如管仲所言，不爱自身者，其爱人的行为便缺乏起码的心理动机。仁是以自爱为起点的，孔子的人性论由此而深入人性的幽微之处。

当我们把仁的起点定位于自爱的时候，就产生了一个问题：自爱与自私是什么关系？仁源于自爱，是不是也会导向自私呢？也许，去掉“自爱”一词中的“自”，会更接近仁的本质，仁的起点就是“爱”，自爱是爱，爱人也是爱。爱究竟是不是人的本性姑且勿论，至少爱是所有人的需求。善是不是人的本性姑且勿论，至少善是所有人的需求。小人也希望别人都是君子，恶人也希望别人都是善人，不爱人的人也希望别人能爱自己。既然如此，劝人们去爱就合乎自己乃至所有人的需求，这正是孔子仁学的底线。

但从自爱到爱人，要有一个推己及人的过程。孟子说：“古之人所以大过人者无他焉，善推其所为而已矣。”（《孟子·梁惠王上》）孟子称之为“推恩”。一个人有恩于自己，于是便希望别人能推恩于己，也自然应该推恩于别人，这背后的原则还是人同此心，心同此理。孔子知道人性首先是自爱的，但这并不能成为“人不为己，天诛地灭”的理由，而如能将心比心，爱人便是水到渠成、顺理成章的了：

樊迟问仁。子曰：“爱人。”（《论语·颜渊》）

夫仁者，己欲立而立人，己欲达而达人。能近取譬，可谓仁之方也已。（《论语·雍也》）

仁道是“恕”的进一步发挥，如果说“恕”是消极地不伤害别人，那么仁道就是积极地去关爱别人、成就别人。至此，孔子的仁学彻底确立。孔子的仁学立足于人本，而又以关怀人情作为根本出发点，所以，说孔子是一个人本主义者，可以说是实至名归。

重仁体现了孔子对人类情感欲望的尊重，但情感欲望的满足必须有一个度，否则就会造成对他人的伤害。为此，孔子又提出与“仁”相提并论的“礼”来：

颜渊问仁。子曰：“克己复礼为仁。一日克己复礼，天下归仁焉。为仁由己，而由人乎哉？”颜渊曰：“请问其目。”子曰：“非礼勿视，非礼勿听，非礼勿言，非礼勿动。”颜渊曰：“回虽不敏，请事斯语矣！”（《论语·颜渊》）

颜渊本来是问仁的，孔子却说“克己复礼为仁”。请注意这并不是仁的定义，而是实现仁的条件。在孔子看来，单纯的“爱人”并不足以完成人本，“爱人”的意思后来变成法定的恋人，也说明同样是爱，如果不受限制，可能会导向任情放逸，必须以礼节之。而礼的基本功能，便是克制有度，是所谓“克己复礼”。颜渊不能全部领会，孔子便又拈出“四勿”之说。对于非礼之事，勿视、勿听、勿言、勿动，如此将目、耳、口、身全管住了。耐人寻味的是，孔子为什么不再加上一条“非礼勿思”呢？如此不是可以彻底禁绝非礼吗？也许，这正是孔子宽容的地方，我们总还要为人之常情留下一点空间，将内心清理得寸草不生，生机灭尽，不能自爱，又何以爱人？

前面说过，孔子在《易传》中说：“立人之道，曰仁与义。”但在《论语》中，却不知不觉地变成了“立人之道，曰仁与礼”。为什么呢？

首先要指出的是，礼与理、义是相对应的。《管子·心术上》：“故礼者，谓有理也。理也者，明分以谕义之意也。故礼出乎义，义出乎理，理因乎宜者也。”用今天的术语来说，理是天道，义是人本，礼是人伦，故三者内涵相通，甚至可以相代。但在《论语》中，“礼”出现75次，“义”出现24次，而“理”则一次也没有出现。这是为什么呢？朱熹认为：“礼即理也，但谓之理，则疑若未有形迹之可言。制而为礼，则有品节文章之可见矣。”（《答曾择之》）他说得很好，但他自己注解《论语》时，还是处处以理代礼，以彰示其形而上的高妙，不知礼虽以理为本，但单提“理”字，则可能远离生活伦理，高升至冷酷的天理，最后自然引申为“存天理，灭人欲”的极端主义，将礼教变成“理教”。故而清儒戴震责备宋儒“以理杀人”，并非没有道理；而凌廷堪提出“以礼代理”加以补救，转了一圈又回到孔子这里。这时我们才明白孔子“礼学”的可亲可贵，它是如此接近现实人生，于平常日用之中给人以亲切温暖的规范与提升，比起朱熹的空谈性理，不知要高明多少倍。

因为礼重在克制性情，所以它给人的印象总是偏于严刻。后世对于“礼教”的指责也主要是因为这一点。但要注意，孔子并不反对情感，他反对的是不受约束的情感。甚至不妨说，孔子之礼是为了尊重合理的情感：

凡礼之大体：体天地，法四时，则阴阳，顺人情，故谓之礼。訾之者，是不知礼之所由生也。（《礼记·丧服》）

请注意，礼是“顺人情”而不是“逆人情”的。顺人情就是直，逆人情就是曲，“直”意味着不可扭曲人情。楚国有“直躬者”，其父窃羊，子谒之吏，而孔子则以为：“吾党之直者异于是。父为子隐，子为父隐，直在其中矣。”此时孔子之礼，不仅不是克制人情，简直是偏袒人情。孔子又曾指责微生高“不直”——“孰谓微生高直？或乞醯焉，乞诸其邻而与之。”有人来借醋，有则与之，无则明言相告，而微生高却转与邻人借醋而与之。这种行为后世称为“多礼”，因为不合人情，乃为孔子所讥。

说到底，礼其实是对感情恰到好处的调节。以丧礼为例，守孝三年，粗衣粗食，看起来未免有些伤害性情，所以宰予就曾提出异议，以为一年就够了。而孔子则以为，守孝三年是与痛失父母的感情相称的：

三年之丧，何也？曰：称情而立文，因以饰群，别亲疏贵贱之节，而弗可损益也。……三年者，称情而立文，所以为至痛极也。（《礼记·三年问》）

称情而立文，也便是称情而立礼，礼要根据人情的不同而有所变化。为父母守孝三年，那是因为“至痛极也”，至于其他亲属，则应按照亲情的远近薄厚而加以变化，并不是一味强调以哀为主。

仁礼相济体现了孔子对人性中情理两端恰到好处的安顿：仁是对情感的尊重，礼是对情感的规范。仁以爱之，发乎情；义以正之，止乎礼，这世间还有比这更合情合理的思想吗？康有为说：“如使人能去饮食男女别声被色，则孔子之道诚可离也。无如人人皆必须饮食男女别声被色，故无论何人，孔子之道不可须臾离也。”①

第二节　兴于诗，立于礼，成于乐

孔子是一个有贵族精神的教育家，以提升人的素质与境界为己任，这个过程也有审美意义，不妨称之为“美育”。考察孔子的美育思想，我们会发现一条主线，那就是“兴于诗，立于礼，成于乐”（《论语·泰伯》）。

一、兴于诗

教育中最重要的是学习的内容和次第，孔子对其教育理念最完整的表述便是这九个字：“兴于诗，立于礼，成于乐。”这句话在《论语》中虽只一见，却相当重要，这是孔子自己一生学术之路的概括，也是他教导后学的基本教程，甚至对自己的儿子，他也是同样要求：

> 陈亢问于伯鱼曰：“子亦有异闻乎？”对曰：“未也。尝独立，鲤趋而过庭。曰：‘学《诗》乎？’对曰：‘未也。’‘不学《诗》，无以言。’鲤退而学《诗》。他日，又独立，鲤趋而过庭。曰：‘学《礼》乎？’对曰：‘未也。’‘不学《礼》，无以立！’鲤退而学《礼》。闻斯二者。”陈亢退而喜曰：“问一得三。闻《诗》，闻《礼》，又闻君子之远其子也。”（《论语·季氏》）

孔子先问伯鱼是否学诗，后来又问他是否学礼，说明他教育伯鱼时所采取的方式也是先兴于诗，然后立于礼，即以诗作为学习的起点。

---

①康有为：《孔教会序一》，载汤志钧《康有为政论集》，中华书局，1981，第732页。

孔子的教学内容有六艺之说，即《诗》《书》《礼》《乐》《易》《春秋》，诗在最先。李零曾考察了古书中六艺的不同排列方式，认为上面这种“是比较古老也最有理智的说法”[①]，其他的排列方式乃是由它变出来的，年代偏晚。郭店楚简《性自命出》云：“诗书礼乐，其始出皆生于人。诗，有为为之也。书，有为言之也。礼乐，有为举之也。圣人比其类而论会之。观其先后而逆顺之，体其义而节文之，理其情而出入之，然后复以教。”也是诗排在最先。可见孔子在安排教学的时候，确实有着“观其先后而逆顺之”的用心。

在孔子时代，诗歌主要是《诗经》，当时只称《诗》。考察孔子对《诗经》的态度，就可以明白他以诗教为人生第一课的良苦用心。孔子的诗学思想，集中表现在下面这段话里：

> 小子何莫学夫《诗》?《诗》可以兴，可以观，可以群，可以怨。迩之事父，远之事君。多识于鸟兽草木之名。(《论语·阳货》)

兴观群怨是孔子对于诗歌艺术功能最完整、最系统的表述。下面我们考察一下这四个要点，哪些是孔子之前就有的，哪些是孔子新增的。

诗可以观是西周以来的传统。何晏《论语集解》认为：“郑曰‘观风俗之盛衰’。”班固说：“孟春之月，群居者将散，行人振木铎徇于路以采诗，献之大师，比其音律，以闻于天子。”(《汉书·食货志》)“王者所以观风俗，知得失，自考正也。”(《汉书·艺文志》)天子采诗的初衷就是了解民情，考察政治效果。

值得注意的是，所谓“观风俗”，风与俗是有区别的。《汉书·地理志》认为：“凡民函五常之性，而其刚柔缓急，音声不同，系水土之风气，故谓之风；好恶取舍，动静亡常，随君上之情欲，故谓之俗。”可见

①李零：《“六艺”之书的顺序》，载《简帛古书与学术源流》，生活·读书·新知三联书店，2004，第253页。

风是因水土之异而形成的民风，俗是因君上化导而形成的民俗。例如，20世纪80年代的歌坛，曾流行一阵“西北风”，《我家住在黄土高坡》等是当时的名曲。听这些歌，既可以观陕西的民风——黄土高坡的风土人情，又可以观当地的政绩。在周代，人们认为从《诗》中观俗比观风更为重要。鲁襄公二十九年，吴公子季札来聘，请观于周乐，也就是以《诗》为主的一系列乐歌，我们看季札是如何“观”乐的：

> 为之歌《周南》《召南》。曰：“美哉，始基之矣，犹未也。然勤而不怨矣。”为之歌《邶》《鄘》《卫》。曰：“美哉，渊乎，忧而不困者也。吾闻卫康叔、武公之德如是，是其《卫风》乎？”为之歌《王》。曰：“美哉，思而不惧，其周之东乎？”为之歌《郑》。曰：“美哉！其细已甚，民弗堪也，是其先亡乎？”为之歌《齐》。曰：“美哉，泱泱乎大风也哉。表东海者，其大公乎？国未可量也。”为之歌《豳》。曰：“美哉，荡乎，乐而不淫，其周公之东乎？”为之歌《秦》。曰：“此之谓夏声。夫能夏则大，大之至也，其周之旧乎？”为之歌《魏》。曰：“美哉，沨沨乎，大而婉，险而易行，以德辅此，则明主也。”为之歌《唐》。曰：“思深哉，其有陶唐氏之遗民乎？不然，何忧之远也？非令德之后，谁能若是！”为之歌《陈》。曰：“国无主，其能久乎？”（《左传·襄公二十九年》）

季札将风、雅、颂通通欣赏了一遍，这里节选的是他对风的评价。按说风以民间歌谣为主，最直观的印象应该是“民风”，而不是“风俗”。但季札观后的评论恰恰相反，他从这些风中观察到了卫康叔、卫武公、周公、齐太公乃至晋先王、陶唐氏的政教得失。也就是说，季札“观”乐的重点，不是民间百姓的生活画卷，而是庙堂君主的政治教训。这是孔子之前“诗可以观”的典型表现。

那么，当孔子说“诗可以观”的时候，其观念也跟季札“观”乐是一个路数吗？我们看他对孔鲤的另一番教诲：

> 子谓伯鱼曰："女为《周南》《召南》矣乎？人而不为《周南》《召南》，其犹正墙面而立也与！"（《论语·阳货》）

《周南》《召南》为风之始，季札"观"乐也是从这里开始的。孔子要伯鱼先读风，认为如果不读风，那就犹如面壁而立，一无可观，一无所见。孔子让儿子读诗，肯定不是要他读出季札所陈列的那些政治教训，而是要他了解二南之地的风土人情，以长见识，乃至"多识于鸟兽草木之名"。对今天的读者来说，《诗经》作为周代社会生活画卷的一方面显然更有价值。如此，我们就明白了孔子对传统诗学的超越：他将"诗可以观"的功能从"观俗"转向了"观风"，从政治转向了文学。

诗可以群，这也是古已有之的传统。我们设想，周朝采诗官在采诗的时候，不太可能把乐谱也记下来。他们只能先记下歌词，回到"乐府"再配乐演唱。[①]对三百篇的《诗》而言，先诗后乐导致了文学文本和音乐文本的风格差异。《风》本是土生土长的，但配乐一定会带上贵族趣味，季札"观"乐时能从中听出王公贵人的好恶，也是这个原因。乐官配乐使民歌变得很雅致，让那些贵族也有了歌咏的兴趣，愿意在公共场合"来一曲"，于是形成赋诗言志的传统，《诗经》由此成为通行于诸侯国的礼乐文化语言。这大概便是"诗可以群"的原始情形，与政治活动密切相关。

孔子当然也知道"诗可以群"，因此说："诵《诗》三百，授之以政，不达；使于四方，不能专对；虽多，亦奚以为？"但更多的时候，他是把

---

①顾颉刚先生曾论证了《诗经》从徒歌到乐歌的转变，他说："《诗经》中一半是这类的歌，给人随口唱出来的；乐工听到了，替它们各各的制了谱，使得变成'乐歌'，可以复奏，才会传到各处去，成为风行一时的诗歌。"见顾颉刚：《〈诗经〉在春秋战国间的地位》，载胡适等《青青子衿　悠悠我心：名家说诗经》，天津教育出版社，2007，第20页。

“诗三百”当成教学课本的。他和弟子在一起谈诗时，没有配乐欣赏的条件，只能欣赏诗的文学文本。《论语》中记载孔子与子夏、子贡谈诗论道的段落，都是如此，上博竹简《孔子诗论》应该就是这种“群居相切磋”的产物。因为不必进行政治场合的借题发挥，他们更有可能靠近诗的原始意义。尽管他们也做举一反三式的引申，但“反三隅”毕竟是要以“举一隅”为先决条件的，这一隅也便是诗的原始含义。总之，“诗可以群”在孔子这里，也出现了一种转变，即从音乐文本转向文学文本。

诗可以兴，这是孔子最早提出来的。兴即兴发感情，朱熹解释“兴于诗”时说：“古人独以为兴于诗者，诗便有感发人底意思。”（《朱子语类》）“可以兴”被放在第一条，可见孔子对《诗经》文学抒情功能的重视。正是因为孔子对“兴”的提倡，“兴”最终成为儒家诗学关键的一部分。孔子不仅提“兴观群怨”，还提“赋比兴”。赋比兴之兴，朱熹解释为“先言他物以引起所咏之词也”。心与物接时有个情感兴起的过程，因此不妨说：“兴者，先言他物以引起所感之情也。”可见“赋比兴”之兴，正是“诗可以兴”的自然延展。

诗可以怨，这也是孔子最早提出来的，同样突出了诗歌的抒情功能。袁枚说：“孔子所云‘兴观群怨’四字，惟言情者居其三。”（《随园诗话补遗》）诗可以群，自然与情感有关，而兴与怨更是情感的直接抒发。问题是，已经说了可以兴，又说可以怨，孔子不嫌重复吗？我们似乎可以这样理解，兴泛指所有感情，怨是特指一种感情；兴是情感的发生，而怨则是情感的完成。关于怨，何晏《论语集解》认为“怨刺上政”，可见它与言论自由有关。怨刺上政也可以不用诗，比如说“时日曷丧？予及汝皆亡”。但以诗歌表达怨情，比如“逝将去女，适彼乐土。乐土乐土，爰得我所”，更有仪式感，也更能让人接受。

孔子论诗，除了兴观群怨，还有“一言以蔽之”：

诗三百，一言以蔽之，曰："思无邪。"（《论语·为政》）

"思无邪"曾长期被解释为无邪念的意思，朱熹说："凡诗之言，善者可以感发人之善心，恶者可以惩创人之逸志，其用归于使人得其情性之正而已。"（《论语集注》）这样就看不出与兴观群怨有任何关系了。今考"无邪"一语，实出《诗经·鲁颂·駉》篇，原诗如下：

駉駉牡马，在坰之野。薄言駉者，有驈有皇，有骊有黄，以车彭彭。思无疆，思马斯臧。

駉駉牡马，在坰之野。薄言駉者，有骓有駓，有骍有骐，以车伾伾。思无期，思马斯才。

駉駉牡马，在坰之野。薄言駉者，有驒有骆，有骝有雒，以车绎绎。思无斁，思马斯作。

駉駉牡马，在坰之野。薄言駉者，有骃有騢，有驔有鱼，以车祛祛。思无邪，思马斯徂。

按，此诗本是咏马的，马无邪正可言，此其一；"思"乃发语词，非情思之思，此其二。郑浩《论语集注述要》云："'无邪'字在诗《駉》篇中，当与上三章'无疆''无期''无斁'义不相远，非邪恶之邪也。"[①]他以为"邪"当为"虚徐"之意。也就是说，孔子认为《诗》三百篇的总体特征是没有伪托虚徐之意，它们都抒发了真诚的感情：

夫子盖言诗三百篇，无论孝子、忠臣、怨男、愁女皆出于至情流溢，直写衷曲，毫无伪托虚徐之意，即所谓"诗言志"者，此三百篇之所同也，故曰"一言以蔽之"。惟诗人性情千古如照，故读者易收感兴之效。若夫诗之是非得失，则在乎知人论世，而非此章论诗之本旨

①转引自程树德：《论语集释》，中华书局，1990，第66页。

> 矣。(《论语集释》)

按，郑氏破朱子旧说是对的，但其所立新说似嫌烦琐。简而言之，“邪”字可训“回”、训“曲”，无邪即直来直去，就是直抒真情，也就是兴观群怨。

上博竹简《孔子诗论》是最新发现的孔子诗学材料，全面展现了孔子在《诗经》教学中的具体情况，可与《论语》中的诗学思想相生发。其第十三章云：“诗亡隐志，乐亡隐情，文亡隐意。”这就进一步印证了诗可以兴、可以怨的观点。我们发现，与王公大人在朝堂上断章取义、借题发挥不同，孔子论诗确实回到了文学文本，比如：

> 《邶·柏舟》，闷。
>
> 《绿衣》之忧，思古（故）人也。
>
> 《木瓜》有藏愿而未得达也，因木瓜之保（报），以俞（抒）其愿者也。
>
> 《黄鸟》则困而欲返其故也，多耻者其病之乎！(《孔子诗论》)

孔子是如此切近诗歌本身，甚至比后来牵强附会的汉儒解诗还要直指人心。在孔子之前，君主采诗是为了观风俗之得失，士大夫赋诗言志是为了专对乐群，都是为了发挥诗的政治功能。孔子出于对现实人生的诗性关怀，恢复了《诗经》的文学本位，把它从政治领域拉回日常生活，使它成为普通人感受世道人情的文学文本，这在整个中国文化史上都具有重要意义。

孔子的诗学体现了他对人类情感的尊重态度。孔子之道以安顿人情为起点，因为“道始于情”（《郭店楚简》），而诗又“发乎情”，“可以兴”，故而为学的第一步就是“兴于诗”。王阳明对此体会颇深，他在《训蒙大意示教读刘伯颂等》，讲教童子之方：

> 其栽培涵养之方，则宜诱之歌诗以发其志意，导之习礼以肃其威仪，讽之读书以开其知觉。今人往往以歌诗习礼为不切时务，此皆末俗庸鄙之见，乌足以知古人立教之意哉！大抵童子之情，乐嬉游而惮拘检，如草木之始萌芽，舒畅之则条达，摧挠之则衰痿。今教童子，必使其趋向鼓舞，中心喜悦，则其进自不能已。譬之时雨春风，霑被卉木，莫不萌动发越，自然日长月化；若冰霜剥落，则生意萧索，日就枯槁矣。

王阳明把夫子教子的课程直接移用给明代的童子，“诱之歌诗”，“导之习礼”，正是从孔子“兴于诗，立于礼”化来，只是解释得更充分、更形象，让我们对孔子诗教的初衷有了更真切的了解。

把感性的诗歌作为认识世界、感受生命的第一堂课，这对中华民族审美心理的发展影响深远。中国之所以能成为一个诗的国度，与孔子对诗教的重视不无关系。

二、立于礼

兴于诗而后是立于礼。对“立于礼”，朱熹的解释是这样的：

> 礼以恭敬辞逊为本，而有节文度数之详，可以固人肌肤之会，筋骸之束。故学者之中，所以能卓然自立，而不为事物之所摇夺者，必于此而得之。（《四书章句集注》）

朱熹是理学大师，理礼相通，故而他也是礼学大师。不过笔者认为，他对“立”字的解释还可商榷，他似乎以为卓然自立是因为礼有健身功能，却不知这个“立”字别有深意。

世界上的动物，只有人是直立行走、顶天立地的。人的最高点是头顶，而动物的最高点是脊背。婴儿刚出生时也是爬行的，跟小动物一样，后来才能直立行走，长大“成人”。所以，“立”乃是人之所以为人的第一个标志。

人之所以为人的第二个标志是“礼”。《礼记·礼器》说：“礼也者，犹体也，体不备，君子谓之不成人。”《礼记·冠礼》说：“凡人之所以为人者，礼义也。”在中国，一个人如果不知礼，人们往往骂他是禽兽，不是人，便是因为此故。

人之所以为人，外在标志是直立行走，内在条件是明理知礼，合内外而言之，便是“立于礼”。简言之，能使人直立于世上的，就是礼。《左传·昭公七年》记载，鲁大夫孟僖子临死之时，对人说：“礼，人之干也。无礼，无以立。”可见这是当时人普遍认可的一种观念。孔子曾在多个场合对它加以变通：论学之时，便说“不学礼，无以立”；论知之时，便说“不知命，无以为君子也。不知礼，无以立也。不知言，无以知人也”。之后，他又说“兴于诗，立于礼”，把学礼作为孔门学艺的第二阶段。

孔子自述成长经历：“吾十有五而志于学，三十而立。”回头看这个“立”字，也有深意。孔子三十岁开始收徒教学，经济自立，立起门户，这是“立”的表层意思；深层意思在于，孔子三十岁知书达礼，长大成人。或以为三十成人未免太晚，今天法律规定十八岁就成人了，殊不知人有到老都不能成人者。故而孔子年至三十而立于礼，真正长大成人，其实是不容易的，这标志着孔子的人生进入一个新阶段。①

孔子以礼教人，很少有人能清楚地意识到此中“立人”的深意。颜渊问仁，孔子答曰“克己复礼”，并教以“四勿”之法。颜渊说：“回虽不敏，请事斯语矣。”他如法修习，感觉很是神奇：

> 颜渊喟然叹曰：“仰之弥高，钻之弥坚，瞻之在前，忽焉在后！夫

①民国太虚大师有一首著名的偈颂：“仰止唯佛陀，完成在人格。人圆佛即成，是名真现实。”这就对成人有了一个更高的要求。

子循循然善诱人，博我以文，约我以礼，欲罢不能。既竭吾才，如有所立卓尔。虽欲从之，末由也已！”（《论语·子罕》）

颜回陋巷自修，好像孔门中的庄子。他一生清贫，却贫而不谄，已经是很难得了，但陋巷自修，则可能谨慎有余而文采不足，不免有些畏缩，这便是“慎而无礼则葸”，故而孔子用礼来充实他、撑持他。颜渊只知道孔子“博我以文，约我以礼”，却不知道孔子同时立他以礼。他只是在感叹学礼的奇妙感受时，说了一句“如有所立卓尔”，却没有意识到这正是“立于礼”的传神写照。

那么，为什么兴于诗之后要立于礼呢？这是因为，兴于诗就是发乎情，但情感兴起之后，如不加收束，则容易放逸。朱熹认为，礼可以使人不为外物所摇夺，“摇夺”一词用得好，让人想起《诗经·黍离》：“彼黍离离，彼稷之苗。行迈靡靡，中心摇摇。”一个人在诗情发作的时候，是容易“中心摇摇”的，吟咏时摇头晃脑，正与诗情对人心的摇夺有关。此时如果不加收束，或有不能自持者。比如《西厢记》里张君瑞得崔莺莺的情诗，便心神不宁，必至逾墙而后已。因此，读诗之人只有借着礼义的加持，才能立身中正。因为兴于诗，所以充满生机；因为立于礼，所以和而不流。

“立于礼”本属伦理学的范畴，却有美学意义。礼本于理，这决定了它具有美学功能：内合伦理，以节制性情；外显文理，以增益文采。大千世界一切事物的表象，都离不开“形色”二字，正所谓形形色色。形色由线条与色彩构成，古人称之为“文”。“文”的本义是线条纹路，引申为文理、文采、文饰，而礼作为一种后起的外在雕饰，其美学意义也落在一个“文”字上。因为人情是有差异的，这种有差异的社会关系必须以有差异的礼节区别开来，比如乐舞的规模有规定，官服和丧服的品制有区别，由此就形成了条理化、纹饰化的礼仪。《礼记·坊记》中，子思引用了孔子的原话：“礼者，因人之情而为之节文，以为民坊者也。”[①]“节文”二字，将礼的原理括尽无疑。《论语·季氏》里，孔子曾云“益者三乐……乐节礼乐……益矣”，“节”本是克制性的损，孔子却说它是益，就是因为礼是通过节制性情增益文采的。

文采是源于礼的，而且只能源于礼。孔子有质文之辨：“质胜文则野，文胜质则史，文质彬彬，然后君子。”（《论语·雍也》）“文质彬彬”的另一个说法就是“彬彬有礼”，说明君子之文正来自礼。脱离了礼的巧言令色为孔子所深厌。这就像一个人面容姣美，只能是因为气血充盈，而不能是因为化妆品的装饰。[②]大概是在孔子死后，有棘子成怀疑孔子的说法：“君子质而已矣，何以文为？”子贡反驳道：“惜乎！夫子之说，君子也。驷不及舌。文犹质也，质犹文也。虎豹之鞟犹犬羊之鞟？”子贡认为，文和质一样重要，如果没有文的区别，虎豹之皮和犬羊之皮就没有差异了。他显然没有说到点子上。

礼在立身的同时，又有修饰功能，这一点非常重要。《论语》中记载了孔子与弟子的两段“诗话”：

> 子夏问曰：“‘巧笑倩兮，美目盼兮，素以为绚兮。’何谓也？”子曰：“绘事后素。”曰：“礼后乎？”子曰：“起予者商也，始可与言《诗》已矣！”（《论语·八佾》）
>
> 子贡曰：“贫而无谄，富而无骄，何如？”子曰：“可也。未若贫而乐、富而好礼者也。”子贡曰：“《诗》云‘如切如磋，如琢如磨’，其斯之谓与？”子曰：“赐也，始可与言《诗》已矣！告诸往而知来者。”（《论语·学而》）

---

①《孔丛子·公仪》中说，穆公谓子思曰：“子之书所记夫子之言，或者以谓子之辞。”子思曰：“臣所记臣祖之言，或亲闻之者；有闻之于人者，虽非其正辞，然犹不失其意焉。且君之所疑者何？”观此，可知《论语》之外的子云、子曰，也多有可信性。

②刘勰说：“夫铅黛所以饰容，而盼倩生于淑姿；文采所以饰言，而辩丽本于情性。”（《文心雕龙·情采》）这里讲的是性情和文采的表里关系，至于礼与文采的关系，也是同样的道理。

子夏和孔子本来是谈诗的，最后却转到对礼的讨论上去了，这正是孔子教诗的特点，也暗合了“兴于诗，立于礼”的修学过程。子贡和孔子本来是谈礼的，却又证之以诗，说明诗就应该这样读，要从诗中读出礼意来，也与“兴于诗，立于礼”的要求相合。这两段诗论有一个共同的指向，那就是礼对人性的修饰。如果不学习礼仪，人的原始情感就会显得粗朴，学礼则能美化人生。有一次，宰予昼寝，孔子生气地说：“朽木不可雕也，粪土之墙不可杇也。”联系这两段诗论，孔子说宰予不可雕即不可“切磋琢磨”，不可杇即不可“绘”。他的意思，是宰予本性的底子太差，再好的礼也无法对它进行雕琢彩绘。这自然是刺激之语，宰予还远没到下愚不移的地步。至于礼的修饰功能，则在这两段对话里表现得淋漓尽致。

在孔子的弟子中，最不讲文采的是子路，如同孔门中的墨子。有一次，孔子让弟子各言尔志，他说：“愿车马，衣轻裘，与朋友共，敝之而无憾。”（《论语·公冶长》）孔子也说他：“衣敝缊袍，与衣狐貉者立，而不耻者，其由也与！”（《论语·子罕》）这两条都与敝衣有关，正表现了子路对服饰文采的忽视。子路不仅轻视服饰的文采，同时也忽视言语的文采。他性格粗犷，直来直去，讲话喜欢跟老师较劲，用孔子的话说就是“勇而无礼则乱，直而无礼则绞”。说到底，他文采不足是有内在原因的，那就是不知礼，所以孔子要以礼节文之。

鲁哀公六年，孔子师徒自楚返卫。当时卫国内乱，父子相争。子路问老师：“卫君待子而为政，子将奚先？”孔子说：“必也正名乎！”于是子路说：

> “有是哉，子之迂也！奚其正？”子曰：“野哉，由也！君子于其所不知，盖阙如也。”（《论语·子路》）

子路不明白正名之礼的深意，毫不客气地说孔子太迂。于是，孔子说："野哉，由也！"孔子为什么用"野"来形容子路呢？显然是因为他直而无礼。直而无礼则无文采，无文采则质胜文，质胜文则野。以子路之质，若更能"文之以礼乐"，则可以文质彬彬、尽善尽美矣。

最能正面展示"立于礼"的美学意义的，当然是孔子本人了。《论语·乡党》历来不为读者所重视。其实在这一章里，孔子以现身说法的方式，生动地表现了他立于礼之后的"艺术人生"：

> 孔子于乡党，恂恂如也，似不能言者。其在宗庙、朝廷，便便言，唯谨尔。
>
> 朝，与下大夫言，侃侃如也；与上大夫言，誾誾如也。君在，踧踖如也，与与如也。
>
> 君召使摈，色勃如也，足躩如也。揖所与立，左右手。衣前后，襜如也。趋进，翼如也。宾退，必复命曰："宾不顾矣。"
>
> 入公门，鞠躬如也，如不容。立不中门，行不履阈。过位，色勃如也，足躩如也，其言似不足者。摄齐升堂，鞠躬如也，屏气似不息者。出，降一等，逞颜色，怡怡如也。没阶趋进，翼如也。复其位，踧踖如也。
>
> 执圭，鞠躬如也，如不胜。上如揖，下如授。勃如战色，足蹜蹜，如有循。享礼，有容色。私觌，愉愉如也。

请注意混在一系列动作之中的几个"立"字，它们隐隐约约地告诉我们，这些就是立于礼之后的俯仰屈伸。在这种情境下，礼与其说是一种仪式，不如说是一种艺术。一系列"如"字的连用使它有了表演的味道，形象感极强。孔子优雅的风范让弟子着迷，所以他们才不厌其烦地将之记录下来。

那么，孔子此时到达人生的最高境界了吗？还没有。前面说过，陈亢问伯鱼，感叹自己问一而得三，所谓"闻诗，闻礼，又闻君子之远其子也”。陈亢不知道，由于他这一问并不当机，所以所得并不全面。伯鱼当时尚未“成人”，只听到兴于诗和立于礼，没有听到最后一步——成于乐。而这最后一步，才是人格的最终完成。

三、成于乐

人格完美无缺的人，今天叫“完人”，孔子称之为“成人”。相对于“长大成人”，这里的“成人”境界更高，代表完美人格的最终完成。有一次，子路问什么是“成人”，孔子回答说：

> ……若臧武仲之知，公绰之不欲，卞庄子之勇，冉求之艺，文之以礼乐，亦可以为成人矣。……（《论语·宪问》，未引用整则语录）

孔子一共讲了五点，这五点不是并列的，而是可分为不同的层次。

首先，“臧武仲之知，公绰之不欲，卞庄子之勇”，其实就是《中庸》所说“知、仁、勇三者，天下之达德也”。（孔子对颜渊说过，“克己复礼为仁”，故而“不欲”与“仁”相通。）仁、智、勇三者相加，表示全德之人。

其次，“臧武仲之知，公绰之不欲，卞庄子之勇”是德，“冉求之艺”是才，二者相加表示德才兼备之人。

再次，“臧武仲之知，公绰之不欲，卞庄子之勇，冉求之艺”是质，“文之以礼乐”是文，二者相加表示文质彬彬，这才是成人的标准。

最后，“文之以礼乐”，这便是“成于乐”。

那么，为什么要在“兴于诗”“立于礼”之后“成于乐”呢？

首先，“成于乐”涵盖了“兴于诗”，又超越了“兴于诗”。

诗和乐原理相通，都是诉诸感情的艺术。《礼记·乐记》说：“乐者，音之所由生也，其本在人心之感于物也。”可见音乐同样源于人心感物而动。诗可以兴观群怨，乐同样可以兴观群怨。上古诗乐一体，它们同时发生作用。到了孔子时代，诗乐开始分离，二者的差异凸显出来。《礼记·经解》对比六经之教，提到了诗教和乐教的各自特点。

> 孔子曰："入其国，其教可知也。其为人也，温柔敦厚，诗教也；疏通知远，书教也；广博易良，乐教也。"

与诗教相比，乐教的特点是"广博易良"。当诗渐渐完成经典化，成为外交辞令的来源和身份、学问的象征之后，要掌握它就必须具备一定的文化基础才行，至少要识字，乃至必如子贡之聪明始可言诗。而乐的门槛却很低，只要有一双可闻声的耳朵便可入门。所以，乐教是"易良"的。学诗基本上是个人行为，而欣赏音乐却可以是群体行为，同读一本书不方便，同听一支曲则容易得多。因此，乐教又是广博的。

诗教是温柔敦厚的，偏于静态；而乐教是广博易良的，偏于动态。这与音乐艺术本身的特点是分不开的。音乐是一种流动性很强的艺术，可用"游"字来形容，比如陕北民歌就叫"信天游"。《论语·述而》中有一句与"兴于诗，立于礼，成于乐"极为相近的表达："志于道，据于德，依于仁，游于艺。"显然，"游于艺"和"成于乐"意思相通。"游"字反映了音乐作为一种流动性的艺术的独特性。尽管我们常用"涵泳"来形容读诗的感觉，但涵泳于诗其实是有很多限制的，字字句句，皆是挂碍。而音乐就要流畅得多，心思可以随乐声而自然流转，有如鱼游于水中。黑格尔说音乐是最高级的艺术，孔子把成于乐作为人生美学的最高境界，这都不是偶然的。

其次，"成于乐"涵盖了"立于礼"，又超越了"立于礼"。

大约从周公制礼作乐开始，礼乐就成为一组相对的范畴。《礼记·仲尼燕居》云："达于礼而不达于乐，谓之素；达于乐而不达于礼，谓之偏。"有礼而无乐，不免单调乏味；有乐而无礼，又难免放荡偏激。

只有礼乐结合，才堪称完美。在这种情况下，礼和乐是矛盾统一、相辅相成的。

那么，有没有这样一种情况，能够把礼的精神内化到音乐里，既合乎礼又超越礼，以音乐的方式完成礼的功能呢？有，而这正是成于乐的关键。

并不是所有的音乐都是合乎礼义的。音乐是人心感物而作的，人心有邪正之别，音乐也就有雅俗之异。有一次，子路在孔子那里弹瑟，孔子听了很不高兴，说："由之瑟，奚为于丘之门？"孔子为什么不高兴呢？《孔子家语》认为他从子路的瑟曲里听出了"北鄙杀伐之声"，也就是说其中少了一种礼让精神。后来门人不敬子路。孔子又解释说："由也升堂矣，未入于室也。"升堂而未入室，说明子路虽然可以演奏，但因不能立于礼，所以不能成于乐，自然不能算是"成人"。

在当时，有一种不合周礼传统的流行音乐，被称为郑卫之音，为孔子所深恶痛绝，他说："恶紫之夺朱也，恶郑声之乱雅乐也，恶利口之覆邦家者。"（《论语·阳货》）所以他要正乐："吾自卫反鲁，然后乐正，雅、颂各得其所。"（《论语·子罕》）

正乐之后的雅乐，兴于诗，又超越了诗；涵盖了礼，又超越了礼，成于乐指的就是成于这种雅正之乐。

孔子自卫返鲁，已是年届七旬的老人，他自述十五志于学，三十而立，至七十而从心所欲不逾矩，算是完美人格得以完成。我们有理由相信，"从心所欲不逾矩"就是他"正乐"之后"成于乐"的人生阶段。人生已进入化境的孔子，能在乐音的流动中从心所欲，且合乎律度而毫不逾矩。

《论语·先进》篇记载，有一次，古稀之年的孔子与诸弟子坐在一起，要弟子各言其志。轮到曾点时，便有下面一段场景：

> "点，尔何如？"鼓瑟希，铿尔，舍瑟而作。对曰："异乎三子者

> 之撰！”子曰：“何伤乎？亦各言其志也。”曰：“莫春者，春服既成。冠者五六人，童子六七人，浴乎沂，风乎舞雩，咏而归。”夫子喟然叹曰：“吾与点也。”

曾点在发言前一直在弹着瑟，见孔子叫他，“鼓瑟希，铿尔，舍瑟而作”，说了那一番充满诗意的话。这个情节极富象征意义，说明的正是成于乐之后的一种人生境界，为孔子所深深向往，所以他喟然叹曰：“吾与点也。”

从内圣的角度讲，“成于乐”标志着孔子的完美人格最终完成，可以称他为“成人”了。但孔子的理想又不止于此，作为一个心怀天下的“素王”，他心中还装着一个外王意义上的“成于乐”。上古先王以乐教天下，形成了不同的先王之乐。季札“观”乐，“观”到最后是几场先王乐舞，我们看他的不同评价：

> 见舞《象箾》《南籥》者，曰：“美哉！犹有憾。”见舞《大武》者，曰：“美哉！周之盛也，其若此乎！”见舞《韶濩》者，曰：“圣人之弘也，而犹有惭德，圣人之难也。”见舞《大夏》者，曰：“美哉！勤而不德，非禹，其谁能修之？”见舞《韶箾》者，曰：“德至矣哉，大矣！如天之无不帱也，如地之无不载也。虽甚盛德，其蔑以加于此矣，观止矣。若有他乐，吾不敢请已。”（《左传·襄公二十九年》）

六位先王，各成其功，也各成其乐。《象箾》《南籥》乃文王的乐舞，美好但有遗憾，这是因为文王壮志未酬，出师未捷身先死。《大武》乃武王的乐舞，武王伐纣，武功雄壮，所以说“周之盛也”。《韶濩》乃商汤的乐舞，汤有惭德，内心有愧，音乐也藏不住。[①]《大夏》乃

①《尚书·仲虺之诰》记载，成汤放桀于南巢，惟有惭德，曰“予恐来世以台为口实”。

夏禹的乐舞，大禹勤于治水而不自以为有功德，除了大禹谁能修此盛德？最后听到的《韶箾》即《韶》，乃舜的乐舞，季札感叹它如天无不覆，如地无不载，盛德已到极点。

季札并不孤独，因为有人和他所见略同。孔子也曾观《韶》《武》二乐，居然也有完全相同的感受：

> 子谓《韶》："尽美矣，又尽善也。"谓《武》："尽美矣，未尽善也。"（《论语·八佾》）

孔子第一次在齐闻《韶》，就曾经三月不知肉味，曰："不图为乐之至于斯也！"现在又说它"尽善尽美"，自然也就是"观止"了。《韶》为什么如此完美呢？这要与《武》对比才能说清楚。武王以暴力革命取天下，他的乐舞雄壮不假，却有杀伐之气，虽然尽美，却不是尽善；而舜是以禅让取天下，又以禅让让天下，一片平和之气，所以尽美而又尽善。武王是家天下，挟着部族私心，气魄再盛大也只是小康盛世；而舜是公天下，大同盛世，所以季札有"如天之无不帱也，如地之无不载也"之感。

《礼记·礼运》记载，鲁国宗庙举行蜡祭大礼，孔子在典礼结束之后，登上山丘，远望喟然而叹，对弟子言偃说出了自己的政治理想：

> 大道之行也，天下为公，选贤与能，讲信修睦。故人不独亲其亲，不独子其子……是谓大同。今大道既隐，天下为家，各亲其亲，各子其子……是谓小康。

小康有小康的音乐，大同有大同的音乐。《礼记·乐记》说："乐统同，礼辨异。"也就是说，音乐表达的是有共性的感情，什么样的感情最有共性呢？当然是对大同之世的向往和赞美。而舜的《韶》，表现的就是大同的世界，所以才那样完美。如果说人类社会是一个大乐队，人类文明是一曲大乐章，则《韶》无疑体现了有素王之志的孔子对“成于乐”最高的理想。孔子的最高理想是大同，不得已而求其次，才是小康。但他承认现实，知道大同社会回不去了，所以当颜渊问为邦之道时，他才说：“行夏之时，乘殷之辂，服周之冕，乐则《韶》《舞》。”（《论语·卫灵公》）在政治上继承夏、商、周三代的制度，在音乐上却保留了舜的《韶》，这也许可以视为是他在艺术领域为自己的大同理想保留了一片空间。

大同的音乐孔子听到了，大同社会孔子却无法见到。所以他在向言偃描述“大道之行也，天下为公”时，不禁喟然而叹。“喟然而叹”指深长地叹息。据笔者个人所见，先秦文献中形容孔子喟然而叹的，除此之外还有一次，就是“吾与点也”那次。我们也许可以这样理解：曾点所描述的美好生活的画面，无意中暗合了孔子对大同社会的想象。所谓大同，不过是“莫春者，春服既成。冠者五六人，童子六七人，浴乎沂，风乎舞雩，咏而归”。也就是说，大同就是让人民富足而诗意地生活……

孔子面对大同，在喟叹生不逢时之余，只能在艺术想象中满足自己。2500年过去了，今天的人们对孔子的喟叹应该有了新的理解与反馈。

第二章 墨子：底层社会的审美公义

墨家在先秦时代曾是一个声势浩大的学派，与儒家并称显学。但自孟子辟杨墨，荀子非墨，到汉武帝罢黜百家，独尊儒术后，墨家就慢慢在历史上销声匿迹了。其实，墨家的生命一直在延续，其学说大部分被孟子汲取，其组织则演变成民间社会绵延不绝的帮会传统，这样一个学派是值得认真考察的。尽管《墨子》一书中对人性的探讨较少，却无碍于墨子思想与人性问题的密切关系。

第一节 子之言，贱人之所为

一、从重仁到贵义

我们先考察一下墨子的学术背景。墨子思想的形式有两个决定性因素，一个是儒家的影响，一个是他本人的出身立场。

《淮南子·要略》云："墨子学儒者之业，受孔子之术，以为其礼烦扰而不说，厚葬靡财而贫民，服伤生而害事，故背周道而用夏政。"这一段文字言简意赅，明确地指出了儒墨两个学派思想上的关联。

墨子也是鲁国人，约出生于孔子卒年前后[①]，与子思大致同时。胡适说："他（墨子）生当鲁国，又当孔门正胜之时，所以他的学说，处处和儒家有关系。"[②]《墨子·公孟》中，墨子与人辩论引用孔子的话。对方问他："非儒，何故称于孔子也？"他解释道："是亦当而不可易者也。今鸟闻热旱之忧则高，鱼闻热旱之忧则下。当此虽禹汤为之谋，必不能易矣。鸟鱼可谓愚矣，禹汤犹云因焉。今翟曾无称孔子乎？"墨子的大弟子禽滑釐本人曾师从子夏。《史记·儒林列传》："田子方、段干木、吴起、禽滑釐之属，皆受业于子夏之伦，为王者师。"《墨子》城守各篇都是墨子对禽滑釐讲的，禽滑釐一出场就给人一种习惯于繁文缛节的感觉，与墨家的素朴不太一样，这应该与子夏的影响有关。[③]《墨子·备城门》首段禽滑釐对墨子说："由圣人之言，凤鸟之不出……"这是暗引孔子的话。他把孔子称为圣人，可见其对孔子的尊重。

整体看来，墨子思想和孔子学说确实有许多相通之处。墨子谈话也多引《诗》《书》，而《诗》《书》正是儒家据以为思想资源的经典作品。墨子也多称先王，主张复古，甚至比儒家之复古崇尚的"古"更早。墨子曾对儒者公孟子说："且子法周而未法夏也，子之古，非古也。"墨子也注重道德修养，主张仁义忠孝。《墨子·节葬下》云：

> 子墨子言曰：仁者之为天下度也，辟之无以异乎孝子之为亲度也。今孝子之为亲度也，将奈何哉？曰：亲贫则从事乎富之，人民寡则从事乎众之，众乱则从事乎治之。当其于此也，亦有力不足，财不赡，智不智，然后已矣。无敢舍余力，隐谋遗利，而不为亲为之者矣。若三

①钱穆《墨子生卒考》云："墨子幼年，正当孔子晚节，或竟不及与孔子并世。"见钱穆：《先秦诸子系年》，商务印书馆，2001，第104页。

②姜义华等：《胡适学术文集 中国哲学史》（上），中华书局，1991，第102页。

③《备高临》与《备穴》等篇开头皆作"禽子再拜再拜曰：'敢问……'"。

务者，孝子之为亲度也，既若此矣。

这段文字从孝子为亲着想写起，讲孝子之事亲，不敢不尽力，也不敢隐谋遗利，而是直至力不足、财不赡、智不智而后已，由此引申到仁者为天下计虑，与孝子为亲计虑没有异处。光从文字上看，我们几乎很难看出这与孔子所提倡的仁孝之道有何区别。

那么，与孔子相比，墨子思想的个性体现在哪里呢？这就要讲一讲墨子的出身了。

墨子出身低贱，《墨子·贵义》载：

> 子墨子南游于楚，见楚献惠王，献惠王以老辞，使穆贺见子墨子。子墨子说穆贺，穆贺大说，谓子墨子曰："子之言，则成善矣！而君王，天下之大王也，毋乃曰'贱人之所为'而不用乎？"子墨子曰："唯其可行。譬若药然，草之本，天子食之，以顺其疾，岂曰'一草之本'而不食哉？今农夫入其税于大人，大人为酒醴粢盛，以祭上帝鬼神，岂曰'贱人之所为'而不享哉？故虽贱人也，上比之农，下比之药，曾不若一草之本乎？"

墨子想见楚惠王，楚惠王的大臣却认为，惠王有可能因他的学说是"贱人之所为"而不愿接受。于是，墨子以草药、农夫所进酒醴为喻，说明自己虽然是"贱人"，但学说亦有可用者，连比喻都如此接地气。《吕氏春秋·爱类》云，"公输般为高云梯，欲以攻宋。墨子闻之，自鲁往……见荆王曰：'臣北方之鄙人也'"，所谓"北方之鄙人"，应该不是纯然自谦。《墨子·公输》记载此事，说墨子"起于齐，行十日十夜而至于郢"，非贩夫走卒一类出身难有此体力。而荀子则径直把墨子之学称为"役夫之道"（《荀子·王霸》）。

《墨子》书中不止一次提及君子，从中可以看出墨子的平民视角。孔子称君子，多就德行而言；而墨子称君子，多就身份地位而言。在墨子这里，君子极少与小人相对，更多是与贱人、众人、庶人相对：

> 今大钟、鸣鼓、琴瑟、竽笙之声……与君子听之，废君子听治；与贱人听之，废贱人之从事。（《墨子·非乐上》）
>
> 若使中兴师，君子、庶人也必且数千，徒倍十万，然后足以师而动矣。（《墨子·非攻下》）
>
> 君子自难而易彼，众人自易而难彼。君子进不败其志，内究其情，虽杂庸民，终无怨心。彼有自信者也。（《墨子·亲士》）

即使是“君子”与“小人”相提并论，小人也不过是相对于王公大人的小民。比如“舟用之水，车用之陆，君子息其足焉，小人休其肩背焉”。

墨子常对比圣王和暴王。“暴王”的说法只见于《墨子》，说明墨子出身下层，更容易感受到暴政的压力，故而态度更为激烈。他对下层百姓的生活极为了解，《墨子·非攻》中有对战争给百姓带来的痛苦的细致描写，这表明他非常熟悉这种生活体验。墨子学说在当时之所以影响那么大，应该与他的群众基础有关，他代表下层人民的利益，因而追随者众多。

墨子的论说，多从经验出发，崇尚眼见为实，比如《墨子·耕柱》用龟卜灵验的例子论证鬼神比圣人更明智，正足以印证荀子所说的“小人以为神”。其文章多用俗语，质朴无文，一个重要原因就是他来自社会下层，故而使用“阶级化”的语言。

墨子的具体职业应该与工匠有关。《墨子·公输》中，墨子与公输子几次较量。公输子自鲁南游楚，为楚做“舟战之器”“钩强之备”，还到墨子面前炫耀，墨子以“义之钩强”与之相对。公输子助楚攻宋，墨子止楚攻宋。于是，“子墨子解带为城，以牒为械，公输盘九设攻城之机变，子墨子九拒之。公输盘之攻械尽，子墨子之守圉有余。”《墨子·鲁问》载：“公输子削竹木以为鹊，成而飞之，三日不下。公输子自以为至巧。”墨子对他说：“子之为鹊也，不如翟之为车辖。须臾斫三寸之木，而任五十石之重。故所为巧，利于人谓之巧，不利于人，谓之拙。”几次与公输子这样的巧匠较量，说明墨子在手艺上确实是比较出色的。《韩非子·外储说左上》也讲了墨子为木鸢而可飞，自己却更重视车輗的故事。《墨子·备城门》以下多言兵器，其中连弩车的制造非常精巧，表现了墨子匠人出身的特长。

墨子的职业特征影响了他的语言习惯。他出言多举“工事”及“工具”，与儒家孔子多举礼器为例形成鲜明对比，如“我有天志，譬若轮人之有规，匠人之有矩”（《墨子·天志上》），“今有五锥，此其铦，铦者必先挫。有五刀，此其错，错者必先靡”（《墨子·亲士》），“子墨子言见染丝者而叹曰：染于苍则苍，染于黄则黄，所入者变，其色亦变，五入必（毕），而已则为五色矣。故染不可不慎也”（《墨子·所染》）。先秦诸子中，大概只有墨子对百工之具如此熟悉，知道锥与刀有如此多的型号之别，也只有墨子会走进染坊而不是庙堂去发表感慨。

不同阶级的思想家立场不同，理论的重点也就不同。例如，儒家多为文学之士，更关心修齐治平之道；法家多为法术之士，更关心君主的权术和法制；道家多为隐士，更关心在乱世中如何全身养生。墨家兴起于行会，其思维方式和理论形态也与行会的生产、生活方式密切相关。

第一，墨子尚功用、重节俭的思想源于出身和职业的影响。工匠是以可见的产品来计功的，如此容易形成以功利来衡量价值的习惯。节俭也是重功利的一种表现形式，墨子称之为“节用”，这直接影响了他对音乐的态度，即“非乐”。

第二，墨子兼相爱和交相利的主张也来自职业习惯的影响。工匠行业更多地涉及合作和交换，正如孟子所谓“一人之身，而百工之所为备”。由于百工之间相互交换产品，兼相爱和交相利的意识最容易在这种土壤中产生。同时，行会有帮会的性质，容易抱团，所以墨家的组织性是最强的。

墨子学孔子之术，最后又另立新说，二人最大的区别何在呢？简单地说，就看他们各自的核心概念是什么。孔子虽是仁礼并重的，但儒学又被称为“仁学”，说明仁在孔子学说中居于核心地位。墨子则提出“万事莫贵于义”的说法。《墨子》书中有一篇即题为《贵义》，对义这种道德推崇备至：

> 子墨子曰：“万事莫贵于义。今谓人曰：‘予子冠履，而断子之手足，子为之乎？’必不为。何故？则冠履不若手足之贵也。又曰：‘予子天下，而杀子之身，子为之乎？’必不为。何故？则天下不若身之贵也。争一言以相杀，是贵义于其身也。故曰：万事莫贵于义也。”

《易传》云“立人之道，曰仁与义”，合起来便是“仁义之道”。其实一般人对仁义的区别并没有特别清醒的认识，总之都是美德罢了。只有到墨子师徒大肆张扬贵义理念的时候，仁义之辨才成为一个重要问题。

孔子认为“仁者，爱人”。在儒家家族本位的语境下，爱人有着特定的要求。宗法社会里，血缘是最自然的关系，因此，仁者爱人自然要从爱亲人开始。虽说“泛爱众”也是从近至远向外扩散，但它始终以爱亲为本，家族利益优先，于是以血亲为纽带构成了一个相对封闭的系统。至于义，《释名·释言语》认为：“义，宜也，裁制事物使合宜也。”合宜关系到普遍的道德标准，或者说整体的利益原则。《墨子·经说下》认为：“义，利也。”孟子说义利有别，重义而轻利，其实所轻的是私利；而在墨家行会本位的语境下，公利即是义，公共利益至上，这就打破了家族本位，形成了一种超越家族利益的公义。

孔子后学在与墨家的辩论中，已经意识到仁与义的差异，将之概括为亲亲和尊贤之别。《礼记·表记》云："厚于仁者薄于义，亲而不尊。厚于义者薄于仁，尊而不亲。"郭店楚简《唐虞之道》说："爱亲忘贤，仁而未义也；尊贤遗亲，义而未仁也。"如果是亲人优先，那就是儒家的亲亲；如果是贤人优先，那就是墨家的尊贤。

显然，我们不能过于强调仁和义的差异，二者有一致性：仁未尝不是一种义举，义也未尝不是一种大爱。但在某些极端的情况下，二者的内在冲突确实有不可调和之势。当仁义不能两全的时候，儒家的选择是重仁而轻义。《韩非子·五蠹》记载了孔子的两个典故：

> 楚之有直躬，其父窃羊，而谒之吏。令尹曰："杀之！"以为直于君而曲于父，报而罪之。以是观之，夫君之直臣，父之暴子也。鲁人从君战，三战三北。仲尼问其故，对曰："吾有老父，身死，莫之养也。"仲尼以为孝，举而上之。以是观之，夫父之孝子，君之背臣也。

楚之直躬的典故最早见于《论语·子路》，当孝亲之仁和忠君之义发生矛盾时，孔子没有任何心理负担地把仁放在首位。他说："吾党之直者异于是。父为子隐，子为父隐，直在其中矣。"孔子之后的儒家也是如此，郭店楚简《语丛一》："父，有亲有尊；长弟，亲道也；友，君臣，无亲也。"《六德》："为父绝君，不为君绝父。"而孟子面对"舜为天子，皋陶为士，瞽瞍杀人"的困境，居然也是让舜"窃负而逃"。

而墨家的表现就全然不同，毫不犹豫地重义而轻仁。墨子说："古者文武为正均分，赏贤伐暴，勿有亲戚弟兄之所阿。"（《墨子·兼爱下》）"虽有贤君，不爱无功之臣；虽有慈父，不爱无益之子。"（《墨子·亲士》）大义灭亲，这在墨家是很平常的观念。《吕氏春秋》记载了秦国墨家巨子的一段故事：

墨者有巨子腹䵍，居秦，其子杀人，秦惠王曰："先生之年长矣，非有它子也，寡人已令吏弗诛矣，先生之以此听寡人也。"腹䵍对曰："墨者之法曰，杀人者死，伤人者刑，此所以禁杀伤人也。夫禁杀伤人者，天下之大义也，王虽为之赐，而令吏弗诛，腹䵍不可不行墨者之法。"不许惠王，而遂杀之。子，人之所私也，忍所私以行大义，巨子可谓公矣。(《吕氏春秋·去私》)

孟子说："墨氏兼爱，是无父也。"他一定怀疑墨子的兼爱到底能不能贯彻到底，因为"于所厚者薄，无所不薄也"。连至亲的人都不爱，如何能爱不亲的众人呢？墨家却要突破家族之爱的藩篱，于亲人之爱薄，恰恰是为了兼爱和厚爱众人。

二、从兼爱到博爱

墨子提倡公义，但他理论的现实起点是"私义"：

古者民始生，未有刑政之时，盖其语，人异义。是以一人则一义，二人则二义，十人则十义。其人兹众，其所谓义者亦兹众。是以人是其义，以非人之义，故交相非也。(《墨子·尚同》)

"人异义"是一种很新鲜的说法，应该是墨子第一个提出来的。先秦其他文献里，义大多是唯一的，很难想象义还可以有多个；先秦其他文献中的义，大多指公义和正义，很难想象还有不公不正的义。想来私义的概念应该是墨子从公义中逆推出来的，难为他如此别出心裁。墨子认为，天下大乱，就是因为大家不守公义，各行私义，于是"交相非也""若禽兽然"。

前面说过，义利一体，公义就是公利，则私义也就是私利。人们根据私义追求私利，导致自私自爱：

> 子自爱，不爱父，故亏父而自利；弟自爱，不爱兄，故亏兄而自利；臣自爱，不爱君，故亏君而自利，此所谓乱也。……父自爱也，不爱子，故亏子而自利；兄自爱也，不爱弟，故亏弟而自利；君自爱也，不爱臣，故亏臣而自利。是何也？皆起不相爱。（《墨子·兼爱上》）

由于自爱者亏人，人与人之间“交相亏也”，比“交相非也”更进一步，社会会进入互害模式。为了避免互害，墨子反其道而行之，提出互爱模式——兼相爱：

> 若使天下兼相爱，爱人若爱其身，犹有不孝者乎？视父兄与君若其身，恶施不孝？犹有不慈者乎？视子弟与臣若其身，恶施不慈？故不慈不孝亡。犹有盗贼乎？视人之室若其室，谁窃？视人身若其身，谁贼？故盗贼有亡。犹有大夫之相乱家、诸侯之相攻国者乎？视人家若其家，谁乱？视人国若其国，谁攻？故大夫之相乱家、诸侯之相攻国者有亡。（《墨子·兼爱上》）

我们说孔子仁学的起点是自爱，墨子也将其理论推到了自爱这一起点。孔子主张爱人，墨子也主张爱人，但爱人的理由是不同的。墨子给兼相爱提出的理由充满经济理性——兼相爱，交相利：

> 兼相爱，交相利，则与此异。夫爱人者，人必从而爱之；利人者，人必从而利之；恶人者，人必从而恶之；害人者，人必从而害之。此何难之有？（《墨子·兼爱中》）

其原理很简单：只有爱别人，才能得到别人的爱，这就是兼相爱；只有利别人，才能使别人利自己，这就是交相利。墨子是代表平民利益的，他从小生产者互助互利的经验出发，把兼相爱解释为人人为我，我为人人，个人利益与他人利益互为关照。直到今天，我们也不得不承认，这种观念虽然动机不怎么高尚，但的确是人类社会得以维系的一个基本原则。不过，话又说回来，如与孔子将心比心的“恕”相比，墨子对兼爱说的论证确实缺少一点对人情的体贴，显得有些粗糙。

为了让世人兼相爱，光从交换与因果的角度讲交相利是不够的，于是墨子又把兼爱说成是上天的意志，这就是“天志”：“天欲义而恶不义”。“顺天意者，兼相爱，交相利，必得赏；反天意者，别相恶，交相贼，必得罚。”天为什么要人兼爱呢？因为天本身就是兼爱的。他说：“苟兼而食焉，必兼而爱之。譬之若楚越之君：今是楚王食于楚之四境之内，故爱楚之人；越王食于越之四境之内，故爱越之人。今天兼天下而食焉，我以此知其兼爱天下之人也。”（《墨子·天志》）

难为墨子能想到这一层，以此来论证天意重兼爱。不知他自己有没有意识到，当他把兼爱推为天意的时候，兼爱的含义已经悄悄地发生了变化：楚王爱楚之人，越王爱越之人，天爱天下人，与其说是兼爱，不如说是博爱。二者的区别在于兼爱是一对一的，博爱是一对多的；兼爱是交换，博爱是布施；兼爱是功利，博爱是情怀。

另外，我们发现，墨子本人也从兼爱走向了博爱。如果为了交相利才兼相爱，则其原理依然是经济学上的，是自私的。这道理只能讲给行会里的小徒弟听，如果墨家巨子也奉此为无上真理，则没有资格当首领。首领是要有奉献精神的，《庄子·胠箧》中有一段很有意味的对话：

跖之徒问于跖曰：“盗亦有道乎？”跖曰：“何适而无有道邪！夫妄意室中之藏，圣也；入先，勇也；出后，义也；知可否，知也；分均，仁也。五者不备而能成大盗者，天下未之有也。”

虽然盗跖与墨子一盗一圣，不可同日而语，但行事之理是相通的。中国历史上的侠与盗大多纠缠不清，后世民间帮会也一直保留着墨家的“基因”。巨子要使自己的众徒弟兼相爱，他高居上位，则必须博爱所有徒弟，乃至博爱天下人。

儒家讲“爱有差等”，换句话说就是“爱有界限”；墨子反其道而行之，讲爱无差等、爱无界限。《韩非子》里记载了这样一段故事：

> 季孙相鲁，子路为郈令。鲁以五月起众为长沟，当此之时，子路以其私秩粟为浆饭，要作沟者于五父之衢而餐之。孔子闻之，使子贡往覆其饭，击毁其器，曰：“鲁君有民，子奚为乃餐之？”子路怫然怒，攘肱而入，请曰：“夫子疾由之为仁义乎？所学于夫子者，仁义也；仁义者，与天下共其所有而同其利者也。今以由之秩粟而餐民，其不可何也？”孔子曰：“由之野也！吾以女知之，女徒未及也。女故如是之不知礼也！女之餐之，为爱之也。夫礼，天子爱天下，诸侯爱境内，大夫爱官职，士爱其家，过其所爱曰侵。今鲁君有民而子擅爱之，是子侵也，不亦诬乎！”言未卒，而季孙使者至，让曰：“肥也起民而使之，先生使弟子止徒役而餐之，将夺肥之民耶？”孔子驾而去鲁。（《韩非子·外储说右上》）

首先要说明的是，这则故事自然是小说家言，不过即便是假托，也当事出有因。韩非子在《内储说上》《内储说下》《外储说左上》《外储说左下》《外储说右上》《外储说右下》诸篇列举了很多历史典故，并以“一曰”的形式列出不同版本，可见其收集史料的严肃性。同时，这段话里的子路形象又与《论语》中其形象相当一致。我们说过，子路是一个有“墨家性格”的人，仗义而任侠，所以，这里的子路可以视为墨子的化身。

回头看这个故事，子路为郈令，以私人俸禄之粟犒劳徒役，孔子派子贡把子路的饭倒掉、餐具打碎。面对怒气冲冲的子路，孔子批评他野而不知礼，并告诉他爱是有差等、有界限的，天子爱天下，诸侯爱境内，大夫爱官职，士爱其家。也就是说，人们不仅要爱其所爱，还要爱其所当爱。《论语·宪问》里曾子说“君子思不出其位”，同理可推，爱亦当不出其位，所以，“过其所爱曰侵。今鲁君有民而子擅爱之，是子侵也，不亦诬乎！”子路的“兼爱”实有“僭爱”的嫌疑。孔子的说法初看似迂，在当时却诚然来自惨痛的历史教训。齐简公失民而田恒爱之，最后田氏代齐，这是孔子所亲见的历史事实。所以，孔子之仁以自我为圆心，以本分为半径，不在其位，不谋其政，不爱其民。[①]而墨子之义，则以天下为圆周，以自我之爱为直径，不分亲疏远近，一律爱之，“摩顶放踵利天下”，这便是博爱了。

从礼制上讲，只有天子才有资格博爱天下人。如果一个人不是天子而博爱天下人，那他一定是一个未承天运而自任天命的圣人。墨子就是这样的一个圣人。

兼爱依据的是“交相利”的原则，一手交钱一手交货，付出总会有回报，爱人就等于爱己。但博爱的范围更广，周期更长，乃至回馈遥不可期。《墨子·公输》载，墨子为止楚攻宋，急行十日至楚，其劳苦之情状可以想见。让人无语的是，“子墨子归，过宋。天雨，庇其闾中，守闾者不内也”。想来墨子应该是无怨无悔的，因为有怨有悔就又有功利的算计了。墨子舍己为人，苦身利人，“为身之所恶，以成人之所急”，甚至有些苦行主义色彩，让人感觉不近人情。《庄子·天下》评价说：

> 以此教人，恐不爱人；以此自行，固不爱己。未败墨子道。虽然，歌而非歌，哭而非哭，乐而非乐，是果类乎？其生也勤，其死也薄，其道大觳。使人忧，使人悲，其行难为也。恐其不可以为圣人之道，反天下

①这自然是就此则故事做理论上的简化推理，请勿做胶柱鼓瑟式的理解。

之心。天下不堪。墨子虽独能任，奈天下何！……虽然，墨子真天下之好也，将求之不得也，虽枯槁不舍也，才士也夫！

所谓“反天下之心”，意味着墨子之说本来是想让人互爱，最后却使人变得“不爱人”了。天下人不堪其苦，墨子也不能奈何天下人。其实墨子的“不爱人”，主要是不爱己，而且他自己真正做到了这一点。所以《天下》的作者也忍不住赞叹道：“墨子真天下之好也！”

墨子为了让世人兼爱而提出“天志”之说。至于他自己，是用不着上帝鬼神的监督的。他的博爱情怀不是外力强制的结果。他说：“君子之道也，贫则见廉，富则见义，生则见爱，死则见哀。四行者不可虚假反之身者也。藏于心者无以竭爱，动于身者无以竭恭，出于口者无以竭驯。畅之四支，接之肌肤，华发隳颠，而犹弗舍者，其唯圣人乎！”（《墨子·修身》）因为有无尽之爱藏于心中，故能博爱无尽，这几乎便是没有性善论名义的性善论。徐复观说：“他的兼爱、自苦，当然是发于他内心对于人类无限之爱，所以他才说出‘藏于心者无以竭爱’的话；这才是他伟大人格的真正源泉。不过，他还未能由此以透出人性之善罢了。”①

既然墨子已经开拓出一条通向性善论的大道，他的弟子后学必然会一往无前地践行之。墨家之义本为社会公理，时日既久，墨家身体力行地践行义，正如孟子所说：“久假而不归，恶知其非有也？”渐渐地，义理化为义气，便有内化的倾向。值得注意的是，后期墨家也开始论证仁义内在。《墨子·经说下》中说：“仁，爱也。义，利也。爱、利，此也。所爱、所利，彼也。爱、利不相为内外，所爱、所利亦不相为外内。其为‘仁内也，义外也’，举爱与所利也，是狂举也。”墨家后学对仁和义的内涵进行了细致的区分，将之分与“爱人”和“利人”对应。爱人和利人的举动皆发自自我，都是行动主体的行为，而主张仁内义外的人把爱、

①徐复观：《中国人性论史·先秦卷》，上海三联书店，2001，第284—285页。

利的主体与客体机械地分割了，自然是狂谬的。这种论证方式给了孟子直接的启发，让孟子学会了将义内化为主体的心性。当兼爱之义成为内在之物的时候，它离性善论只有一步之遥了。

第二节　节用非乐，尚同不文

人类欣赏艺术，主要凭借两个器官：用耳朵欣赏音乐，用眼睛欣赏美术。有趣的是，音乐与情感相通，而美术离文采更近。因此，看一个思想家对音乐和美术的态度，便能了解他对艺术的情感内容和形式美学的态度。墨子对二者都比较苛刻，既反对音乐，又不重文采，而其背后的理由则与艺术没有直接关系，这真是一个奇特的现象。

一、非乐以节用

墨子的美学思想明确而单纯，他坚决反对以音乐为主的审美享受。他曾用十个醒目的标题概括自己的思想主张，作为游说君主的纲领：

> 凡入国，必择务而从事焉。国家昏乱，则语之尚贤、尚同；国家贫，则语之节用、节葬，国家憙音湛湎，则语之非乐、非命；国家淫僻无礼，则语之尊天、事鬼；国家务夺侵凌，即语之兼爱、非攻，故曰择务而从事焉。（《墨子·鲁问》）

非乐是墨子的十大纲领之一。《墨子》中有专门的《非乐》一章，本来是上、中、下三篇的，今只余上篇。这种观念在《辞过》《三辩》《非儒》《公孟》中也有所涉及，且多是以与人辩论的方式出现的，可见墨子对它的重视。

《庄子·天下》说墨子“作为‘非乐’，命之曰‘节用’”，这说明墨子反对音乐是从节用的角度出发的。非乐与其说是墨子的美学思想，不如说是他的经济思想。墨子出身工匠，百工之人除了乐工以外，皆以生产手工产品为业，产品皆可直接应用于物质生活，而音乐却不是这样。百姓缺衣少食，苦于诸侯攻伐之乱，这个问题靠击鼓鸣钟是解决不了的。

> 民有三患，饥者不得食，寒者不得衣，劳者不得息。三者，民之巨患也。然即当为之撞巨钟、击鸣鼓、弹琴瑟、吹竽笙而扬干戚，民衣食之财，将安可得乎？即我以为未必然也，意舍此。今有大国即攻小国，有大家即伐小家，强劫弱，众暴寡，诈欺愚，贵傲贱，寇乱盗贼并兴，不可禁止也。然即当为之撞巨钟、击鸣鼓、弹琴瑟、吹竽笙而扬干戚，天下之乱也，将安可得而治与？即我未必然也。（《墨子·非乐》）

墨子是一个功利主义者，而音乐艺术却是超功利的。从实用功利的角度来看，音乐诚然是“无用”的，不仅无益事功，甚至还有害事功。墨子想出了“非乐”的三点理由。

首先，生产乐器要劳民伤财。

> 今王公大人，虽无造为乐器，以为事乎国家，非直掊潦水、折壤坦而为之也，将必厚措敛乎万民，以为大钟、鸣鼓、琴瑟、竽笙之声。（《墨子·非乐》）

战国时代，音乐已经相当发达。庙堂乐器不是简单的竹管、瓦缶，而多是如曾侯乙墓出土的编钟那样大规模的成套设备。制作如此庞大而精美的乐器，需要耗费大量的人力、物力，墨子说制作它需要“厚措敛乎万民”并不夸张。造乐器并不能像造舟车那样，可以取之于民，用之于民。百姓只是为了君主的声色享乐而劳苦不息，自然会怨声载道。

其次，演奏音乐也要劳民伤财。

> 今王公大人，唯毋处高台厚榭之上而视之，钟犹是延鼎也，弗撞击，将何乐得焉哉！其说将必撞击之，惟勿撞击，将必不使老与迟者。老与迟者，耳目不聪明，股肱不毕强，声不和调，明不转朴。将必使当年，因其耳目之聪明，股肱之毕强，声之和调，眉之转朴。（《墨子·非乐》）

像编钟那样的打击乐器，是需要很多人合作才能完成一段音乐的。“齐宣王使人吹竽”，也要“三百人”合奏。演奏音乐需要年轻力壮的男子、女子来完成。而这些男子、女子本来是可以从事耕织的。王公大人为了欣赏音乐，“使丈夫为之，废丈夫耕稼树艺之时；使妇人为之，废妇人纺绩织纴之事”，其实是变相地“亏夺民衣食之财”。同时，为了演奏的美观性，乐工“食必粱肉，衣必文绣”。大量的乐工不事生产，又耗费民财，所以墨子要“非乐”。

最后，欣赏音乐也会影响事功。

> 今惟毋在乎王公大人，说乐而听之，即必不能蚤朝晏退，听狱治政，是故国家乱而社稷危矣。今惟毋在乎士君子，说乐而听之，即必不能竭股肱之力，亶其思虑之智，内治官府，外收敛关市、山林、泽梁之利，以实仓廪府库，是故仓廪府库不实。今惟毋在乎农夫，说乐而听之，即必不能蚤出暮入，耕稼树艺，多聚叔粟，是故叔粟不足。今惟毋在乎妇人，说乐而听之……（《墨子·非乐》）

从王公大人到农夫、妇人，各有各的职事，如果不听音乐，他们本可以好好地完成本职工作，但听了音乐就荒废了事业。孟子说“独乐乐”不如“与人乐乐”，而在墨子看来，同听的人越多，耽误的正事也就越多。

这最后一条理由似乎有点牵强，因此，后来有个叫程繁的人就问他："昔诸侯倦于听治，息于钟鼓之乐；士大夫倦于听治，息于竽瑟之乐；农夫春耕、夏耘、秋敛、冬藏，息于聆缶之乐。今夫子曰：'圣王不为乐。'此譬之犹马驾而不税，弓张而不弛，无乃非有血气者之所不能至邪！"在程繁看来，人不能总是劳而不休，倦于政务的时候，听一听音乐，有利于减轻疲劳，而且也未必会兴师动众，如农夫在田间击缶就可以为乐，又何乐而不为呢？这一点墨子应该是无法反驳的。我们看他是如何回答的：

> 昔者尧舜有茅茨者，且以为礼，且以为乐。汤放桀于大水，环天下自立以为王，事成功立，无大后患，因先王之乐，又自作乐，命曰《护》，又修《九招》。武王胜殷杀纣，环天下自立以为王，事成功立，无大后患，因先王之乐，又自作乐，命曰《象》。周成王因先王之乐，又自作乐，命曰《驺虞》。周成王之治天下也，不若武王；武王之治天下也，不若成汤；成汤之治天下也，不若尧舜。故其乐逾繁者，其治逾寡。自此观之，乐非所以治天下也。（《墨子·三辩》）

程繁说的是诸侯、士大夫和农夫，而墨子却一下子跳到天子那里："周成王之治天下也，不若武王；武王之治天下也，不若成汤；成汤之治天下也，不若尧舜。故其乐逾繁者，其治逾寡。"这个结论显然过于简单。就算自尧舜以下"其治逾寡"是真的，这也未必是音乐的过失。但由此可以看出，墨子的非乐主要是针对上层乃至最高统治者。当时音乐艺术主要还是由王公大人专享。王公大人享受声乐与大兴土木一样，都会劳民伤财。从反对剥削和促进民生的角度来看，墨子非乐有其合理性。

以现实功利的标准来衡量音乐的价值，忽视人类的审美享受，这导致墨子的美学思想显得武断而简陋。人毕竟不同于一般动物，除了饥而欲食、寒而欲暖的生理需求之外，还有审美方面的心理需求。墨子只看到了具体的功利而没有看到抽象的功利，没有看到艺术在感化人心、移风易俗方面的重大作用，这就比孔子略逊一筹了。

其实，墨子并不否认美的客观存在，也不是不了解音乐的美感："子墨子之所以非乐者，非以大钟、鸣鼓、琴瑟、竽笙之声，以为不乐也……然上考之，不中圣王之事；下度之，不中万民之利。"（《墨子·非乐》）知道音乐是美的，还是要反对，是因为他希望天子、诸侯节用而爱民。

因为节用而非乐，属于典型的只算经济账，不算文化账，我们猜想，以墨子的情怀，"节用"除了节约社会资源，也许还别有宗旨。墨子主张兼爱乃至博爱，但人的心力和精力毕竟是有限的，用于自爱者越多，用于爱人者越少。对上层阶级来说，地位越高，所爱当越广博；所爱越广博，自爱当越少。音乐诚然可以满足性情之乐，但如果沉溺其中，在一定程度上也确实能影响对政事的关注度。所以，墨子的非乐（yuè），本质上是非乐（lè），它与墨子舍己为人的要求相一致。墨子怀着损己利人、兼爱天下的抱负，对待自己到了苛刻的程度，声色享受对他本人来说是应远离的对象，他甚至无意中走到了宋明理学"存天理，灭人欲"的边缘——"去喜，去怒，去乐，去悲，去爱，而用仁义。手足口鼻耳，从事于义，必为圣人。"（《墨子·贵义》）手足从事于义也就罢了，鼻耳如何从事于义呢？只能是鼻不嗅香气，耳不闻美声。为了兼爱天下，墨子让自己变成了对声色欲利毫不动心的道德化身，其实便是圣人了。

二、尚同而不文

墨子之节用，不仅决定了他对音乐的态度，同时决定了他对美术的态度。换句话说，这不仅决定了他对情感的态度，同时决定了他对文采的态度。考察墨子对文采的态度，就要考察《节用》《辞过》。为什么呢？“辞过”指不要过分。也就是说，墨子并不反对大兴土木，但认为必须以应用为本，适可而止，不要过分，而过分就体现为文采雕琢。

> 古之民未知为宫室时，就陵阜而居，穴而处。下润湿伤民，故圣王作为宫室。为宫室之法，曰：高足以辟润湿，边足以圉风寒，上足以待雪霜雨露，宫墙之高足以别男女之礼。谨此则止。凡费财劳力不加利者，不为也。是故圣王作为宫室，便于生，不以为观乐也。（《墨子·辞过》）

这里，墨子对古代圣王的宫室建筑做了一个界定，“谨此则止”，一旦满足了基本的应用条件，便就此打住。那些“费财劳力不加利”的修饰，只是为了“观乐”，圣王弗为。不仅是建筑，只要可以进行文采装饰的地方，从衣服到舟车，他都一概反对进行装饰。墨子是工匠出身，按说最熟悉工艺，可他却只取“工”而不取“艺”。

与古之圣王相反，“当今之主”的表现则是：

> 当今之主，其为宫室则与此异矣。必厚作敛于百姓，暴夺民衣食之财，以为宫室台榭曲直之望、青黄刻镂之饰。……当今之王，其为衣服则与此异矣。冬则轻暖，夏则轻凊，皆已具矣，必厚作敛于百姓，暴夺民衣食之财，以为锦绣文采靡曼之衣，铸金以为钩，珠玉以为珮，女工作文采，男工作刻镂，以为身服。……当今之主，其为舟车与此异矣。完固轻利皆已具，必厚作敛于百姓，以饰舟车，饰车以文采，饰舟以刻镂。（《墨子·辞过》）

当今之主在宫室建筑和衣服、舟车的制作上，大事青黄刻镂、文采修饰，超过了实用所需，就是“过”了，其结果便是“女子废其纺织而修文采，故民寒；男子离其耕稼而修刻镂，故民饥”。平心而论，那些淫丽繁饰大多是君主为了个人享乐，满足耳目观听而造的，确实劳民伤财。从这个角度讲，墨子之不重文采与他反对音乐一样，有其合理性。不过一定要指出的是，反对文采是墨子的经济思想，而不是其美学思想。荀子说“墨子蔽于用而不知文”“由用谓之道，尽利矣”（《荀子·解蔽》），这个评价可谓一针见血。墨子其实是反美学的，其学说中只有实用功利，并无审美。

墨子“重用而轻文”的主张，很容易给人一种“重质而轻文”的印象，汉儒刘向就是如此理解的。《说苑·反质》中，记载了墨子与禽滑釐的一段对话，墨子对禽滑釐说：

> 长无用，好末淫，非圣人之所急也。故食必常饱，然后求美；衣必常暖，然后求丽；居必常安，然后求乐。为可长，行可久，先质而后文，此圣人之务。

这一段话前半部分讲“先用而后文”，与《墨子·辞过》的说法相似，后半部分讲“先质而后文”，是刘向的发挥，与他写《反质》的主题相呼应。“反质”者，返质也。其实，刘向对墨子思想悄悄进行了改造。墨子主张适用“则止”，刘向则是先求饱暖，“然后求”美丽，这体现了作为儒家的刘向对墨家美学不自觉的调整。另外，刘向把“先用而后文”等同于“先质而后文”，也有点自以为是。我们不排除墨子思想中可能潜藏着重质轻文的倾向，但墨子的“重用轻文”，却不能与“重质轻文”画等号。

这里需要引入佛教本体论的“体相用”三元结构。《大乘起信论》云：

> 摩诃衍者，总说有二种。云何为二？一者法，二者义。……所言义者，则有三种。云何为三？一者体大，谓一切法真如平等不增减故；二

者相大，谓如来藏具足无量性功德故；三者用大，能生一切世间出世间善因果故，一切诸佛本所乘故，一切菩萨皆乘此法到如来地故。

“摩诃衍”的意思是大乘教。大乘教有法有义，其义则有三大：体大、相大和用大。日本学者铃木大拙指出：“佛教的本体论分三层，亦即‘体’‘相’‘用’。所谓‘体’，相当于实质；‘相’，相当于形色；‘用’，相当于力量或作用，佛教学者认为，大凡实际，都可以分为这三个层次。”[①]世间万物，有其体必有其用，亦必有其相。从某种意义上讲，佛家的“体相用”正好对应着儒墨两家的“质用文”。孔子之“文质彬彬”是体相兼收；棘子成的“君子质而已矣，何以文为”是取体而舍相；墨子的“蔽于用而不知文”是取用而舍相。墨子只关心“用文关系”，还没有考虑到“质文关系”，他离棘子成的境界还差一截。

墨子“不知文”的思想缺陷是很明显的，但原因并不只是“蔽于用”。很可能墨子自己都没有意识到，他反对文采，不仅与节用有关，还与尚同有关。

尚同也是墨子的十大纲领之一。纵观墨子的思想，会发现尚同主义几乎渗透在他所有的理论命题里。贵义指反对私义而崇尚公义，这是尚同；兼爱主张人人平等相爱，这是尚同；天志要求天下人统一于天的意志，这是尚同；节用要求君主简单从事，与众庶无别，这也是尚同。后世帮会宣誓时常说的“有福同享，有难同当”，其实也是来自墨家的尚同。

尚同会带来一个问题——只关注同一性，而忽视了差异性。荀子对此看得很准。他说：“墨子有见于齐，无见于畸。”（《荀子·天论》）齐就是同一性，而畸就是差异性。

墨子曾专门就“齐”与“畸”进行了对比。只不过他用了另外两个概念——“兼”与“别”。“兼”即兼爱，即以无分别的心去爱别人；

①铃木大拙：《铃木大拙禅论集：历史发展》，徐进夫译，志文出版社，1989，第280页。

“别”即分别，即以有分别的心去对待别人。“兼”打破了自己和别人的分别，所以爱人如爱己；而“别”则把自我与他人区别开来，所以爱己而不爱人。墨子认为，别不如兼：

> 仁人之事者，必务求兴天下之利，除天下之害。今吾本原兼之所生，天下之大利者也；吾本原别之所生，天下之大害者也。是故子墨子曰“别非而兼是”者，出乎若方也。（《墨子·兼爱下》）

墨子举了好多具体的例子来说明“别”不如“兼”。比如，现在有一个“兼士”，一个“别士”。兼士爱人若爱己，爱友人之亲若爱己亲，而别士则完全相反。假使一个人将要出外征战，是把妻子儿女托付给兼士呢，还是托付给别士呢？当然是兼士了。再如，现在有一个“兼君”，一个“别君”。兼君说：“必先万民之身，后为其身。”别君则说：“吾恶能为吾万民之身若为吾身？此泰非天下之情也。人之生乎地上之无几何也，譬之犹驷驰而过隙也。”当万民勤苦冻馁、转死沟壑之中时，他们将会选择哪一个君主呢？当然是兼君了。

在《墨子·兼爱》中，墨子把夏禹、商汤和周文王、周武王都称为兼君。从这几个人的德行来讲，这样说是没错的，但如果从他们背后的制度文化来看，这样说就有问题了。《淮南子》说，墨子本来学儒者之业，受孔子之术，后来“以为其礼烦扰而不说，厚葬靡财而贫民，服伤生而害事，故背周道而用夏政”。周道即周礼，“经礼三百，曲礼三千”以别尊卑，可以称为“别政”，而夏政则是另一番情形。大禹时代财用不足，又有水患，天子与庶民平等相爱，可以称为“兼政”。别政的特点是繁文缛节，兼政的特点是质朴无文。[1]

---

①《礼记·表记》称引孔子语：“夏道尊命，事鬼敬神而远之，近人而忠焉。先禄而后威，先赏而后罚，亲而不尊。其民之敝，蠢而愚，乔而野，朴而不文。”又说：“虞夏之质，殷周之文，至矣。虞夏之文，不胜其质；殷周之质，不胜其文。”

这种区别在最有资格当“兼君”的大禹身上表现得最清楚。大禹由于兼相爱而等贵贱，由于等贵贱而省礼节，由于省礼节而显得比较质朴。《庄子·天下》云：

> 墨子称道曰：“昔禹之湮洪水，决江河而通四夷九州也。名山三百，支川三千，小者无数。禹亲自操橐耜而九杂天下之川，腓无胈，胫无毛，沐甚雨，栉疾风，置万国。禹，大圣也，而形劳天下也如此。”

今传大禹治水画像砖，大禹就是一个“身执耒臿，以为民先”的平民天子形象。墨子是以大禹为榜样摩顶放踵利天下的。《庄子·天下》接着说：

> 使后世之墨者，多以裘褐为衣，以跂蹻为服，日夜不休，以自苦为极，曰：“不能如此，非禹之道也，不足谓墨。”

墨家和大禹一样，质朴无华，不好文采，故而在形象上未免有些粗鄙。不仅服装上没有文采，他们语言上也没有文采。荀子说：“故君子之于言无厌，鄙夫反是，好其实不恤其文，是以终身不免埤污佣俗。”（《荀子·非相》）这里的“鄙夫”显然是指践行“役夫之道”的墨子。

墨家取兼不取别，“有见于齐，无见于畸”，这就对儒家的礼制构成了冲击。儒家爱有差等，按远近亲疏、高低贵贱来规定各种礼节，所谓“亲亲之杀，尊贤之等”，“礼别异”，不同的仪式和装饰都是礼的标志，其中最典型的就是层次鲜明、标准复杂的服丧制度，而文采也正来自这种差异性。墨家则因追求平均主义而有忽视差等的倾向，要求君主兼爱天下人，爱无厚薄，一视同仁；要求贵族节用、节葬、非乐，以平民的生活标准作为自己的生活标准。忽视差等就等于废弃了标志身份差别的繁文缛节，也就自然没有文采了。

墨家尚同，导致质朴无文；儒家则是和而不同，形成了斐然的文采。所以儒、墨两家的美学思想，可以用“和”“同”二字分别概括。

和同之辨是春秋时代比较重要的一个话题。鲁昭公二十年，齐侯打猎回来，梁丘据诣见，齐侯对晏子说：“唯据与我和夫！”意思是，只有梁丘据与我“和得来”呀。晏子说：“据亦同也，焉得为和？”齐侯问：“和与同异乎？”晏子回答：

> 异。和如羹焉，水火醯醢盐梅以烹鱼肉，燀之以薪。宰夫和之，齐之以味，济其不及，以泄其过。君子食之，以平其心。君臣亦然……今据不然，君所谓可，据亦曰可。君所谓否，据亦曰否。若以水济水，谁能食之？若琴瑟之专一，谁能听之？同之不可也如是。（《左传·昭公二十年》）

这是以烹调为喻来讲君臣之道。和是相异的事物相协调，同则是相同的事物相重合，君臣之间当和而不同。孔子把这种观念引申到交友之道上：“君子和而不同，小人同而不和。”（《论语·子路》）

无独有偶，《国语·郑语》中，周太史伯也曾对郑桓公讲了一番同样的道理：

> 夫和实生物，同则不继。以他平他谓之和，故能丰长而物归之；若以同裨同，尽乃弃矣。……于是乎先王聘后于异姓，求财于有方，择臣取谏工而讲以多物，务和同也。声一无听，色一无文，味一无果，物一不讲……

这就进一步延伸到美学领域了。声一无听，色一无文，无论是声音，还是色彩，都要有差异才美。儒家之礼体现的正是有差别的礼仪文采，这是一种和谐之美——“礼之用，和为贵。先王之道，斯为美”。而墨家则因尚同反对别异之礼，有见于兼而无见于别，有见于齐而无见于畸，有见于同而无见于和，以至于泯灭了界限差等。无界限差等则无条理，无条理则无文理，无文理则无文采。简言之，儒家和而不同，墨家同而不和；儒家有美学，而墨家无美学。

综上所述，墨子非乐以节用，尚同而不文，同时否定艺术的情感内容和美学形式，这导致他的美学思想显得很是粗陋。尽管如此，它在历史上也产生过一定影响，在韩非子身上很容易看到这种影响的痕迹。

第三章

孟子：仁善之为美

孔子之后，儒学分化，二水分流。孟子发展了孔子的“内圣之学”，执孔子的仁学而深化之，提出性善论，主张反躬自省，勿失其本心；荀子发展了孔子的“外王之学”，执孔子的礼学而扩展之，提出性恶论，主张隆礼重法，以约束自我。此分化贯穿了整个儒学的历史。孔子之后儒学的演进，不过是荀孟两条路线的延伸而已，而人性论的分歧则从起点决定了两派不同的理论方向。

第一节　孟子道性善

《孟子·滕文公上》云：“孟子道性善，言必称尧舜。”这是对孟子人性论的一个经典概括。

孟子的思想体系，始于伦理学的“性善论”，而终于政治学的“仁政说”，前者是后者的心理学基础：“先王有不忍人之心，斯有不忍人之政矣。以不忍人之心，行不忍人之政，治天下可运之掌上。”孟子思想由此可一览无余。“穷则独善其身，达则兼善天下。”一个“善”字贯穿其思想始终。讲孟子思想，必然要从性善论开始。

一、性善论的思想渊源

我们知道，孔子早年很少谈性与天道，这大体也是当时思想界的普遍情形。到了孟子时代，情况发生了变化。子思《中庸》已经大谈性与天道了，与子思同时代的材料，比如郭店楚简《性自命出》等儒家文献，也表现出对人性问题的关注。孟子性善论是在天下纷纷言性的整体氛围下产生的，同时又有其独特的学术渊源。

孔子的人性论对孟子有启发作用。孟子对孔子是相当尊敬的，他曾把孔子和历史上的贤人加以比较，觉得伯夷、伊尹、柳下惠这些人都只是偏才，只有孔子是集大成者，既圣且智，“自有生民以来，未有孔子也”。他当仁不让地以孔子的继承者自居，“乃所愿，则学孔子也”（《孟子·公孙丑上》），并为“未得为孔子徒”深感遗憾，自称是孔子的“私淑”弟子。孔子对孟子的思想有着深刻的影响，其中就包括其人性论。

孔子意识到现实中的人性是有差异的，乃至有上智下愚之别，但考虑到存在数量广大的中人，他还是说“性相近”，这就给孟子的“性相同”说做了基本的铺垫。性相同其实是物类乃至人类的必然要求。人性不相同，也就不能通称为人类了，因此，孟子说：“故凡同类者，举相似也，何独至于人而疑之？圣人与我同类者。”（《孟子·告子上》）可以说，没有孔子的“性相近”，也就没有孟子的“性相同”。

孔子的人性论虽有模糊色彩，但他对仁的大力提倡无疑是落实在人性上的。他说：“仁远乎哉？我欲仁，斯仁至矣。”（《论语·述而》）“君子无终食之间违仁，造次必于是，颠沛必于是。”（《论语·里仁》）这两句话有一种强烈的暗示意味：仁并不遥远，只要自己欲仁，仁就到了人的心中。这里虽然没有直接点明仁是人的本性，却非常容易让人形成这样的认识。所以，庄子后学曾以代言体的方式让“孔子”做了这样的发挥：

> 孔子……往见老聃，而老聃不许，于是翻十二经以说。老聃中其说，曰："大谩，愿闻其要。"孔子曰："要在仁义。"老聃曰："请问，仁义，人之性邪？"孔子曰："然。君子不仁则不成，不义则不生。仁义，真人之性也，又将奚为矣？"（《庄子·天道》）

庄子后学让"孔子"说出以仁义为本性的话，说明在他们的心目中，孔子应该是这样认为的。孟子自然也是这样认为的，性善论可以说是孔子仁道原则的深化，是"性相近"与"仁者爱人"的结合与发展。

曾子是孔子晚年的弟子，在传承和弘扬孔子学说上厥功至伟，今传《论语》主要就是曾子学派编纂而成的。曾子内省而慎独，却又弘毅而有担当，因此他对心性问题体悟较深。相传为曾子所作的《大学》开宗明义，提出了儒家内圣外王之学的三纲领：

> 大学之道，在明明德，在亲民，在止于至善。

明德就是光明的道德心性，只能是善的。事实上"明明德"与"止于至善"是遥相呼应的，明德是至善的起点，至善是明德的终点。如果将明德落实为至善，那就与性善论没有任何区别了。

子思是曾子的弟子，又是孟子的老师。荀子在《非十二子》中提到"子思孟轲"，后人则称以他们为代表的学派为"思孟学派"。只是由于文献不足，不仅子思本人的思想不能确定，被荀子批判的思孟学派也长期成为一个历史疑案。《隋书·音乐志》引沈约曰："《中庸》《表记》《防记》《缁衣》，皆取《子思子》。"后人对此多持怀疑态度。直到马王堆出土了帛书《五行》，经庞朴先生考证，就是曾被荀子批判的思孟学派的五行说作品；后来，郭店楚简又出土了《鲁穆公问子思》一篇，同时出土的还有《缁衣》和《五行》，而《语丛一》的一段文字又见于《表记》。这些材料皆与子思有关，充分证明沈约之说可信。于是，子思的作品和基本思想得到确证，思孟学派的存在也得到证实，这对清晰认识孟子的思想渊源有重大意义，由此我们可以放心地到《礼记·中庸》里寻找孟子思想的源头。

《礼记·中庸》中有两句话是纲领，可视为子思的人性论。第一句是：

> 天命之谓性，率性之谓道，修道之谓教。道也者，不可须臾离也，可离非道也。

第二句是：

> 自诚明，谓之性；自明诚，谓之教。诚则明矣，明则诚矣。

“天命之谓性”就是说上天赋予人的即是性，同时这又是一个可逆的过程——“率性之谓道”，郑玄、朱熹皆训“率”为依循，意即只要顺着天命的本性而生活就合于道了，如此这个天命之性只能是善。“诚”可训为真实、真诚。所谓“诚则明”，是说一个人只要诚恳地落实本性，自然就是“明明德”了，可见明德就是本性。

《礼记·中庸》中有一段话被孟子全文引用，只是文字略有差别，且前面加上了“孟子曰”三个字。子思原话如下：

> 在下位不获乎上，民不可得而治矣；获乎上有道：不信乎朋友，不获乎上矣；信乎朋友有道：不顺乎亲，不信乎朋友矣；顺乎亲有道：反诸身不诚，不顺乎亲矣；诚身有道，不明乎善，不诚乎身矣。诚者，天之道也；诚之者，人之道也。诚者不勉而中，不思而得，从容中道，

圣人也。诚之者，择善而固执之者也。

子思强调"诚身"，它是顺乎亲、信乎友、获乎上乃至治民的起点或基础。前面说"诚则明"时，我们还不太确定诚的对象是什么，这里则说得明明白白："诚身有道，不明乎善，不诚乎身矣。""诚身"表现为"择善而固执之"，以便"明乎善"，这就是"诚则明"。这意味着善是自性本具的，如此已经和性善论没有任何区别了。

性善论一方面来自儒家道统的承续和演化，另一方面也受到墨家思想的影响。

孟子和墨子的学术联系往往被孟子对墨家的激烈反对态度所掩盖，但我们必须透过表象看本质。学派之间的交锋也是一种交流，互相批驳也互相学习，完全势不两立的情况是不存在的，孟子对墨子的态度并不像表面上那样势同水火。孙德谦说："孟子云'杨氏为我，是无君也。墨氏兼爱，是无父也。无父无君，是禽兽也'，孟子论兼爱之弊，甚黜之为禽兽，其距墨也，可谓至矣。然谓之曰'氏'，则必非指翟而言也。《韩非子·显学》认为：'自墨子之死也，有相里氏之墨，有相夫氏之墨，有邓陵氏之墨。'以此三氏，系之墨子死后，则孟子言'氏'者，是称墨子之后学矣。"[①]孙德谦说孟子骂的是墨子后学而不是墨子本人，这是有道理的。因为孟子确实提过"墨子"本人，《孟子·尽心上》中说"杨子取为我，拔一毛而利天下，不为也。墨子兼爱，摩顶放踵利天下，为之。子莫执中，执中为近之"，对墨子本人就显得尊敬得多。

晋代鲁胜曾作《墨辩注》，此书虽早已失传，但其序文附于《晋书》本传中，其中说："孟子非墨子，其辩言正辞则与墨同。"[②]虽然鲁胜《墨辩注》谈的是名家化的墨家后学，但后期墨家的名辩术亦非凭空出现，正可以从墨子那里找到依据。墨子的三表法、对名实之辨的重

①孙德谦：《古书读法略例》，北京市中国书店，1984，第25页。

②转引自孙诒让：《墨子间诂》，中华书局，2001，第660页。

视、论证语言的逻辑性，都影响了墨家后学的名辩理论，孟子也无疑受了这种影响。对照一下《孟子》和《墨子》，确实会发现很多思路和言辞极为相似的地方：

墨子说：“夫爱人者，人亦从而爱之；利人者，人亦从而利之；恶人者，人亦从而恶之；害人者，人亦从而害之。”（《墨子·兼爱中》）孟子则说：“爱人者，人恒爱之；敬人者，人恒敬之。”（《孟子·离娄下》）从观点到句式都与墨子完全相同。

墨子说：“夫挈泰山以超江、河，自古之及今，生民而来，未尝有也。今若夫兼相爱、交相利，此自先圣六王者亲行之。”（《墨子·兼爱下》）孟子则说：“挟太山以超北海，语人曰‘我不能’，是诚不能也。为长者折枝，语人曰‘我不能’，是不为也，非不能也。”（《孟子·梁惠王上》）两个人比喻论证的方式完全相同，应该不是偶然的。

墨子在《鲁问》中，止齐攻鲁，以刀断人首为喻，问齐王：“刀则利矣，孰将受其不祥？”他逼着齐王承认，贼杀百姓，“我受其不祥”。孟子劝说梁惠王时，说“人死，则曰，‘非我也，岁也’。是何异于刺人而杀之，曰：‘非我也，兵也？’”（《孟子·梁惠王上》）孟子的论辩方式亦与墨子如出一辙。

《墨子·耕柱》载，“有反子墨子而反者：‘我岂有罪哉？吾反后。’子墨子曰：‘是犹三军北，失后之人求赏也。’”墨子的这个比喻无疑是孟子“五十步笑百步”的蓝本。

孟子和墨子的相似性被荀子看得一清二楚。荀子在《儒效》中，把世人由低到高分成四等：“有俗人者，有俗儒者，有雅儒者，有大儒者。”考虑到他曾经激烈地批判过思孟学派，孟子在他心目中不可能是雅儒或大儒，而只能是俗儒。我们看他对俗儒的描述：

> 逢衣浅带，解果其冠，略法先王而足乱世术，缪学杂举，不知法后王而一制度，不知隆礼义而杀诗书；其衣冠行伪已同于世俗矣，然而

> 不知恶者；其言议谈说已无以异于墨子矣，然而明不能别；呼先王以欺愚者而求衣食焉；得委积足以掩其口，则扬扬如也；随其长子，事其便辟，举其上客，僡然若终身之虏，而不敢有他志，是俗儒者也。

对照一下《荀子·非十二子》中对思孟学派及其影响的描写，就能发现，这里的俗儒应该指的是孟子及其后学：

> 略法先王而不知其统，犹然而材剧志大，闻见杂博。案往旧造说，谓之五行，甚僻违而无类，幽隐而无说，闭约而无解。案饰其辞，而祗敬之，曰：此真先君子之言也。子思唱之，孟轲和之。世俗之沟犹瞀儒、嚾嚾然不知其所非也，遂受而传之，以为仲尼、子游为兹厚于后世，是则子思、孟轲之罪也。

上述两段文字极其相似，说明荀子批评的大致是同一个对象。荀子所说的俗儒包括一批人，其中自然有子张氏、子游氏、子夏氏之“贱儒”（见《非十二子》），但总的来说还是以思孟学派为主，因为荀子与孟子的对立是原则性的。说他们言议谈说“已无以异于墨子”，实在是慧眼如炬，孟子与墨子思想之联系由此亦可见一斑。

文句上的相似只是表面现象，重要的是墨子的人性思想也深刻地影响了孟子。以前学者们曾奇怪，既然孔子不曾仁义连称并举，孟子为何大谈仁义（所谓“孔曰成仁，孟曰取义”），殊不知有墨子贵义这个中间环节。

墨家的兼爱自然是一种至善的精神，但墨子并没有给它强有力的理论支撑。他把兼爱说成是天的意志：“天欲义而恶不义。”（《墨子·天志上》）上天让人类兼爱，这里的天志已有“天命”（天的命令）的意味。孟子借鉴了这种天命至善的思想，却虚化了背后的人格神，把主宰之天变为义理之天，让善成为“天赋”的本性。可见孟子性善论得之于《墨子》正多。

孟子的人性论受以上诸子的影响，而他们的理论都有一个共同的指向，那就是善。可见孟子的性善论渊源有自，甚至可以说是水到渠成。

二、尽其心者，知其性也

前面说过，孟子是在天下人纷纷言性的背景下提出性善论的。既然是纷纷言性，那就不可能是各说各话，而是互有交锋。孟子必须对他人的挑战做出回应，然后才能确立性善论的地位。

当时思想界有哪些比较流行的说法呢？公都子曾将孟子之外的人性论概括为三种：

> 告子曰："性无善无不善也。"或曰："性可以为善，可以为不善；是故文武兴，则民好善；幽厉兴，则民好暴。"或曰："有性善，有性不善；是故以尧为君而有象，以瞽瞍为父而有舜；以纣为兄之子且以为君，而有微子启、王子比干。"（《孟子·告子上》）

第一种是告子的学说，"性无善无不善"，即性无所谓善恶。第二种其实是第一种的变体。告子曾云："性犹湍水也，决诸东方则东流，决诸西方则西流。人性之无分于善不善也，犹水之无分于东西也。"（《孟子·告子上》）这与"文武兴，则民好善；幽厉兴，则民好暴"是一回事，故而两说可以合并。第三种"有性善，有性不善"，类似于后世的"性三品"说，这种说法从起点处就立不住脚。如果人类没有共性，则所谓人性就是一个伪命题，根本没有必要讨论。故而公都子提的几种说法，实以告子为主，而孟子也正是通过与告子辩论才确立了自己的性善论。

让我们回到孟子与告子的辩论现场，考察性善论的内在逻辑。

“天下之言性也”一段向称晦涩，却是我们考察孟子和告子之争的一个入口：

> 天下之言性也，则故而已矣。故者以利为本。所恶于智者，为其凿也。如智者若禹之行水也，则无恶于智矣。禹之行水也，行其所无事也。如智者亦行其所无事，则智亦大矣。天之高也，星辰之远也，苟求其故，千岁之日至，可坐而致也。（《孟子·离娄下》）

这段话的难解之处在于，“故”字与“利”字。简言之，故就是缘故，孟子用为动词，意谓推求其缘故。[①]“利”，朱熹训为“顺”，如大禹治水之“因势利导”即因势顺导。推求缘故时，逻辑要顺，所以“故”要以“利”为本。宇宙之大，星辰之远，顺推其故，千岁可致。人的本性也是如此。

盖当时天下言性者，多以推求其故的方式来立论，最典型的就是告子所谓“生之谓性”，以“故”言之，则是“有生故有性”：

> 告子曰：“生之谓性。”孟子曰：“生之谓性也，犹白之谓白与？”曰：“然。”“白羽之白也，犹白雪之白；白雪之白，犹白玉之白与？”曰：“然。”“然则犬之性，犹牛之性；牛之性，犹人之性与？”（《孟子·告子上》）

按“性”“生”二字，上古发音趋同，意义相通，所以告子说“生就叫性”，意谓与生俱来的就是性。孟子顺势又向前推了一步：“生就叫性，犹如白就叫白吗？”以此来把告子引入一个语言陷阱。告子并不觉

①许慎《说文解字》：“故，使为之也。”段玉裁注：“今俗云原故是也。凡为之必有使之者，使之而为之则成故事矣。引申之为故旧，故曰古，故也。《墨子·经上》曰：故，所得而后成也。许本之。”引自许慎：《说文解字》，段玉裁注，上海古籍出版社，1981，第123页。

得孟子的引申有什么逻辑问题，他注重的是同类事物的共性和自然属性，众白同白，众生同性，故牛、马、人同性。与生俱来的本性在今天被称为本能。牛马与人共同的本能无疑是食欲和色欲，所以告子的结论必然是“食色性也”。

然而，孟子也以“生之谓性”为前提，推求其故，却推出了“仁义性也”：

> 人之所不学而能者，其良能也；所不虑而知者，其良知也。孩提之童，无不知爱其亲者；及其长也，无不知敬其兄也。（《孟子·尽心上》）

良知、良能其实就是本知、本能，孟子加上一个“良”字，明示其以善为特征。

我们发现，告子与孟子的思维方式其实是一样的：天下之言性者，都不过是推求其故罢了——有生故有性。告子推求其故，人生来就会饮食男女，所以“食色性也”；孟子推求其故，人生来就有良知、良能，所以“仁义性也”。

孟子与告子辩论，最后一句话总是孟子说的，根据“以后息者为胜”的原则，似乎是孟子赢了，但我相信告子是不会被说服的。因为孟子在辩论现场总是盛气凌人，一招制胜，好多道理没有充分展开，乃至后世读者也多以为孟子的结论太武断。下面我们试着替孟子补全论证的过程。我们的工作分四部分：人兽之辨、身心之辨、内外之辨和性命之辨。

先看人兽之辨。

告子的“食色性也”必然会把人性归为动物属性，这在告子看来没有什么值得大惊小怪的。孟子则反问道：“然则犬之性，犹牛之性；牛之性，犹人之性与？”犬之性与牛之性同与不同，孟子并不关心，人之性与犬、牛之性同与不同，这可是大问题。孟子非常注重人兽之别，他骂杨氏、墨氏“无父无君，是禽兽也”（《孟子·滕文公下》），又评价不讲礼义的妄人“如此则与禽兽奚择哉？于禽兽又何难焉”（《孟子·离娄下》），还说“人之有道也，饱食、暖衣、逸居而无教，则近于禽兽”（《孟子·滕文公上》），他认为人类绝不能自近于禽兽或自同于禽兽。

如果人与禽兽天然相异，如鱼在深渊鸟在天，那也不用担心同于禽兽了。问题是，人与禽兽相近、相同的地方太多：禽兽有食色之欲，人也有。孟子认为，人性不能是人与禽兽相同之处，只能是相异之处。用今天的话来讲，人性不能建立在人与禽兽的普遍性上，只能建立在人类的特殊性上。那么，人类与禽兽的相异之处是什么呢？

从表面上看，人兽之别一望即知——人类二足而无毛，直立行走。但孟子以为：“形色，天性也；惟圣人然后可以践形。”（《孟子·尽心上》）这就是说，人的形貌是天性的表征，唯人类有此人形。人只见其人形而谓之人，却不知“不是人”者多矣。严格说来，世人多是人面兽心，只有圣人方能对得起一张人皮。

什么才叫人呢？孟子云：“仁也者，人也。合而言之，道也。”（《孟子·尽心下》）这句话向无确解[①]，今按孟子本意：仁即是人，人即是仁，不仁者非人也。这表现了中国古人对人性的认识，孟子以此作为人性本善的一个证明。人类与禽兽都有食色之性不假，但唯有人类有仁爱之心，动物则没有，可见人之所以为人的本性在于善。

再看身心之辨。

孟子说：“人之所以异于禽兽者几希，庶民去之，君子存之。”（《孟子·离娄下》）那么同于禽兽者在何处，异于禽兽者在何处呢？人与禽兽相同之处就是食色二性，故而相同处以身为主；人之异于禽兽者

---

①朱熹注曰：“仁，理也；人，物也。以仁之理，合于人之身而言之，乃所谓道者也。”（《孟子集注》）按仁与人逻辑上不在一个层面，无法合并，朱注有误。“合而言之，道也”的意思是，把这两个字读成一个音，是有道理的。与之相似的例子还有“乐者，乐也”“生之谓性”。

乃是仁爱之心，故而不同处以心为主。孟子说：

> 无恻隐之心非人也，无羞恶之心非人也，无辞让之心非人也，无是非之心非人也。恻隐之心，仁之端也；羞恶之心，义之端也；辞让之心，礼之端也；是非之心，智之端也。人之有是四端也，犹其有四体也。（《孟子·公孙丑上》）

孟子在这里用了四个“非人也”来表示何者是人之为人的基本条件。以前人们总将重音放在恻隐、羞恶、辞让、是非四个词上，现在我们要把重音放在四个“心”字上：无恻隐之“心”非人也，无羞恶之“心”非人也，无辞让之“心”非人也，无是非之“心”非人也。这四端都落在人心上，反过来说就是有恻隐之“心”是人也，有羞恶之“心”是人也，有辞让之“心”是人也，有是非之“心”是人也。可见，人之所以为人，就是因为人心有四端。

因为孟子的人性最终只能落实在人心上，而“性”字又从心，故而尽心可以知性。他说：“尽其心者，知其性也。知其性，则知天矣。”（《孟子·尽心上》）既然人心是善的，人性也只能是善的。

再看内外之辨。

孟子说“仁义礼智根于心”，这在当时并不是一个常识。时人更容易接受的观念是“仁内义外”。郭店楚简告诉我们，仁内义外几乎是七十子时代的一个共识。[①]

依常情而论，仁多源于家庭之内的亲情，所以似乎出于自然；而义则涉及家庭之外的公理，所以有外在约束的感觉。但如果义是外在的，那么性善论就无法得到圆满的论证。一个人为了正义而行善，却不是发自本心，而是由于外在要求，这是不能称为性善的。因此，孟子

---

①《六德》：“仁，内也。义，外也。礼乐，共也。”《语丛一》：“仁生于人，义生于道。或生于内，或生于外。”

在提出性善论之前，必须解决义外的问题。就此他和告子展开了一场辩论：

> 告子曰："食色性也。仁，内也，非外也。义，外也，非内也。"孟子曰："何以谓仁内义外也？"曰："彼长而我长之，非有长于我也。犹彼白而我白之，从其白于外也，故谓之外也。"曰："异于白马之白也，无以异于白人之白也！不识长马之长也，无以异于长人之长欤？且谓长者义乎？长之者义乎？"（《孟子·告子上》）

这是第一个回合。告子说："一个人年龄大，我尊敬他，但年龄大是他的事，与我无关，所以说敬长之义是外在的。就好像白东西是白的，我也认为它是白的，但白色并不属于我。"孟子反问："以白马为白，和以白人为白，自然没有区别，可是以老马为老和以老人为老也没有区别吗？人不会尊敬老马，却会尊敬老人。尊老为义，义是属于老的一方呢，还是尊老的一方呢？"

其实，孟子最后一句已经把话说明白了，可告子依然没有被说服，因为他觉得敬长之义有时不是发自内心的，尤其是涉及关系较远的长者的时候。

> 曰："吾弟则爱之，秦人之弟则不爱也，是以我为悦者也，故谓之内。长楚人之长，亦长吾之长，是以长为悦者也，故谓之外也。"曰："耆秦人之炙，无以异于耆吾炙。夫物则亦有然者也。然则耆炙亦有外欤？"（《孟子·告子上》）

告子说："我爱我的弟弟，但不爱秦人的弟弟，可见爱我弟弟的心是内在的。我尊重我的长辈，也尊重楚人的长辈。其实，我对楚人的长辈并没有感情，只是因为他年长才尊重他，所以敬长之义是外在的。"

孟子拿吃烤肉为例反问他："吃秦人的烤肉与吃自己的烤肉确实没有区别，烤肉是外在的，但吃烤肉的欲望也是外在的吗？同理，敬自己的长辈和楚人的长辈没有区别，长辈是外在的，敬长之心也是外在的吗？"显然，敬长之心是内在的，则敬长之义也是内在的。当他把敬长之义归为内心之善的时候，心善则是性善。

平心而论，告子和孟子这里有点各说各话了。孟子说敬楚人之长是发自内心的，故而义内。而告子则认为自己内心根本就不敬楚人之长。但如果告子真把话说到这个地步，孟子也有话等着他：不敬楚人之长非人也。

最后看性命之辨。

先看一下命的含义。《说文解字》记载："命，使也。从口，从令。""令"为"命"之初文，金文时加"口"以表示命从口出。命的本义为人的口令，但从上古时代起，由于先民的宗教精神，天命的观念就出现了。《尚书》中"天命"出现了25次，指的多是上天之令："钦崇天道，永保天命。""不知天命不易，天难谌，乃其坠命。""尔乃不大宅天命，尔乃屑播天命。"后来，"命"字渐渐独立，拥有了天命的意思，如"天难谌，命靡常"，并进一步展开引申：人生是天赋的，这就是"生命"；寿数是天定的，这就是"寿命"；祸福是天定的，这就是"命运"。孟子总结说："莫之为而为者，天也；莫之致而至者，命也。"（《孟子·万章上》）也就是说，天命就是人力不能决定的东西。比如孔子的"五十而知天命"，不过是"尽人事而听天命"罢了。

再看性的含义。"性"从"生"而来，二字可互训，故而告子说"生之谓性"。既然"性"是与"生"俱来的，自然也是"天生"的，所以又称"天性"。

再进一步，因为命与性都源于天，所以二者又合称"性命"。

不过，虽然性与命皆源于天，但它们在人间意义体系中的定位有差异。"命"字从口，离发令的天更近；性字从心，离用心的人更近。所以郭店楚简《性自命出》说："性自命出，命由天降。"反过来就是"天降命，命生性"，《礼记·中庸》将之简化为"天命之谓性"。比较而言，命有天定色彩，性有人为倾向。从这个角度来考察孟子的性命论，就会看得更清楚。孟子说：

> 口之于味也，目之于色也，耳之于声也，鼻之于臭也，四肢之于安佚也，性也，有命焉，君子不谓性也。仁之于父子也，义之于君臣也，礼之于宾主也，知之于贤者也，圣（人）之于天道也，命也，有性焉，君子不谓命也。[①]（《孟子·尽心下》）

食色作为人类与生俱来的属性，虽然是内在的，得与不得却由天决定，所以应归之于命，而不称之为性；仁、义、礼、智作为上天赋予的特征，虽然是外来的，但得与不得由人自主决定，故而应归之于性，而不称之为命。简言之，人可以自得之的，就是性；得与不得由天定的，就是命。显然，仁、义、礼、智是求则得之，舍则失之的，是在我者，所以它是性；而食色的满足是求之有道，得之有命的，是外在的，因此它不是性。

总之，孟子从"生之谓性"出发，通过人兽之辨、身心之辨、内外之辨和性命之辨，论证了人性是人有别于禽兽、落实在人心上的一部分性，是人可以自主的那一部分。分而言之，即仁义礼智，合而言之，即是性善。

知道人性本善，也就是知道人人本善，这对普通人来说是一个震动性的大发现。其震动性不在于性善，而在于"尧舜与人同耳"：

①按"圣之于天道也"，原衍"人"字。仁、义、礼、智、圣乃思孟五行说的纲目。具体考证可参考庞朴：《竹帛五行篇与思孟五行说》，载陈福滨《本世纪出土思想文献与中国古典哲学研究论文集》（上册），辅仁大学出版社，1999。

故凡同类者，举相似也，何独至于人而疑之？圣人与我同类者。（《孟子·告子上》）

储子曰：“王使人瞯夫子，果有以异于人乎？”孟子曰：“何以异于人哉？尧舜与人同耳。”（《孟子·离娄下》）

既然尧舜与“我”之性相同，则自然人人可以为尧舜：

曹交问曰：“人皆可以为尧舜，有诸？”孟子曰：“然。”（《孟子·告子下》）

所以，明白人性本善，就要学做人；只做人还不够，还要做尧舜。这是孟子性善论为人类开辟的一个自我成就的愿景路线。

三、学问之道，求其放心

普通人与尧舜的差距是怎么形成的呢？如果是荀子，他肯定会说：“涂之人可以为禹。”大禹和涂之人的起点是相同的，不同在于后天的修习，大禹勤修而常人怠惰，距离就这么拉开了。

孟子倒没有这么俯就以亲民，正如孔子所说，“唯上知与下愚不移”，孟子清楚地知道，人性虽然相同，但禀赋的差异还是存在的。唯上智可以天生安于性善，中人和下愚则不免失其本心、流放本心，孟子称之为“放心”：

仁，人心也；义，人路也。舍其路而弗由，放其心而不知求，哀哉！人有鸡犬放，则知求之；有放心，而不知求。学问之道无他，求其放心而已矣。（《孟子·告子上》）

孟子打了一个比方，就好像家里的鸡犬会走失，人的本心也会“走失”。一旦失其本心，人便与本性之善有了距离，也便与尧舜有了距离，普通人和尧舜之间的差异就是这么形成的。人家走失了鸡犬，都知道找回来，“放其心而不知求，哀哉！”所以，“学问之道无他，求其放心而已矣”，把放失的心找回来就可以了。

求放心跟求鸡犬一样，也分不同的情况。有的人鸡犬根本就没丢，不用找；有的人刚丢，好找；有的人丢了好久，就难找一些；还有的人根本不知道自己有过鸡犬，也就不知道自己丢过鸡犬。第一种人是上智，中间两种人是中人，而最后一种人则是下愚。因为失其本心的情况不同，求其放心的手段也不同：

尧舜，性者也；汤武，反之也。（《孟子·尽心下》）

尧舜，性之也；汤武，身之也；五霸，假之也。久假而不归，恶知其非有也。（《孟子·尽心上》）

所谓“尧舜，性者也”，就是说尧舜天生就善，完全依照本性活着就可以了。“舜明于庶物，察于人伦，由仁义行，非行仁义也。”（《孟子·离娄下》）如果说“行仁义”，那仁义还是外在的，“由仁义行”，那就不过是把内心的善发挥出来罢了。孔子的七十而从心所欲不逾矩，其实也是这个境界。

至于汤武，距尧舜的境界就差一层了，他们离本性之善已经有了距离，本心已经丧失，所以要“反之”，返回性善；心不能立刻纯善，可先“身之”，身体力行，在行动上先善起来。大部分中人也都跟汤武一样曾失其本心，只是程度之别而已。前面提到那个叫曹交的人望尧舜之道而兴叹，以为高不可及，力不能胜，孟子告诉他：

夫人岂以不胜为患哉？弗为耳。徐行后长者谓之弟，疾行先长者谓之不弟。夫徐行者，岂人所不能哉？所不为也。尧舜之道，孝悌而已矣。子服尧之服，诵尧之言，行尧之行，是尧而已矣。（《孟子·告子下》）

孟子首先把尧舜之道简单化，将所谓“尧舜之道，孝悌而已矣”简化为“徐行”，即《弟子规》所谓“长者先，幼者后”，这便很容易践行了。就这样，“子服尧之服，诵尧之言，行尧之行，是尧而已矣”。不过，与其说这是尧舜之道，不如说是“汤武之道”，因为它不是“性之”，而是“身之”“反之”。

尧舜性之，汤武身之、反之，至于五霸，则不过是假之而已。孟子此处的道德自信让人佩服。好多人见霸主高不可攀，以为必是高人一等。孟子则指出，这些人往往道德不及中人，因为他们甚至忘了自己本具善性，只是把善当成工具来借用，比如齐桓公、晋文公挟天子以令诸侯，都是假借仁义之名而行霸权之事。《庄子·胠箧》曾表露出这样的担心：“为之仁义以矫之，则并与仁义而窃之。”但在孟子看来，这不足虑。“久假而不归，恶知其非有也。”这就好像借东西不还，时间长了就成了自己的了。“假”字既可训为“假借”，也可训为“假装”，就好像伪君子伪装既久，弄假成真，未尝不能成为真君子。

说到底，五霸能够假之，也是因为自己本有此心而一时不知。王阳明说：“良知在人，随你如何不能泯灭，虽盗贼亦自知不当为盗，唤他做贼他还忸怩。”（《传习录》）盖小人忌惮盗贼之名而有所顾忌，就是良知未泯的证据；而五霸羡慕仁义之名而有所攀缘，也是善根犹在的缘故。

如果是下愚之人，根本不知道自己失其本心，也就不知道应求其放心，那又该怎么办呢？孟子认为，要等待一个良心发露的契机。他举过两个例子：

今人乍见孺子将入于井，皆有怵惕恻隐之心。非所以内交于孺子

之父母也，非所以要誉于乡党朋友也，非恶其声而然也。（《孟子·公孙丑上》）

盖上世尝有不葬其亲者。其亲死，则举而委之于壑。他日过之，狐狸食之，蝇蚋姑嘬之。其颡有泚，睨而不视。夫泚也，非为人泚，中心达于面目。盖归反蔂梩而掩之。（《孟子·滕文公上》）

这两个事例有一个共同的特点，即仁爱之心是突发和自发的。看到小孩子要掉到井里，没有任何外在的利害关系，便有怵惕恻隐之心；看到亲人的身体在沟壑中被蝇虫姑嘬，其颡有泚（汗），此泚“非为人泚”，完全是自己内心的感愧。孟子指出，这种自发的感情，便是本性之善的自然流露。无论是尧舜、汤武、五霸，还是中人、下愚，本性都是善的，只是有的人不能反思罢了。因此修行不是外有所加，而是内有所得，发现自己本有的东西，即所谓“自得之”——“君子深造之以道，欲其自得之也”（《孟子·离娄下》）。

知道人性本善，这只是一种认知，孟子称为“良知”；能止于至善才是最终目的，孟子称之为“良能”。所谓良知、良能，其实就是本知、本能，孟子以“良”字修饰之，是表明此知、此能以善良为归宿。换句话说，良知即是“知良”，良能即是“能良”，做人的过程就是从知良至于能良。把良知转为良能，要点在于一个“养”字。

孟子喜欢用植物喻人，用植物的培养来比喻人性的培养：

拱把之桐梓，人苟欲生之，皆知所以养之者。至于身，而不知所以养之者，岂爱身不若桐梓哉？弗思甚也。（《孟子·告子上》）

这里的“身”并非狭义的身体，它其实指的是广义的生命。单纯对身体的保健是孟子所反对的。他指出：“人之于身也，兼所爱。兼所爱，则兼所养也。无尺寸之肤不爱焉，则无尺寸之肤不养也。所以考其善不善者，岂有他哉？于己取之而已矣。”可见同样是养身，还要有所择取：

体有贵贱，有小大。无以小害大，无以贱害贵。养其小者为小人，养其大者为大人。今有场师，舍其梧檟，养其樲棘，则为贱场师焉。养其一指而失其肩背，而不知也，则为狼疾人也。饮食之人，则人贱之矣，为其养小以失大也。（《孟子·告子上》）

体有贵有贱，有小有大。养其大者为大人，养其小者为小人；养其贵者为贵人，养其贱者为贱人。比如，园丁不养梧桐而养酸枣，就不是好园丁；人如果只养手指而不养肩背，也不是好的养生者；再进而言之，只养口腹而不养心性，则只能算“饮食之人”。人们之所以贱视饮食之人，是因为他们只知道口腹之养，而忘了心性之养。故而君子之养身，重在养心：“存其心，养其性，所以事天也。”（《孟子·尽心上》）

良心发现之初，有如小苗刚从土里冒头，孟子称它们为仁、义、礼、智四端。端者始也，端绪也，即植物的萌芽。人要培养四端，使之像植物一样茁壮生长：

五谷者，种之美者也；苟为不熟，不如荑稗。夫仁亦在乎熟之而已矣。（《孟子·告子上》）

养五谷，关键在使之成熟，不熟则不如杂草；养仁心，也要使之成熟，不熟不能成人成圣。如此“存心养性”，则善根日日增长。

正如植物生长会遇到斧斤、牛羊的摧残，培养善根也会遇到相似的情况：

虽存乎人者，岂无仁义之心哉？其所以放其良心者，亦犹斧斤之于木也，旦旦而伐之，可以为美乎？其日夜之所息，平旦之气，其好恶与人

> 相近也者几希，则其旦昼之所为，有梏亡之矣。梏之反覆，则其夜气不足以存；夜气不足以存，则其违禽兽不远矣。（《孟子·告子上》）

山间之木苟得其养，则茁壮成长；不得其养，则日见其消。之所以日见其消，是因为斧斤伐之，牛羊牧之。存心养性也是一样，夜里读书反省，善气增长。天明待人接物，善气又被摧残。长此以往，夜气不足以自存，人便又离禽兽不远了。

摧残善气的东西是什么呢？很简单，既然人之异于禽兽之处使人性得以凸显，那么人之同于禽兽之处就会使人性泯灭。而这同于禽兽之处，便是告子所谓食色二性，所以存心养性者不能不认真对待食色二性：

> 饥者甘食，渴者甘饮，是未得饮食之正也，饥渴害之也。岂惟口腹有饥渴之害？人心亦皆有害。人能无以饥渴之害为心害，则不及人不为忧矣。（《孟子·尽心上》）

饥渴者吃什么都香甜，这是饥渴害其不得饮食之正。人心也有饥渴的时候，而且正是口腹之饥渴引起了心灵的饥渴，比如，“一箪食，一豆羹，得之则生，弗得则死”，但它们是嗟来之食，求生者若饥不择食，甘之如饴，则口腹之饥渴解除了，心灵之饥渴似乎也解除了，却不知心灵已受伤害，人格已经丧失。

食欲如此，色欲也是同样。有一次，一个任国人，大概是告子之徒，问孟子弟子屋庐子：“礼与食孰重？”屋庐子答曰：“礼重。”任国人问：“色与礼孰重？”屋庐子答曰：“礼重。”任国人又问：“以礼食，则饥而死；不以礼食，则得食，必以礼乎？亲迎，则不得妻；不亲迎，则得妻，必亲迎乎！”屋庐子不能应对，回来问孟子。孟子告诉他可以这样回复：

> 紾兄之臂而夺之食，则得食；不紾，则不得食，则将紾之乎？逾东家墙而搂其处子，则得妻；不搂，则不得妻，则将搂之乎？（《孟子·告子下》）

“逾东家墙而搂其处子”者多矣，自己也未必觉得天理难容。但在孟子看来，这是非礼的，是不可接受的，这不是人应该做的。可见，孟子之养心有一个大的前提，即重心而轻身，重人之异于禽兽之处，轻人之同于禽兽之处，这就必然会导致寡欲的观念。他说：“养心莫善于寡欲。其为人也寡欲，虽有不存焉者，寡矣；其为人也多欲，虽有存焉者，寡矣。”（《孟子·尽心下》）寡欲在《孟子》书中虽仅此一处，却相当重要。因为只有抵制住食色的诱惑，才能安然地存心养性。

孟子曾言“理义之悦我心”犹如“刍豢之悦我口”，清儒戴震借此论证孟子所言人性为“血气心知”，以抨击宋明理学重心性而轻人欲。殊不知孟子只是拿血气来比喻心知，他是只讲心知，不讲血气的。只就人心来谈人性，且以寡欲为养心要诀，这正是孟子人性论的特质。[①]

存心养性既久，善根茁壮，开花结果，成贤成圣，便是可期的。原来只是在定性上“圣人与人同耳”，如今在定量上也是“我”与圣人同耳。

第二节　充实之谓美

孟子的美学建立在性善论的基础上，我们称之为“仁善之为美”。一个人在“自得之”，而又自得其乐的时候，其心自当有美感，但如果不能发之于外，其美学意义便有局限。美学的建立离不开外在的审视，故而内在之美必须发扬于外才有价值。在孟子看来，美的外在发扬属于

---

①但孟子也绝对没有走到程朱理学那种不近人情的地步，试看他对齐宣王说，国君好色可与百姓同之，使天下无怨女旷夫一节可知。

内心之善的扩充，他称之为“充实之谓美”。

一、养气以可观

“养”是孟子哲学的“关键词”，也是孟子美学的“关键词”。五谷之养有审美效果，身心之养也不例外。五谷得其养，则枝叶茂盛；人身得其养，则肤革充盈；人心得其养，诚于中而形于外，表现为一种气度，孟子称之为“养气”。显然，养气是从属于养心的，养心为体而养气为用。不过，从美学的意义上讲，养气与审美联系更直接。

孟子提出了“养气说”。养气本身并不是孟子的“专利”，什么人都可以养气，什么人都在养气，只是不自觉罢了。养什么气，成什么人。“矢人岂不仁于函人哉？矢人唯恐不伤人，函人唯恐伤人。巫匠亦然，故术不可不慎也。”（《孟子·公孙丑上》）造箭的难道比造甲的更残忍吗？造箭的唯恐无法伤人，造甲的唯恐伤人，时间久了，造箭的养的就是杀气，而造甲的养的就是生气。因此，小人养小人之气，君子养君子之气，君王养君王之气：

> 孟子自范之齐，望见齐王之子。喟然叹曰：“居移气，养移体，大哉居乎！夫非尽人之子与？”孟子曰：“王子宫室、车马、衣服多与人同，而王子若彼者，其居使之然也；况居天下之广居者乎？鲁君之宋，呼于垤泽之门。守者曰：‘此非吾君也，何其声之似我君也？’此无他，居相似也。”（《孟子·尽心上》）

正所谓“居移气，养移体”。孟子认为齐王之子养的是王者之气，同样是人家的儿子，他就养得像个国君；鲁君和宋君也养成了王者之气，天下君王气派都差不多，所以守门者感叹两国君王声气之相似；而梁襄王似乎就没养成，所以，孟子说他“望之不似人君，就之而不见所畏焉”。

那么，孟子本人养的是什么气呢？在齐国的时候，有一次弟子公孙丑问他：“夫子加齐之卿相，得行道焉，虽由此霸王不异矣。如此，则动心否乎？”孟子说不会动心，并说告子不动心比他还早。孟子、告子真是一对天然的辩手，在动心问题上都有得一比。公孙丑问：“敢问夫子之不动心，与告子之不动心，可得闻与？”孟子说：

> 告子曰：“不得于言，勿求于心；不得于心，勿求于气。”不得于心，勿求于气，可；不得于言，勿求于心，不可。夫志，气之帅也；气，体之充也。夫志至焉，气次焉。故曰：“持其志，无暴其气。”（《孟子·公孙丑上》）

告子的不动心在于“不得于言，勿求于心；不得于心，勿求于气”。也就是说，告子与人辩论，嘴上输了，不用精神胜利法来自我安慰；心里输了，不会没理占三分以气势压人。这就是告子的“不动心”。孟子认为，心中理亏而不以气势压人，这是对的；嘴上输了却不求助于精神，是不对的。为什么呢？胜负是勇气的较量，而勇气来自意志，意志有了，勇气也就来了，这就是所谓的“夫志至焉，气次焉”。

于是，话题转向勇气的培养，公孙丑问孟子：“敢问夫子恶乎长？”也就是问：“您比告子更擅长的是什么呢？”

> （孟子）曰：“我知言，我善养吾浩然之气。”“敢问何谓浩然之气？”曰：“难言也。其为气也，至大至刚，以直养而无害，则塞于天地之间。其为气也，配义与道；无是，馁也。是集义所生者，非义袭而取之也。行有不慊于心，则馁矣。我故曰，‘告子未尝知义，以其外之也’。”（《孟子·公孙丑上》）

原来孟子养的是浩然之气。浩然之气又叫浩然正气，“正”规定了它的基本性质，它要配上道义，才能撑得起来。孟子主张义内说，内心充满道义，自然理直气壮；告子主张仁内义外，没有道义在心里垫底，不免气馁，因此每次总是输给孟子。告子的不动心是输了就是输了，就认输；孟子的不动心是赢了就是赢了，我自岿然不动。孟子在辩论中压倒告子的，就是浩然之气。

养气而名之以“浩然”，便有了美学意义。就好像吹一个气球，气馁者吹不起来，气球也便不美；气足者能把气球吹大，便是“充实之谓美”。一个气球，吹到二分大、四分大、六分大、八分大，视觉效果是不一样的。同理，充实之谓美也有层次的差异：

> 浩生不害问曰：“乐正子，何人也？”孟子曰：“善人也，信人也。”“何谓善？何谓信？”曰：“可欲之谓善，有诸己之谓信。充实之谓美，充实而有光辉之谓大，大而化之之谓圣，圣而不可知之之谓神。乐正子，二之中，四之下也。”（《孟子·尽心下》）

孟子在评论乐正子的人格时，提出了人格的六种境界，即善、信、美、大、圣、神。按“信”可训为诚，亦可训为真。如释“信”为“真”，则更能展示完美的人格的完成过程——善、真、美、大、圣、神。前三者即通常所谓真、善、美，后三者则由大而圣而神，渐趋神妙。这六种境界有一个渐进的次序：能让人想要的便是善，能自得善便是真，善性充实便是美，充实而有光辉便是大，大而能贯通变化就是圣，圣德至于神妙莫测则是神。

关于乐正子，孟子曾许之曰：“其为人也好善。”因此，他自然是善人；他又诚善于身，自然是真人；但还没有做到“诚于中而形于外”，辉泽未显，故而还不是美人；更不用说大人、圣人、神人了。所以，孟子说他是“二之中，四之下”。

二之上还有四等人——美人、大人、圣人、神人。君子仁德初焕光彩，有了可观性，则是美人："君子所性，仁、义、礼、智根于心。其生色也，睟然见于面，盎于背，施于四体，四体不言而喻。"（《孟子·尽心上》）大人居于圣人之下，应该相当于历来所谓贤人，充实而有光辉，孔门弟子庶几近之。①至于圣人，孔子当之无愧，因为他用之则行，舍之则藏，"可以仕则仕，可以止则止，可以久则久，可以速则速"（《孟子·公孙丑上》），自然是大而化之了。而神人已近于宗教意义上的神灵，只能姑且勿论了。

孟子的养气说对中国美学产生了重要的影响，它奠定了文气论的理论基础。曹丕《典论·论文》说：

> 文以气为主，气之清浊有体，不可力强而致。譬诸音乐，曲度虽均，节奏同检，至于引气不齐，巧拙有素，虽在父兄，不能以移子弟。

曹丕还分别评价了建安诸子的不同文气，刘勰替他做了总结：

> 故其论孔融，则云"体气高妙"，论徐幹，则云"时有齐气"，论刘桢，则云"有逸气"。公幹亦云："孔氏卓卓，信含异气；笔墨之性，殆不可胜。"并重气之旨也。（《文心雕龙·风骨》）

中国文化史上谈及气，常指宇宙乃至身体之元气。把"气"落实到人的精神气质，孟子在先，曹丕在后，前者对后者的影响不言自明。不过，曹丕作为文人，其论述重在先天之气的发挥；而孟子作为亚圣，则重在后天之气的培养。以承续道统自任的韩愈就说得更好："气，水也；言，浮物也。水大而物之浮者大小毕浮。气之与言犹是也。气盛则

①公孙丑说，"子夏、子游、子张皆有圣人之一体，冉牛、闵子、颜渊则具体而微"（《孟子·公孙丑上》），皆是善性没有完全养成之相。

言之短长与声之高下者皆宜。”（《答李翊书》）培养后天之气要以培养浩然正气为主。苏洵和文天祥都曾学习孟子之气，我们确实看到了他们义正词严的文章中充沛的气势。

与“养气说”相应而生的，应该还有“观气说”。有养有观，才是完整的审美过程。如果说养气是创作论，观气则是鉴赏论。孟子虽然没有发明“观气”这样一个名词，但他对“观”的重视随处可见：

> 孔子登东山而小鲁，登太山而小天下。故观于海者难为水，游于圣人之门者难为言。观水有术，必观其澜。日月有明，容光必照焉。流水之为物也，不盈科不行；君子之志于道也，不成章不达。（《孟子·尽心上》）

无论观什么，都要观其大者，因为大者最为可观。观山要观泰山，观水要观大海，观人要观圣人。流水不盈科不行，盈科即满，是充实之意；君子志于道而修身，不充实至圣人的程度则不能通达。观水有术，必观其澜，因为澜是水外在的波纹；观人也有术，要观其“成章”，即文采斐然。“成章”成的是外在文采，它源于养气后内在的充实。

孟子不止一次提及自己观人有术。俗话说“眼睛是心灵的窗口”，观察一个人首先要看他的眼睛。孟子说：

> 存乎人者，莫良于眸子。眸子不能掩其恶。胸中正，则眸子瞭焉；胸中不正，则眸子眊焉。（《孟子·离娄上》）

孟子观人是以正与不正为标准的。这和他提倡的养气的标准是一样的。依他的理解，胸中有浩然正气，则眸子正，否则就不正。可以想见，胸中无正气，眼神畏缩游移的人，在孟子眼中是不可观的，也便是不美的。

魏晋时，品鉴人物成了一种艺术，刘劭《人物志》云：

> 夫声畅于气，则实存貌色。故诚仁，必有温柔之色；诚勇，必有矜奋之色；诚智，必有明达之色。夫色见于貌，所谓征神。征神见貌，则情发于目。

这与孟子观人之术实一脉相承，尤其是最后一句，几乎是孟子“观其眸子”的翻版。可见，孟子的观人之术实为魏晋品评人物的先声，而人物品评又与文学品评密切相关，于是孟子观人的标准自然就转移到文学鉴赏领域，成为文学评论的指导性原则。

二、知言而思诚

孟子在讲观人有术的时候讲究“观其眸子”，又加了这样一句话：“听其言也，观其眸子，人焉廋哉？”可见要观察一个人，除了观其眸子，还要听其言。正所谓“言为心声”，言辞也能表现一个人的内心世界。如果说观其眸子是视觉的考察，听其言就是听觉的考察。言辞是精神世界的符号外化，考察孟子的言辞观，也就能了解孟子对形式美学的态度了。

孟子善辩，善辩者必须能够准确把握他人的言辞，这一点孟子有相当的自信。他说：“我知言。”何为知言？他说：

> 诐辞知其所蔽，淫辞知其所陷，邪辞知其所离，遁辞知其所穷。（《孟子·公孙丑上》）

诐辞即偏颇之辞，孟子知道它何处不全面；淫辞即放荡之辞，孟子知道它沉溺于何处；邪辞即邪僻之辞，孟子知道它如何离于正道；遁辞即顾左右而言他，孟子知道它理屈词穷的地方。因此，孟子与人辩论，总是能抓住对方的要害，让对方无可逃避。

孟子的知言不限于当世的言辞，也包括古人的言辞。孟子对古人还是比较尊重的，他要与古贤人为友，“是尚友也”。古人已经不在了，古书就是古人留下的言辞文本，因此，要通过解读诗书以知古人。他说：“颂其诗，读其书，不知其人，可乎？是以论其世也。是尚友也。”（《孟子·万章下》）孟子在这里提出了“知人论世”的说法。

知人论世要求了解背景性的知识，已经超出了了解文本言辞的范围。为什么要知人论世呢？因为在解读古书的时候，孟子多次发现，古人的言辞也是不尽可信的。

帝舜的故事是当时的热门话题，孟子曾多次就此展开讨论。有一次，弟子咸丘蒙问他：

> 咸丘蒙问曰：“语云‘盛德之士，君不得而臣，父不得而子’，舜南面而立，尧帅诸侯北面而朝之，瞽瞍亦北面而朝之。舜见瞽瞍，其容有蹙。孔子曰：‘于斯时也，天下殆哉，岌岌乎！’不识此语诚然乎哉？”（《孟子·万章上》）

这里是说，听说盛德之士，君王不能以之为臣，父亲不能以之为子。舜南面称王的时候，尧率领着诸侯北面而朝之，舜的父亲瞽瞍也北面而朝之。舜见到父亲，表情有些局促。这事是真的吗？这个问题折射的是家族伦理和国家威权之间的矛盾和张力，在古代社会是无解的，如果孟子看到《红楼梦》里贾政跪在女儿面前，不知他会如何评说。大概也是因为孟子好辩，弟子成心拿这些问题来难为他。孟子的回答是取消这个问题：“否。此非君子之言，齐东野人之语也。”

齐人本迂阔，齐东又近海，野人粗俗，其言自然不可信。于是，咸丘蒙又拿出经典里的话进行质疑：

诗云："普天之下，莫非王土；率土之滨，莫非王臣。"而舜既为天子矣，敢问瞽瞍之非臣，如何？（《孟子·万章上》）

这里引用的是《诗经·小雅·北山》里的话。既然率土之滨，莫非王臣，舜已是天子了，他的父亲瞽瞍却不是臣，这又怎么说呢？孟子回答说："是诗也，非是之谓也；劳于王事，而不得养父母也。"孟子解释说，诗的本意不是那个意思；诗的本意是，既然大家都是王臣，为什么唯独我这么劳苦！

孟子大概觉得意犹未尽，接着把自己的观点上升到理论的高度：

故说诗者，不以文害辞，不以辞害志。以意逆志，是为得之。如以辞而已矣，云汉之诗曰："周余黎民，靡有孑遗。"信斯言也，是周无遗民也。（《孟子·万章上》）

他说，既不能因文字而扭曲词句，也不能因词句而曲解真义，而应该根据整体立意来探索作者的心志。孟子举了一首《云汉》作为例子，如果光看表面意思，那么周朝的臣民，现在就没有一个留下来的，事实显然不是这样。所以，说诗者不能因表面的文辞妨害对诗意的理解。

孟子对诗的解释自然是没问题的，但显然，"普天之下"那十六个字单拿出来，也正体现了周朝王权社会的公理，孟子是推不翻这一点的。因而，他这里对诗意本身的讲求其实也是一种逃避，不妨说，他用的也是"遁辞"，即遁到了文学批评领域。

"不以文害辞，不以辞害志"表面上看是对读者的要求，但如果作品能够直赋其意，不做言过其实的夸张，也就不会引起读者的误解，所以，它必然会导向对作者的要求，如此它便有了创作论上的意义。孟子没有直接说出来的意思是，《诗》的作者无疑是"以文害辞，以辞害志"的。《诗》和《书》中都有因文饰手法过于丰富而导致理解上的不同的地方，孟子不得不一次一次地为弟子的认识纠偏，以至于他最终对典籍言过其实的夸饰采取了断然否定的态度：

> 尽信书，则不如无书。吾于《武成》，取二三策而已矣。仁人无敌于天下。以至仁伐至不仁，而何其血之流杵也？（《孟子·尽心下》）

《武成》中记载，武王伐纣，流血漂杵。这当然是一种文学修辞手法，是为了大力渲染武王的武功。从历史事实来看，战争必然要流血。但孟子认为，以至仁伐至不仁，不致如此。在这种情况下，他甚至不愿透过文饰手法去逆古人之志，而是干脆采取不相信的态度。可见，在他心目中，《武成》的作者无疑也是"以文害辞，以辞害志"了。

因此，也就不难理解，后人心目中的"不以文害辞，不以辞害志"，为何多不是针对"说诗者"的，而是针对"作诗者"的了（也就是说，它从批评论转为创作论）。《文心雕龙·夸饰》讲夸饰的必要性，还引了孟子"民无孑遗"和"血流漂杵"两条："说多则子孙千亿，称少则民靡孑遗；襄陵举滔天之目，倒戈立漂杵之论；辞虽已甚，其义无害也。"刘勰对经典还比较客气，但紧接着，他用了极大的篇幅来讲夸饰的弊端：

> 自宋玉、景差，夸饰始盛；相如凭风，诡滥愈甚。故上林之馆，奔星与宛虹入轩；从禽之盛，飞廉与鹪鹩俱获。及扬雄《甘泉》，酌其余波。语瑰奇则假珍于玉树；言峻极则颠坠于鬼神。至《东都》之比目，《西京》之海若，验理则理无不验，穷饰则饰犹未穷矣。

宋玉、景差到司马相如，再到扬雄、班固、张衡，文饰越来越盛，结果导致"夸过其理，则名实两乖"。可见刘勰认为，"以文害辞，以辞害志”是创作上一个严重的弊病。

到刘师培，就干脆认为孟子说的“以文害辞，以辞害志”批评的就是诗书的作者：“略举数端，则知文人之作，以词害义，是为造语之讹……或记事词过其实，如‘民靡孑遗’，见于《云汉》，孟子斥为害词；血流標杵，载于《武成》，孟子指为难信是也。”①

因而，孟子对立言作文的正面态度，就应该是“以文害辞，以辞害志”的反面，是夸饰的反面。孟子提出一个“诚”字：

> 是故诚者，天之道也；思诚者，人之道也。至诚而不动者，未之有也；不诚，未有能动者也。（《孟子·离娄上》）

孟子将诚抬得如此之高，已经具有宇宙人生本体的意义了。是宇宙人生的“本体”还不够，它居然还是宇宙人生的“全体”：

> 万物皆备于我矣。反身而诚，乐莫大焉。强恕而行，求仁莫近焉。（《孟子·尽心上》）

这也就是说，“我”是自足的，只要反身而诚，什么都不缺。其实，“万物皆备于我”只是说善的根性和快乐的源泉皆备于我，所以，只要反躬自求，诚善于身，就乐莫大焉。这是一个心理过程，与行动无关，更与言说无关。无言无文，自然也不会发生“以文害辞，以辞害志”的情况，不得已而有所言说，也一定可以诚于中而形于外，说的都是诚实之言。如借用《易》里的一句话，不妨说“修辞立其诚”。②

---

①刘师培：《论美术与征实之学不同》，载《刘申叔遗书》，江苏古籍出版社，1997，第1633页。

②在《易传》的原始语境中，“修辞”与“立其诚”本不是所属关系，孔颖达疏：“辞谓文教，诚谓诚实也。外则修理文教，内则立其诚实，内外相成，则有功业可居。”但后人多将此语用于说明作文修辞要以诚为本，比如《文心雕龙·祝盟》：“凡群言务华，而降神务实，修辞立诚，在于无愧。”可以想见，孟子如果见到这句话，一定会把它当成立言宗旨。

然而，如果有人这样问呢？“诚是表里如一，伪君子自然是不诚的，那真小人算不算诚呢？”这个问题在孟子那里是不存在的，因为他已经规定了诚的内容：“不明乎善，不诚其身矣。”如此说来说去，又回到了性善论，回到了充实之谓美，这是孟子美学的总纲。孟子的逻辑是：反身而诚以完成人格修养，充满善心，以志统文，则言辞自美。欧阳修说“道胜者文不难而自至”（《答吴充秀才书》），便是这个意思。

当孟子说“充实之谓美”的时候，他是从里往外谈的。这就意味着美的根源在于内在之善，而不是外在的文采。孟子当然知道，美和善不是重合的，美比善有着更大的普遍性，美人比善人争议更少。他说：“至于子都，天下莫不知其姣也。不知子都之姣者，无目者也。”（《孟子·告子上》）对善人的认定就没有这么容易：“左右皆曰贤，未可也；诸大夫皆曰贤，未可也；国人皆曰贤，然后察之……”（《孟子·梁惠王下》）美人一望可知，考察善人却这么难，可见美有着自然规律，一定程度上可以脱离善而独立存在。但孟子依然强调善对美的支配作用，认为只有善的才是美的，只有正气才是“浩然”的。

显然，孟子的美学有务内遗外的特点，这与荀子形成鲜明对比。以言辩为例，荀子说“君子必辩”（《荀子·非相》），孟子却说“予岂好辩哉？予不得已也”（《孟子·滕文公下》）。自己是辩论的高手，却又轻视言辩，这体现了他对以辞害义的警觉。再以服饰为例，荀子对服饰之美非常重视，“衣被则服五采，杂间色，重文绣，加饰之以珠玉”（《荀子·正论》），因为文绣也是礼文化的组成部分。而孟子则不同：“令闻广誉施于身，所以不愿人之文绣也。”（《孟子·告子上》）

孟子强调反身而诚，以善为美，指导艺术家立其大本，可谓功莫大焉；其弊端在于轻视形式美学的独立性。世界上有一种美，脱离伦理之善，同样有审美价值，比如五采成章的文绣，比如抑扬婉转的韵律，乃至赏心悦目的风景，都是人类文化的组成部分，不应该被忽视。

第四章 荀子：礼义之为美

孔子之后的儒家，孟子与荀子二水分流，平分秋色。不过，荀子在孔门的地位和待遇却远不及孟子，不能跟孟子一样入庙陪祀孔子。其中一个重要原因就是他提出了著名的性恶论，这在正统儒家看来是不可接受的。人性论是荀子哲学的起点，我们研究他的美学思想，也要从这里开始。

第一节 性无善恶

一、性可善可恶

关于性恶论，《荀子》三十二篇中有一篇就题为《性恶》。他开宗明义地说道："人之性恶，其善者伪也。""古者圣王以人之性恶，以为偏险而不正，悖乱而不治，是以为之起礼义，制法度，以矫饰人之情性而正之，以扰化人之情性而导之也。"因为人性是恶的，所以要对它加以约束限制。顺着这个思路，我们很容易推导出荀子隆礼重法的学理依据。

因为荀子本人如此明确地声称性恶，人们自然会以为这是他的不刊之论。不过，稍加比较就会发现，孟子不遗余力地宣传性善，并为此反复辩说，而荀子只是在《荀子·性恶》中提到了性恶的说法，其余各篇则一次也没有提及过。汉代刘向整理《孙卿子》，唐代杨倞重新整理《荀子》，都把《性恶》附于论说文之末和杂论之前，说明两人都认为它在荀子理论体系中应处于边缘地位。①

如果性恶论与性善论是针锋相对的，那就应该在每一个维度上都截然相反。在上一章中，我们从多个角度分析了孟子的人性论，下面我们再从相同的角度考察荀子在人性问题上的真实立场与态度。

先看人兽之辨。

孟子意识到人之异于禽兽者几稀，并从人之异于禽兽处发现人性之善。荀子也曾讨论过人兽之别，而且也意识到这是人之所以为人的依据：

> 人之所以为人者何已也？曰：以其有辨也。饥而欲食，寒而欲暖，劳而欲息，好利而恶害，是人之所生而有也，是无待而然者也，是禹桀之所同也。然则人之所以为人者，非特以二足而无毛也，以其有辨也。（《荀子·非相》）

说到饱暖佚利之心，与其说是“禹桀之所同也”，不如说是“人兽之所同也”。而人之所以为人，乃是因为人类“有辨”。《荀子·非相》说“辨莫大于分，分莫大于礼”。所以有辨即有礼，人兽之别在于人有礼。

---

①杨倞《荀子序》自述其整理之工曰：“其篇第亦颇有移易，使以类相从云。”今检其整理后的《荀子》体例，从《劝学》到《儒效》八篇为修身之学，从《王制》到《强国》八篇为从政之学，从《天论》到《正名》六篇为荀子的哲学，《成相》与《赋》两篇为荀子的诗赋，从《大略》到《尧问》六篇为弟子杂录传记，而《性恶》居《正论》之后，《成相》之前。

孟子说唯人有仁义礼智四端，荀子这里也说唯人有辨有礼，可谓殊途同归，并无分歧。但二人的落脚点有所不同：孟子认为人性是“人之异于禽兽者”，即仁义之性；而荀子认为人性是“人之同于禽兽者”，即食色性也。

再看身心之辨。

孟子认为，食色属身，而仁义属心，人的本性应是从心不从身的。荀子也知道人的身心之异：

> 耳目鼻口形能各有接而不相能也，夫是之谓天官。心居中虚，以治五官，夫是之谓天君。（《荀子·天论》）

心为天君，耳目口鼻形五官为天官。心是五官的主宰，天君是天官的主宰。正如国体要看国君，人性自然也要看天君（心）。按说由此荀子应该很自然地导出与孟子“尽心知性”相同的结论来，可他偏偏却要“尽身知性”，把人性界定为人的生理属性。

再看性命之辨。

孟子认为，食色享受虽是内在的，但由天决定，故付之于天命；仁义礼智虽是外加的，但由人决定，故归之于人性。荀子也看到了先天欲望和后天抉择的关系：

> 欲不待可得，所受乎天也；求者从所可，受乎心也。（《荀子·正名》）
>
> 不可学、不可事而在人者，谓之性；可学而能、可事而成之在人者，谓之伪。是性伪之分也。（《荀子·性恶》）

荀子认为，将天然的欲望视为天性未尝不可，但欲望的满足取决于人心，由人为（伪）决定，这个人心和人为又是哪儿来的呢？既然只有人才能做到，它不是人性又是什么呢？

只有内外之辨，荀子和孟子的观点实在不能统一。因为孟子继承的就是孔子的内学——仁学，反躬求仁于内，顺便把礼和义也内化了，成为内在的良知；而荀子继承的是孔子的外学——礼学，求礼于外，礼义一体，都是外在规范。

整体看来，孟子想到的，荀子也全都想到了。他也知道人与禽兽相异之处才能使人成为人，知道主宰肉体的心灵才能使人成为人，知道规范先天欲望的后天选择才能使人成为人，可他还是将人与禽兽的共性、人的生理属性、人的先天属性界定为人性。我们只能说，因为关注点不一样，荀子、孟子二人其实是在各说各话：孟子把人的非动物性视为本性，荀子把人的动物性视为本性；孟子以人的非动物性为最终目标，荀子以人的动物性为原始起点；孟子由内向外扩充人的非动物性，荀子由外向内克制人的动物性；孟子是一个理想主义者，荀子是一个现实主义者。

可是，即使把人的动物性需求视为人性，也并不意味着它就是恶的。说人性本善是可以的，但不能说兽性就是恶，否则虎狼和被虎狼吃掉的牛羊都恶，讲不通。说仁义之心本善是可以的，但不能说食色之欲就是恶，否则肚子一饿便是恶，也讲不通。事实上，欲望本身无所谓善恶，善恶起源于满足欲望的方式。一个人想吃水果并不是恶，在自己家的果树下大快朵颐也不是恶，甚至在田野里摘一个野果也不是恶，只有在市场上抢了别人的果实才是恶。同理，君子喜欢美色也不是恶，取之非道才是恶。从这个意义上讲，告子的“性无善无不善”“可以为善可以为不善”比孟子的性善论更妥当。

考察荀子的人性论，我们会发现它与告子的观点很相近。朱熹在《四书章句集注》中说：“告子言人性本无仁义，必待矫揉而后成，如荀子性恶之说也。”朱熹说告子也是性恶论，下语未免轻率，但告子和荀子确实具有相似性。

首先，荀子和告子一样，把天然的欲望看成人的本性。告子曾说："生之谓性。"荀子则说："生之所以然者谓之性。性之和所生，精合感应，不事而自然谓之性。"（《荀子·正名》）这几乎是对告子之言的一个注解。告子说："食色性也。"荀子则说："若夫目好色，耳好声，口好味，心好利，骨体肤理好愉佚，是皆生于人之情性者也。感而自然，不待事而后生之者也。"（《荀子·性恶》）

其次，荀子和告子一样，都主张性无善恶。公都子曾转引告子语曰："性无善无不善也。"荀子则认为，欲望是受之于天的，欲望的满足则要听从心之所可："治乱在于心之所可，亡于情之所欲。"（《荀子·性恶》）如果心之所可是合乎道理的，欲望再多也不伤于治；如果心之所可不合乎道理，欲望再少也不能止乱。换句话说，情欲本身无所谓善恶，善恶在于心之所可。

告子又说："性犹湍水也，决诸东方则东流，决诸西方则西流。人性之无分于善不善也，犹水之无分于东西也。"这是说性可善可不善。荀子则说："汤武存，则天下从而治，桀纣存，则天下从而乱。如是者，岂非人之情，固可与如此，可与如彼也哉！"（《荀子·荣辱》）这与告子的说法毫无二致。

所以，荀子的人性论不能简单地归为性恶论，其实应是性无善无恶、可善可恶。读《荀子·性恶》，看到荀子攻击孟子，我们也许会为孟子遗憾，由于时代不同，他不能对荀子的反诘一一做出回应。不过，孟子与告子的辩论正可以看成荀孟之争的一个先导。

荀子认同告子，又不在辩论现场，以他辨名析理的水平，完全可以在著书之时从容地把这个问题讲清楚。可他为了正孟子之偏，不得不走向另一个极端。性善论无疑比性恶论更积极、更正面一些，但其实不完善，因为它不能解释恶从何而来。如果说善心是内在的，恶意又何尝是外在的？英国汉学家葛瑞汉说："由于他们（孟子和荀子）使用了各自的标语只是作为方便的标签和争论的支点，人们也许猜测，他们会有某种暗示，即这种形式过度简化了他们所要说的思想。就荀子而言，有足够理由怀疑他贴在自己身上以与孟子区别开来的标签是否充分表达了他的观点。”[①]这样的说法可谓深得荀子本意。

荀子提出性恶论，也与时代环境的刺激有关。荀子生活在战国晚期，这是中国历史上道德秩序极为混乱的一个时代。或云春秋无义战，战国则更无义战。荀子在《仲尼》中说：“仲尼之门人，五尺之竖子，言羞称乎五伯。”因为“其事行也若是其险污淫汏也。彼固曷足称乎大君子之门哉！”但齐桓公毕竟还“以让饰争，依乎仁而蹈利”，说明仁义道德对于他还有一定的约束力。到了战国，连这种微弱的约束力也荡然无存，国与国之间成了明目张胆弱肉强食、尔虞我诈的关系。在这样一种政治气氛下，社会风气的沉沦可想而知。荀子笔下有很多关于风俗变坏的描写，最严重的是私家子弟争胜相斗：“斗者，忘其身者也，忘其亲者也，忘其君者也……忧忘其身，内忘其亲，上忘其君，则是人也，而曾狗彘之不若也。”又说：“人之有斗，何哉？我欲属之狂惑疾病邪？则不可，圣王又诛之。我欲属之鸟鼠禽兽邪？则不可，其形体又人，而好恶多同。人之有斗，何哉？我甚丑之。”荀子就生活在这样一个人性之恶展现到极致的时代，他说：“人之生固小人，无师无法则唯利之见耳。人之生固小人，又以遇乱世，得乱俗，是以小重小也，以乱得乱也。”（《荀子·荣辱》）荀子就生活在这样一个“以小重小也，以乱得乱也”的社会。人心沦落，禽兽不如，他嫉恶太甚，说人性是恶的也可以理解。

尽管人性本身无善无恶，可善可恶，但从善如登，从恶如崩，堕落总是比提升更容易；尽管荀子本意不是性恶，但也无疑更倾向于性恶。因此，我们可以将他视为向性恶论过渡的思想家。

---

①葛瑞汉：《论道者：中国古代哲学论辩》，张海晏译，中国社会科学出版社，2003，第290页。

二、礼能养能别

由于欲望无所谓善恶，所以没有必要一上来便进行防范。无论是禽兽还是人类，无论是小人还是君子，面对欲望的第一反应肯定是满足它而非节制它，因为欲望是所有生灵得以生存的前提。《荀子·正名》如此为欲望正名："以所欲为可得而求之，情之所必不免也。"目欲綦色、耳欲綦声、口欲綦味、鼻欲綦臭、形欲綦佚，荀子称之为"五綦"。綦者，极也，即极尽享受之乐。在荀子看来，生而为人，不想尽量满足这五种欲望才是怪事："此五綦者而不欲多，譬之是犹以人之情为欲富贵而不欲货也，好美而恶西施也。"全面纵欲当然是不可能的，但也不能因此就走向全面禁欲，就好像一个人非常想到南方，讨厌北方，但他也不能因为南方走不到头就转而走向北方——"假之有人而欲南无多；而恶北无寡，岂为夫南者之不可尽也，离南行而北走也哉！今人所欲无多；所恶无寡，岂为夫所欲之不可尽也，离得欲之道，而取所恶也哉！"（《荀子·正名》）故而欲望首先是应该被满足的。

满足欲望，荀子称为"养欲"。那么如何养欲呢？直觉上我们会马上想到养欲之具：目欲綦色有五色，耳欲綦声有五音，口欲綦味有五味，等等，而荀子则提出了一个更重要的养欲之具，那便是礼。

礼怎么会成为养欲之具呢？这是因为，如果没有礼，人类的欲望就会"失养"。人生而有欲，有欲则不能无求，这都是正当的。但人是社会的动物，荀子称为"能群"，如果群里没有规矩，"群众"为了满足欲望，就会争执生乱。"先王恶其乱也，故制礼义以分之，以养人之欲，给人之求。使欲必不穷乎物，物必不屈于欲。两者相持而长，是礼之所起也。"（《荀子·礼论》）所以，礼的初衷就在于养欲。

故礼者养也。刍豢稻粱，五味调香，所以养口也；椒兰芬苾，所以养鼻也；雕琢刻镂、黼黻文章，所以养目也；钟鼓管磬、琴瑟竽笙，所

以养耳也；疏房檖貌，越席床笫几筵，所以养体也。（《荀子·礼论》）

表面上看，刍豢稻粱、椒兰芬苾、雕琢刻镂、钟鼓管磬、疏房檖貌，这些东西都是具体的养欲之具，与礼有什么关系呢？当然是有关系的，礼规定了这些养欲之具的分配原则，从天子、诸侯、大夫、士到庶人，各得其分，于是所有人都不失其养。

养欲的功能即使在丧祭之礼中也依然发挥作用。祭礼是为了表达对亡人的思慕之情，君亲去世，忠臣孝子之抑郁感伤会不期而至。如果没有祭祀之礼，一个人在欢欣和合之时忽而思念亡亲，则情志不调。所以先王制作祭礼，以理顺人情，使人的感情有宣泄之仪轨：

> 祭者，志意思慕之情也。愅诡唈僾而不能无时至焉。故人之欢欣和合之时，则夫忠臣孝子亦愅诡而有所至矣。彼其所至者，甚大动也；案屈然已，则其于志意之情者惆然不嗛，其于礼节者阙然不具。故先王案为之立文，尊尊亲亲之义至矣。（《荀子·礼论》）

按说丧祭当以尽哀情为本，丧祭之礼却有“节哀”的功能，使人哭泣、哀戚而不至于隘慑伤生，这就是它养欲功能的体现。

由于荀子曾明言性恶，人们往往会把他所谓的礼单纯地看作约束性情的工具，却不注意荀子强调礼的初衷，是为了让人类的欲望得到合理的满足。《荀子·大略》说：“礼以顺人心为本，故亡于礼经而顺人心者，皆礼也。”即便《礼经》上没有，只要顺人心，就是礼。值得注意的是，礼是“顺人心”的，而不是逆人心的。过去我们过于强调荀子言性恶而重礼法的一面，今天无论如何强调“礼者养也”的意义都不为过，它是荀子隆礼重法的出发点。

荀子尊重人类的欲望，这使他的思想有着强烈的人本主义色彩，这一点与孔子一脉相承。区别在于，孔子是“道始于情”，发乎情，止乎礼，充满了人情味；而荀子是“道始于欲”，发乎欲，止乎礼，难免给人一种高度不够的感觉。如果与孟子比较，那就更明显了：荀孟二人都讲“养”，孟子是养心，荀子是养欲。

养欲自然有其合理性，但欲望是一把双刃剑：养之可以养生，纵之却又伤生。荀子指出，如果对养欲之心不加以收束，人类有可能成为欲望的奴隶，性情反而受到戕害：

> 故欲养其欲而纵其情，欲养其性而危其形，欲养其乐而攻其心，欲养其名而乱其行，如此者，虽封侯称君，其与夫盗无以异；乘轩戴絻，其与无足无以异。夫是之谓以己为物役矣。（《荀子·正名》）

养欲如果流于纵欲，则走向了反面，若是“己为物役”，即使贵为王侯，也与贪戾的盗贼没有区别；即使乘轩戴冕，也与断足的残疾一样可怜。荀子指出，养欲其实并不需要太多的物质条件：“心平愉，则色不及佣而可以养目，声不及佣而可以养耳……故无万物之美而可以养乐，无埶列之位而可以养名。”（《荀子·正名》）这样就可以“重己役物”。这倒有点接近于孟子的“养心莫善于寡欲”了。

多欲不仅会伤害自身，同时可能超过限度，危害他人的欲望之养，破坏群体的秩序。这个时候，礼的另一个功能就显得相当重要：

> 故礼者养也。君子既得其养，又好其别。曷谓别？曰：贵贱有等，长幼有差，贫富轻重皆有称者也。（《荀子·礼论》）

荀子此处提出礼的另一个功能——“别欲”。“别”有分别、区别、差别之义，是所谓“礼别异”。“别”的关键在于“分”：生产要分工，消费要分配。分配并不是平均分配，因为人的本性决定了绝对的平等不可能实现：“两贵之不能相事，两贱之不能相使，是天数也。”“埶位齐，而欲恶同，物不能澹（赡）则必争；争则必乱，乱则穷矣。先王恶其乱也，故制礼义以分之，使有贫富贵贱之等，足以相兼临者，是养天下之本也。”（《荀子·王制》）分配有差等，于是形成了贵贱有序的等级制度，上下各得其养——“故或禄天下，而不自以为多，或监门御旅，抱关击柝，而不自以为寡。”（《荀子·荣辱》）

分配必须规定度量，有所区别。这样人类在满足欲望的时候就不是随心所欲了，而是要有一定的节制，所以“别欲”就意味着对欲望的制约：

> 欲虽不可尽，可以近尽也。欲虽不可去，求可节也。所欲虽不可尽，求者犹近尽；欲虽不可去，所求不得，虑者欲节求也。道者，进则近尽，退则节求，天下莫之若也。（《荀子·正名》）

欲望虽然不能完全满足，但可以尽量满足；欲望虽然不能完全消除，但可以加以节制。以“道（礼）”为标准，向前可以满足欲望，向后可以节制欲望。有了礼，既不用担心欲望得不到满足，也不用担心欲望流于泛滥。因为礼可以在“近尽”和“节求”之间保持平衡，使“别”和“养”相辅相成。节求是为了近尽，别欲是为了养欲，这就是礼的运行机制。此中道理十分微妙，因此荀子感叹：“孰知夫出死要节之所以养生也！孰知夫出费用之所以养财也！孰知夫恭敬辞让之所以养安也！孰知夫礼义文理之所以养情也！”（《荀子·礼论》）

当告子说“食色性也”，荀子说“养欲”之时，人性与牛马之性并没有本质区别；而当荀子说“既得其养，又好其别”之时，人类在别贵贱的同时，也便自别于禽兽了。荀子曾自作赋体五篇，第一篇《礼》写道：“性不得则若禽兽，性得之则甚雅似者与？”人与牛马都有食色二性，但只有人类有燕享之礼和婚嫁之礼，这才是人和动物的根本区别。

可养可别之礼，作为一种软性的规范，有一种不易察觉的转化人性的功能，荀子称之为“化性起伪”：

故圣人化性而起伪，伪起而生礼义，礼义生而制法度；然则礼义法度者，是圣人之所生也。故圣人之所以同于众，其不异于众者，性也；所以异而过众者，伪也。（《荀子·性恶》）

钱大昕云："古书'伪'与'为'通，荀子所云：'人之性恶，其善者伪也'，此'伪'字即'作为'之为，非'诈伪'之伪。"（《〈荀子笺释〉跋》）用今天的话来说，伪就是"人为"，就是人类后天的能动性，其实就是礼义，它可以化性于无形。"青取之于蓝而青于蓝"，这是化；"冰，水为之而寒于水"，这也是化；庶人化性起伪而成圣人，这更是化。

儒门化性有两种方式——"加法"和"减法"。孟子主张性善论，从里往外，用的是"加法"，所谓"充实之谓美"；荀子主张性恶论，从外往里，用的是"减法"，他称之为"蜕"："君子之学如蜕，幡然迁之。"（《荀子·大略》）不断地修习礼义，蜕掉恶习，离原始本能越来越远，则能"幡然迁之"，"长迁而不反其初，则化矣"（《荀子·不苟》）。想想孟子的"久假而不归，恶知其非有也"，二人可谓殊途同归。

不过，礼毕竟只是一种外在的规范，事实上与道德自主无关。如果一个人朝乾夕惕一生不敢为非，只是因为惮于礼法的约束，我们只能说他不是坏人，却不能说他是一个好人。如此看来，礼能束身而不能束心，能止恶而不能扬善。从这个意义上讲，孟子主仁可以成圣，而荀子崇礼却只能成人，至多能外王。荀子自己也意识到这一点，他说："礼之生，为贤人以下至庶民也，非为成圣也；然而亦所以成圣也，不学不成。"（《荀子·大略》）至于圣人如舜者，"维予从欲而治"，也就是说舜可以从心所欲而治，此则非礼所能涵盖。

所以，荀子同时也用"加法"，他称之为"积"："性也者，吾所不能为也，然而可化也。情也者，非吾所有也，然而可为也。注错习俗，所以化性也；并一而不二，所以成积也。"（《荀子·儒效》）性是天生的，我不能取消它，但可以转化它；情本不是我固有的，但可以利用它。无论什么东西，专一不二，久而成为积习，都可以转移人的心志和品质。故所积不同，所得也不同：

> 故积土而为山，积水而为海，旦暮积谓之岁，至高谓之天，至下谓之地，宇中六指谓之极，涂之人百姓，积善而全尽，谓之圣人。彼求之而后得，为之而后成，积之而后高，尽之而后圣，故圣人也者，人之所积也。人积耨耕而为农夫，积斫削而为工匠，积反货而为商贾，积礼义而为君子。（《荀子·儒效》）

按，荀子之“积”实即孔子之“习”，积习可以改变人性，积之愈久，相远愈甚，这便“习相远”了。值得注意的是，“积礼义而为君子”，“积善而全尽，谓之圣人”，积礼义是蜕身之恶，可以为君子；而积善则是充心之善，全之尽之则能成为圣人，所谓“积善成德，而神明自得，圣心备焉”。显然，从积礼到积善，从止恶走向扬善，荀子显示出向孟子靠拢的倾向，不仅提倡诸恶莫作，而且要求众善奉行。只是荀子所积之善到底是外来的，不如孟子存己心、养己性更自然。

第二节　情文俱尽

荀子是礼学大师，他的美学与礼学密切相关，我们称之为“礼义之为美”。礼义具有双重功能，养欲与别欲，前者对应着艺术的情感内容，后者对应着艺术的美学形式。下面分别加以阐述。

一、养欲与情感

荀子主张天人相分，但他还是在修辞意义上给人生诸要素赋以天的名义，以显示其先天的合理性。五官为“天官”，心为“天君”，喜怒哀乐为“天情”，对天官的滋养称为“天养”。

> 圣人清其天君，正其天官，备其天养，顺其天政，养其天情，以全其天功。（《荀子·天论》）

按说“备其天养”已尽含所有养欲功能了，荀子为什么还要提“养其天情”呢？这是因为在五官的天养中，养口、养鼻、养体是所有动物的本能，而养目与养耳则是人类的专利；前者属于养身的范畴，后者则属于养心的范畴；前者是技术，后者是艺术。孟子也曾提到过养心，“养心莫善于寡欲”；荀子的养心则正好相反，重在养欲，荀子称之为“养其天情”。

按刘勰的分类，养其天情的艺术可分为三种：五色以养目，形文是也；五音以养耳，声文是也；五性以养心，情文是也——分别对应着美术、音乐和文学。我们说过，其实三者都以情感为本，但在先秦时代，音乐相对发达，故而荀子是以音乐为主讨论艺术与人情的关系。

在所有艺术中，音乐是离心灵最近的一种，在迁化人情、移风易俗方面发挥着不可替代的作用。儒家向来对乐教非常重视，从周公制礼作乐，到孔子“成于乐”，都能看出音乐的崇高地位。

音乐对儒家如此重要，可六经里的《乐经》却偏偏亡佚了，相传公孙尼子所作的《乐记》也不传。今本《礼记·乐记》乃汉武帝时河间献王采《周官》及“诸子言乐事”所作。所谓“诸子言乐事”，成规模的只有一部《荀子·乐论》，它是《礼记·乐记》的主要底本。[①]所以，儒家的音乐理论，最原始、最可靠的就是《荀子·乐论》，其地位与价值自不待言。

---

①《乐记》借鉴《乐论》的痕迹，历历可考，比如《乐论》：“礼乐之统，管乎人心矣。”《乐记》作：“礼乐之说，管乎人情矣。”后者不通，“说”显然是“统”，因形近而误写。

《乐论》开篇，荀子开宗明义地说道：

> 夫乐者，乐也，人情之所必不免也。故人不能无乐，乐则必发于声音，形于动静；而人之道，声音、动静，性术之变尽是矣。故人不能不乐……而墨子非之，奈何！

读这段话，我们会感觉其表达方式非常熟悉，因为它是从荀子的人性论里生发出来的，这正是荀子思想一以贯之的地方。人生不能无欲，有欲就要养欲；人生不能无乐（lè），有乐就要作乐（lè）。心中之乐，发于声音而形于动静，就是乐（yuè）。音乐之“乐”与快乐之“乐”是一个字，正可见二者本末一体的关系。

通观《荀子·乐论》，会发现一个奇怪的现象。它本应是一篇以立论为主的文章，却有着强烈的驳论色彩，批驳的对象是墨子。文中每谈一段乐理，最后总要加上一句“而墨子非之奈何？”或“而墨子非之”。因此，它几乎就是针对《墨子·非乐》而作的一篇驳论文。

前面讲过，墨子非乐是出于经济学上的考虑，为了“节用”；而荀子重乐是出于美学的考虑，因为它可以“养其天情”。两个人完全不在一个维度上，那么荀子是如何做到有的放矢的呢？参考荀子对另一个“墨徒”宋钘的批判，我们会看得更清楚。

荀子在《非十二子》中，将墨子、宋钘放到一起进行“非议”。一般说来，宋钘常和尹文子相提并论，因为二人皆以名辩见长，所谓“宋钘尹文”几乎成了一个固定成语。那么荀子将墨子和宋钘合并，理由是什么呢？比较明显的一点是，宋钘“明见侮之不辱，使人不斗”①，这与墨子之非攻思想非常相近。《孟子》中也载有宋钘的息兵之举，与墨子止

①宋钘又名宋荣子。《韩非子·显学》：“宋荣子之议，设不斗争，取不随仇，不羞囹圄，见侮不辱，世主以为宽而礼之。”《庄子·逍遥游》也提到宋荣子，说他“举世而非之而不加沮”，其实也有见侮不辱之意。

楚攻宋如出一辙。[1]事实上，墨宋之趋近，还有更重要的原因。

宋钘有一个著名的观点就是“情欲寡”，即禁欲主义，最为荀子所不能容忍。荀子给宋钘的定论是“宋子蔽于欲而不知得”（《荀子·解蔽》），也就是说宋钘蔽于禁欲而不知得欲（满足欲望）。作为宋钘的同调，墨子也有禁欲主义的倾向，从“蔽于欲而不知得”的角度来看墨子，也说得通。荀子正是从这个角度批判他的。

> 墨子大有天下，小有一国，将蹙然衣粗食恶，忧戚而非乐。若是则瘠，瘠则不足欲；不足欲则赏不行。……若是则万物失宜，事变失应，上失天时，下失地利，中失人和，天下敖然，若烧若焦，墨子虽为之衣褐带索，嚽菽饮水，恶能足之乎？既以伐其本，竭其原，而焦天下矣。（《荀子·富国》）

墨子只看到人类“饥而欲食，寒而欲暖”的生理需求，故而节大人声色之乐，以满足小人衣食之用，忽视人类的审美需求，提出极端的“非乐”之说。他没有想到的是，没有音乐艺术来“养其天情”，即使百姓丰衣足食，心灵的饥渴不能满足，仍然是“天下敖然，若烧若焦”。因此，墨子因节用而寡欲，因寡欲而非乐；荀子反其道而行之，因养欲而“养其天情”，因“养其天情”而重乐。音乐在荀子思想体系中占有重要地位，因为它从属于养欲说，是“养其天情”的重要工具。

前面说过，欲望有先天的合理性，因此要养，但没有度量分界就会乱，所以要别。养口体如此，“养其天情”也是如此。这时，作为乐的管理者，礼便上场了。

礼和乐本是一组相对的概念，荀子曾对二者的关系进行了精到的

---

①宋牼将之楚，孟子遇于石丘。曰：“先生将何之？”曰：“吾闻秦楚构兵，我将见楚王说而罢之。楚王不悦，我将见秦王说而罢之，二王我将有所遇焉。”（《孟子·告子》）此宋牼即宋钘。

分析："乐合同，礼别异。"（《荀子·乐论》）当乐和礼对立并举的时候，它们有着明确的分工。乐是用来养欲的——"乐和同"，众人的感情是相通的，音乐满足了他们相同的情感需求；而礼是用来别欲的——"礼别异"，人与人之间毕竟有差等分别，礼仪规定了他们不同的养欲需求。一个人谨守礼法时不免紧张拘束，欣赏音乐时就能够放松愉快；但过于放松又容易流于放逸，又必须以礼来加以节制。乐和礼就是这样，一养一别，相反相成，共同完成对感情欲望的调节。

但相反相成并不是最佳的状态，因为音乐的度量分界不好明确，没法定量，只能定性。荀子认为要"贵礼乐而贱邪音"（《荀子·乐论》）。按，"礼乐"一词向来是并列结构，意即"礼和乐"。但在这一句中，照笔者看来，"礼"却只能是被用为定语，"礼乐"即"合礼之乐"，因为它是与"邪音"相对而言的，指的是雅正之乐。

荀子注意到，同样是音乐，都可以"养其天情"，不同音乐的性质却并不相同。即便是经典化的《诗经》，也要区分对待：

> 故风之所以为不逐者，取是以节之也；小雅之所以为小雅者，取是而文之也；大雅之所以为大雅者，取是而光之也；颂之所以为至者，取是而通之也。（《荀子·儒效》）

按，"是"字承前文而来，指的是儒家之道。在荀子看来，雅诗与颂诗以文饰、歌颂先王功德为主，合于道不成问题；而风诗则多出自民间男女率性的歌唱，很可能会流荡不返（所谓"逐"），所以要以道节之。[1]那么如何以道节之呢？荀子说："国风之好色也，传曰'盈其欲而不愆其止'。"（《荀子·大略》）"盈其欲"就是养欲，"不愆其止"就是

①在这种地方，最能看出道学家与文学家的区别。袁枚说："三百篇，颂不如雅，雅不如风。何也？雅颂，人籁、地籁也，多后王、君公、大夫修饰之词。至十五国风，则皆劳人、思妇、静女，狡童矢口而成者也。"（《随园诗话》）可见文学家崇尚的，正是道学家所警惕的。

别欲。

话是这么说，具体操作还是很难。比如，一个人正在听郑卫之风，这便是“盈其欲”了，但如何同时做到“不愆其止”呢？与其在盈欲之后节之，不如在盈欲之前导之。

> 故人不能不乐，乐则不能无形，形而不为道，则不能无乱。先王恶其乱也，故制雅颂之声以道之，使其声足以乐而不流，使其文足以辨而不諰，使其曲直繁省廉肉节奏足以感动人之善心，使夫邪污之气无由得接焉。（《荀子·乐论》）

荀子在这里提出了一个新的说法——“导之”（“道”通“導”，简化为“导”），这就比“节之”的手段更柔和一点。用来导之的音乐，他称为“雅颂之声”，简称雅音。按，雅训正，故雅乐就是正乐。雅乐的特点是本身就是正的，以礼摄乐，礼的精神已经融入其中。一旦以雅乐作为“养其天情”的引导，那些好色的《风》就似乎用不着了，荀子最终决绝地说：“声，则凡非雅声者举废。”（《荀子·王制》）

那么，剩下来的雅正之乐有什么特点呢？荀子说：

> 乐中平则民和而不流，乐肃庄则民齐而不乱。（《荀子·乐论》）

中平也就是中庸而平和，荀子称为“和而不流”。之所以和而不流，是因为它能够得性情之正，在养欲和别欲之间取得平衡，即“盈其欲而不愆其止”，发乎情而止乎礼义，好色而不淫，从心所欲而不逾矩。最后一条是孔子艺术人生的境界，在这里，荀子与先师遥相呼应。

值得注意的是，荀子在“中平”之外，又提出了一个“肃庄”。如果说“中平”尚是不偏不倚的话，那么“肃庄”则有偏于克制的味道。人的欲望能够做到和而不流当然是最好的，但人人都知道，要做到适可而止很难。荀子对于礼，有从养（满足）向别（克制）靠近的倾向；对于乐，则有从中平向肃庄靠近的倾向。他说：“乐者，乐也。君子乐得其道，小人乐得其欲；以道制欲，则乐而不乱；以欲忘道，则惑而不乐。”（《荀子·乐论》）以道制欲自然是肃庄的，却不免给人以“存天理，灭人欲”的感觉，这正是荀子美学的“紧张”之处。

因肃庄而导致的“齐而不乱”，也耐人寻味。荀子早就说过，音乐是和同的，他对和同效果的描述如下：

> 故乐在宗庙之中，君臣上下同听之，则莫不和敬；闺门之内，父子兄弟同听之，则莫不和亲；乡里族长之中，长少同听之，则莫不和顺。故乐者审一以定和者也，比物以饰节者也，合奏以成文者也；足以率一道，足以治万变。（《荀子·乐论》）

当荀子说“乐和同”时，我们以为他只是说音乐表现的是共通的感情，从此处却能发现，他对和同还有形式上的要求，即“同听之”。我们有理由相信，荀子是喜欢合唱而不喜欢独唱的。因为只有合唱“同一首歌”才能做到“齐而不乱”，整齐划一。“审一以定和”，这个“一”到底是什么，有没有大一统的意味，值得思考。我们有理由怀疑，荀子这里的“和同”有向墨子“尚同”倾斜的意味。所以，荀子思想的法家化端倪，即使在音乐美学中也藏不住。

由此，想一想孔子的音乐思想，荀子、孔子二人的差异也呼之欲出。孔子立于礼而后成于乐，礼在下而乐在上，故有从心所欲的从容。而荀子之礼就像一个“高空摄像头”，音乐只能在礼所规定的必然王国里活动，未免有些紧张拘束。

二、别欲与文采

天官有五，其中耳目两官是“养其天情”的主要渠道。正好，养耳的音乐突出情感，养目的绘画突出文采。荀子说：“雕琢刻镂，黼黻文章，所以养目也。”（《荀子·礼论》）“养目”今天称为“养眼”，一切美丽的东西都可以养眼，绘画当然尤有代表性，可借以说明荀子的形式美学。只可惜先秦时代绘画并不发达，但没关系，在荀子这里，礼也有养眼的效果。

礼是一种对行为方式的规定，必须通过具体的仪式表现出来，这便是礼仪。严格来说，礼与仪是不一样的，《左传》中曾两次提到这一点：

> 公如晋，自郊劳至于赠贿，无失礼。晋侯谓女叔齐曰：“鲁侯不亦善于礼乎？”对曰：“鲁侯焉知礼！”公曰：“何为？自郊劳至于赠贿，礼无违者，何故不知？”对曰：“是仪也，不可谓礼……”（《左传·昭公五年》）
>
> 子大叔见赵简子，简子问揖让、周旋之礼焉。对曰：“是仪也，非礼也。”（《左传·昭公二十五年》）

可见，当时人们已经意识到礼仪之别，礼以内在的恭敬为本，以外在的仪式为末。末则末矣，仪式的独立审美价值却由此凸显出来。我们常说“仪表堂堂”“仪态万方”，说的都是仪的可观性。作为一个礼学大师，荀子是一个“仪式感”很强的人，这决定了他对礼仪美学的重视。

那么，礼仪的美学意义在哪里呢？

首先，礼仪是情感的外化，它有象情功能。礼是用来安顿和调节情感的，情感是无形的，它需要通过一个有形的载体来表现，这个载体就是礼。荀子的学生韩非子说得好：

礼者，所以貌情也，群义之文章也，君臣父子之交也，贵贱贤不肖之所以别也。中心怀而不谕，故疾趋卑拜以明之；实心爱而不知，故好言繁辞以信之。礼者，外饰之所以谕内也。（《韩非子·解老》）

“貌情”二字最为传神。礼仪把情感具象化了，让人想起《易经》中的“立象以尽意”。孝子忠臣心中有怀念依附之情，却不能使人明白，所以用快走与跪拜来表明；心中有爱意却不能使人感知，所以用好言好语来使人确信，这便是“外饰之所以谕内也”。

礼的貌情功能在丧礼上表现得最为明显。亲人去世，生者不愿相信亲人真的死了，而宁愿相信他们在另一个世界还活着。所以，丧礼就表现出浓厚的“大象其生”的特点：

丧礼者，以生者饰死者也，大象其生以送其死也。故如死如生，如亡如存，终始一也。……故圹垄，其貌象室屋也；棺椁，其貌象版盖斯象拂也；无帾丝歶缕翣，其貌以象菲帷帱尉也。抗折，其貌以象槾茨番阏也。（《荀子·礼论》）

直到今天，这种“大象其生以送其死”的风俗在中国民间还保留着。请注意“象”字。从哲学上讲，有物即有象，象是人类面对世界时所感知的“对象”。而丧礼作为一种社会“现象”，当然也有它的象。无论是丧礼中“仿生”的明器，还是祭祀中扮演祖先的尸主；无论是行礼者的俯仰周旋之态，还是标志行礼者身份地位的衣饰，乃至与已经不能言动的亲人“对话”，都是“象”。

关于“象”，还是韩非子说得最为精到：“人希见生象也，而得死象之骨，案其图以想其生也，故诸人之所以意想者皆谓之象也。”（《韩非子·解老》）今天人们再熟悉不过的恐龙形象，也都是以死龙之骨想象而成的。死后的世界，活人无法感知，却可以以丧礼的形式想象它。从这个意义上讲，丧礼可以说是一种想象和表象的行为艺术。不仅丧礼，其实所有的礼仪都是想象和表象的行为艺术。

于是也就不难理解，礼仪的表象功能必然会对表象艺术产生重要影响。正因如此，汉代画像砖和画像石本身就是礼器，又多以礼仪为表现对象。可见，中国美术的进步，与礼仪文化有着千丝万缕的联系。

其次，仪式是规则的外化，体现为文理和文采。礼是用来别异的，本身就暗含一种有层次差别的规律，而差等乃是文理的基础，这与视觉效果上的交文错画是相通的。礼的文理就来自“别异”中的层次感和线条感。皇帝上朝时大殿里的“衮衮诸公”，因品级不同而形成的服色之异，正是礼的文采。我们可以以丧祭之礼为例：“事死如事生，事亡如事存，状乎无形影，然而成文。”（《荀子·礼论》）亲人已故，这是无形；感情犹存，这也是无形。而礼仪则能“状乎无形影”，这是从礼到象；“然而成文”，这是从象到文，或称“礼义之文”。“故君子敬始而慎终，终始如一，是君子之道，礼义之文也。”（《荀子·礼论》）

文与象相比，附着性更强，其美学功能，荀子称之为“饰”，即纹饰。

> 若夫重色而成文章，重味而成珍备，是所衍也。圣王财衍以明辨异，上以饰贤良而明贵贱，下以饰长幼而明亲疏。（《荀子·君道》）

圣王以有余之财物，衍以为礼。它主要是用来别异——“明辨异”的，却在别异的过程中有了修饰的功能，即所谓“上以饰贤良而明贵贱，下以饰长幼而明亲疏”。具体到事生送死、祭祀师旅，也都离不开一个“饰”字：“凡礼，事生，饰欢也；送死，饰哀也；祭祀，饰敬也；师旅，饰威也。”（《荀子·礼论》）

礼义之文本指俯仰周旋的“仪文”，后来渐渐转向“言文”，其美学意义也就由礼学转向广义的文学。这在荀子时代已经发生了。《荀子·大略》云："言语之美，穆穆皇皇。朝廷之美，济济鎗鎗。"乍一看，言语之美和朝廷之美简直是风马牛不相及，根本不能相提并论。但荀子这样说自有他的理由，从朝廷之美的仪文，到言语之美的言文，正是形式美学的自然迁移。礼对文学观念产生影响，是情理之中的事。

荀子尚文，不过他也意识到这有可能被人误解。在他看来，《非十二子》中的六家十二子都是"饰邪说，文奸言，以枭乱天下"的，而名家更是以奇辞乱文：

> 不法先王，不是礼义，而好治怪说，玩琦辞，甚察而不惠，辩而无用，多事而寡功，不可以为治纲纪。然而其持之有故，其言之成理，足以欺惑愚众，是惠施、邓析也。（《荀子·非十二子》）

荀子一方面批判墨家，另一方面又批判名家。因为名家是与墨家相对的另一极端，如果说墨家是"蔽于用而不知文"，那么名家就是"蔽于文而不知用"："若夫充虚之相施易也，坚白、同异之分隔也，是聪耳之所不能听也，明目之所不能见也，辩士之所不能言也，虽有圣人之知，未能偻指也。不知无害为君子，知之无损为小人。工匠不知，无害为巧；君子不知，无害为治。王公好之则乱法，百姓好之则乱事。"（《荀子·儒效》）然而，名家的这种奇辞却颇有"语言魅力"："而狂惑戆陋之人，乃始率其群徒，辩其谈说，明其辟称，老身长子，不知恶也。"名家玩弄奇辞，华而不实，却有鱼目混珠之效，会使人误以为它是有文采的。如果说乡愿为德之贼，则奇辞为文之贼。荀子告诉我们，如果不是出于先王的礼义性情之正，文辞再美也不能称为"文学"。

现在可以谈一下情感和文采的关系了。

礼之为物，不外情文两端，"文貌情用，相为内外表里"（《荀子·大略》），情主于内而文丽于外，二者是内容决定形式的关系。《荀子·礼论》说："三年之丧，何也？曰：称情而立文，因以饰群，别亲疏贵贱之节，而不可益损也。"称情而立文，这是情文关系的基本原则。荀子说：

文理繁，情用省，是礼之隆也。文理省，情用繁，是礼之杀也。文理情用相为内外表里，并行而杂，是礼之中流也。（《荀子·礼论》）

礼之隆不好，因为文胜情，文理压倒情感；礼之杀也不好，因为情胜文，情感压倒文理；只有礼之中流最好，因为情文相称，情感和文理相得益彰。这段话的观点和句式都让人想起孔子关于文质彬彬的说法。不妨说，礼之中流也便意味着文质彬彬。不过，荀子又发明了另外两个短语来表达这个意思：

凡礼，始乎棁，成乎文，终乎悦校。故至备，情文俱尽；其次，情文代胜；其下复情以归大一也。（《荀子·礼论》）

名闻而实喻，名之用也，累而成文，名之丽也。用丽俱得，谓之知名。（《荀子·正名》）

"情文俱尽"和"用丽俱得"可视为"文质彬彬"的另一种表述方式。但荀子用"情"字来代替"质"字，用"丽"字兼指"文"字，用意深远，影响亦深远。这两段话虽然不是直接谈文学的（其实"文质彬彬"也是如此），但完全可以移用为文学原理，事实上也对中国文学理论的发展产生了积极的影响。

"情文俱尽"意味着情感与文采充分结合，这是文学创作的不二法门。刘勰《文心雕龙》专以"情采"二字名篇，讲求情与采的密切结合，显然是受了荀子"情文俱尽"的影响。至于"用丽俱得"，则开启了"诗赋欲丽"的美学原则。曹丕《典论·论文》用"丽"字来概括诗赋的特点，荀子的影响隐隐可见。

文人陆机在《文赋》中有句名言：“诗缘情而绮靡。”先情而后丽，将情文俱尽和用丽俱得合为一体，算是文学家的进一步发挥。从此，文学便可以在情感的缠绵和文采的绮艳上用心着力了。萧绎在《金楼子·立言》中说：“吟咏风谣，流连哀思者谓之文。”“至如文者，维须绮縠纷披，宫徵靡曼，唇吻适会，情灵摇荡。”显然，这已经超出了荀子论文的本意，想来他一定会加上四个字——“中平肃庄”。

第五章

韩非子：法家的艺术审察

战国诸侯争霸，秦王政则一统天下；战国诸子百家争鸣，始皇则以吏为师，这是中国历史上从政治到思想的一次收结。在思想上完成收结的是韩非子，在他的身上，各家的影响清晰可见：前代法家商鞅之法、申不害之术、慎到之势，分别成为韩非子思想的三个支柱；道家的影响既有“道生法”的思维方式，也有“以静制动”的帝王心术；墨家的影响主要是功利主义，而墨子的“尚同”也与韩非子的专制主义遥相呼应；甚至兵家，如尉缭子兵法中的军法篇，无疑也是韩非子法制思想的来源之一。

与以上几家相比，老师荀子对他的影响更为深刻。荀子作为礼学大师，是儒家外王学派的收结者。其收结同时又是一种开始。正如《管子·枢言》所云，“法出于礼”，由荀子的隆礼重法到韩非子的专任法制，其实体现了同一方向的深入化和极端化，其思想依据则是他们相承续的人性论。韩非子是“性恶论”的真正落实者。

第一节　人之心悍，故为之法

在先秦诸子中，对历史人情体察深刻而描绘最为周详的，当属韩非子。这是因为法家治理天下的基础就落在对人性的把握上。他说："凡治天下，必因人情。人情者有好恶，故赏罚可用；赏罚可用，则禁令可立而治道具矣。"（《韩非子·八经》）法因人情而制，这决定了人性论对法家思想的重要意义。

一、人皆挟自为心也

一般来说，法家最容易产生性恶思想。《商君书·算地》云："民之求利，失礼之法；求名，失性之常。"《管子·枢言》云："人之心悍，故为之法。"梁启超说："彼宗（法家）大都持性恶之说，又注意物质的关系，其所以重法，凡以弭争也。"[①]

但如果上来便谈韩非子的"性恶论"，其实是有失公允的，这埋没了韩非子对人性全面客观的考察。自然，韩非子法治思想的出发点就是对人性的不信任。他说："古之人曰'其心难知，喜怒难中也'。故以表示目，以鼓语耳，以法教心。"（《韩非子·用人》）所谓"其心难知，喜怒难中"，也就是人心难测。"人心难测"今天多用为贬义，但客观上讲它是一个中性词，其意就是人性难测。人性难测，则或善或恶，不可一概而论：

> 上古竞于道德，中世逐于智谋，当今争于气力。（《韩非子·五蠹》）
>
> 未有天下而无以天下为者，许由是也；已有天下而无以天下为者，尧舜是也；毁廉求财，犯刑趋利，忘身之死者，盗跖是也。（《韩非

①梁启超：《先秦政治思想史》，东方出版社，1996，第186页。

子·忠孝》）

可见，韩非子事实上看到了人性的复杂性和可变性：从时间上讲，上古之民淳朴善良，而当今之民偷惰变诈；从空间上讲，只有神农、许由、尧、舜等少数贤良可以无赏自劝、无罚自止，而更多的人则毁廉求财、犯刑趋利。

虽然往古也曾有过人性善良的时代，当下也会偶尔出现“不扶自直”的圣人，但法家治理天下，不可能以上古民性为标准，也不可能以当下的少数善人为依据。许由贵以身为天下，不可以赏劝；盗跖见小利而忘命，不可以刑止，这两种人都不是民性之常——“治国用民之道也，不以此二者为量。治也者，治常者也；道也者，道常者也。”（《韩非子·忠孝》）韩非子对人性的总结是针对今世庸常之民而言的。他也知道世上可能会有“自直之箭”、“自圜之木”和“自善之民”，但他认为这都不应为良工、明主所贵，因为其不可恃以为治。

> 夫必恃自直之箭，百世无矢；恃自圜之木，千世无轮矣。自直之箭、自圜之木，百世无有一，然而世皆乘车射禽者何也？隐栝之道用也。虽有不恃隐栝而有自直之箭、自圜之木，良工弗贵也，何者？乘者非一人，射者非一发也。不恃赏罚而恃自善之民，明主弗贵也，何则？国法不可失，而所治非一人也。故有术之君，不随适然之善，而行必然之道。（《韩非子·显学》）

如果天下尽是自直之箭、自圜之木，则隐栝诚然无用；如果天下都是自善之民，则国法亦可休矣。法律是因人情而制的，此人情必然是当今之世的常人常情，偶然之善是不可靠的，这是韩非子人性论的基本前提。

韩非子人性论的起点与他的老师荀子相同。荀子描述普通人的人性，最常说的一句话是“饥而欲食，寒而欲暖”。韩非子也说：“人无毛羽，不衣则不犯寒；上不属天而下不著地，以肠胃为根本，不食则不能活；是以不免于欲利之心。”（《韩非子·解老》）“夫安利者就之，危害者去之，此人之情也。”（《韩非子·奸劫弑臣》）可见，师徒二人都把人的自然生理属性作为讨论人性问题的出发点。

但起点的相同并不意味着终点的相同。马克思说：“人的本质并不是单个人所固有的抽象物，在其现实性上，它是一切社会关系的总和。”[①]荀子从人的自然属性出发，最终导归至人的社会属性。在他看来，人类与禽兽的本质区别在于人是社会性的动物，人能“群”。在群体中，人我关系既是对立的，又是统一的；既可以两全其美，也可以两败俱伤；既可以损人利己，也可以损己利人。于是，原始欲望便有善和恶两种趋向，人性无善无不善，可善可不善。韩非子则把人的自然属性直接等同于社会属性，“将欲与私混为一谈，从人的自然属性中引出人的社会属性”[②]，单纯的欲望便被他定义为自私的、恶的。

在韩非子看来，人与人之间有的只是私心的博弈：

> 夫卖庸而播耕者，主人费家而美食，调布而求易钱者，非爱庸客也，曰：“如是，耕者且深，耨者熟耘也。”庸客致力而疾耘耕者，尽巧而正畦陌畦畤者，非爱主人也，曰：“如是，羹且美，钱布且易云也。”此其养功力，有父子之泽矣，而心调于用者，皆挟自为心也。（《韩非子·外储说左上》）

主人做好吃的给雇工，给他好的钱币，并不是因为爱他，而是想让他好好为自己耕田；同样的道理，雇工努力耕田，也不是因为爱主人，

①马克思：《关于费尔巴哈的提纲》，载中共中央马克思、恩格斯、列宁、斯大林著作编译局《马克思恩格斯选集》（第一卷），人民出版社，1995，第56页。

②朱伯崑：《先秦伦理学概论》，北京大学出版社，1984，第261页。

而是想多拿一点工钱，吃得好一些。主人和雇工表面看起来都很“仁义”，其实都是以算计之心相处的，都是“皆挟自为心也”。所谓“自为”，就是为自己，也就是自私。

退一步讲，人与人之间因为利益交换而相互亲和，这未尝不是一种和谐，墨家的“交相利，兼相爱”不就是这样吗？但在韩非子看来，即便地主与雇工客观上做到了交相利，主观上也不是兼相爱的，原因在于，为了利益可以爱人，为了利益也可以害人。

> 故王良爱马，越王勾践爱人，为战与驰。医善吮人之伤，含人之血，非骨肉之亲也，利所加也。故舆人成舆，则欲人之富贵；匠人成棺，则欲人之夭死也。非舆人仁而匠人贼也，人不贵，则舆不售；人不死，则棺不买。情非憎人也，利在人之死也。（《韩非子·备内》）

利所加也，则王良爱马，勾践爱人，医生吮人伤口，舆人制车而欲人富贵，这都是交相利，似乎也是兼相爱。但匠人打棺材则欲人夭死，要获利则望人被害。韩非子为论证人性之恶，能思量到这一地步，可谓绝妙。

在这种情况下，韩非子的老师荀子提出的“性恶论”，也就自然而然地被他接受了。韩非子没有提过人性本恶这样的命题，一是因为他的老师已经说过了，二是因为他觉得那是一个不言而喻的事实。荀子有感于“奇辞起，名实乱”的社会现实，作《荀子·正名》以正之。奈何他自己却又以名乱实，提出“性恶论”，为他的弟子韩非提供了口实，使他顺着这条路走向了极端。

韩非子用生动的笔触，为我们描述了那段以恶为主旋律的历史。法家对政治最为熟悉，所以，他谈得最多的是君臣之间的恶战：

> 黄帝有言曰：“上下一日百战。”下匿其私，用试其上；上操度量，

以割其下。……臣之所不弑其君者，党与不具也。（《韩非子·扬权》）

主失其神，虎随其后。主上不知，虎将为狗。主不蚤止，狗益无已。虎成其群，以弑其母。为主而无臣，奚国之有？主施其法，大虎将怯；主施其刑，大虎自宁。法刑苟信，虎化为人，复反其真。（《韩非子·扬权》）

赵王游于圃中，左右以菟与虎而辍之，虎盼然环其眼。王曰："可恶哉，虎目也！"左右曰："平阳君之目可恶过此。见此未有害也，见平阳君之目如此者，则必死矣。"其明日，平阳君闻之，使人杀言者，而王不诛也。（《韩非子·外储说右下》）

大臣们结成私党，日夜窥伺、试探着君主的虚实，一有机会就会劫君杀主。孟子和荀子都曾用禽兽来比喻某些人的丑恶，而在韩非子这里，禽兽中最凶残的老虎成了大臣的象征。常言道："伴君如伴虎。"而在韩非子看来，大臣也不是吃素的。大臣之恶甚至猛于恶虎，平阳君那一段故事，让人感到不寒而栗。韩非子总结道："人臣之于其君，非有骨肉之亲也，缚于势而不得不事也。故为人臣者，窥觇其君心也，无须臾之休，而人主怠傲处其上，此世所以有劫君弑主也。"（《韩非子·备内》）

君臣之间没有骨肉之亲，残酷争斗也许是可以理解的，但韩非子把家庭关系也看成是私利的算计。例如，夫妻关系就不可靠。

且万乘之主，千乘之君，后妃、夫人、适子为太子者，或有欲其君之蚤死者。何以知其然，夫妻者，非有骨肉之恩也，爱则亲，不爱则疏。……以衰美之妇人事好色之丈夫，则身死见疏贱，而子疑不为后，此后妃夫人之所以冀其君之死者也。（《韩非子·备内》）

夫妻没有血缘作为纽带，亲疏无常也还可以理解。但在韩非子看来，血亲关系也经不住利益的考验：

且父母之于子也，产男则相贺，产女则杀之。此俱出父母之怀衽，然男子受贺，女子杀之者，虑其后便、计之长利也。故父母之于子也，犹用计算之心以相待也，而况无父子之泽乎！（《韩非子·六反》）

韩非子总结道："夫以妻之近与子之亲而犹不可信，则其余无可信者矣。"连告子都说"仁内义外"，至少家庭内部是有爱的，当韩非子从家庭内部发现人性之恶的时候，性善论就被彻底推倒了，先秦人性论的形态至此由性善论走向了另一个极端。如果说荀子言性恶只是看到自然欲望潜在的破坏力，那么韩非子则明显把这种破坏力当成了一个事实；如果说荀子的性恶多出于情感上的激愤，而韩非子的性恶则多出于理智上的冷静。

韩非子主性恶，推至极端，甚至会为了防恶而防善。《韩非子·二柄》讲了一个故事：韩昭侯有一次醉酒睡着了，典冠者怕他着凉，给他加了一件衣服。韩昭侯睡醒之后很高兴，就问是谁给加的衣服。左右说是典冠者，韩昭侯于是同时加罪于典冠者和典衣者。韩非子说："非不恶寒也，以为侵官之害甚于寒。"

韩非子的防善，甚至会成为一种原则性的要求。法家因人情而制法，人情有喜有惧，法制有刑有赏。"人不乐生，则人主不尊；不重死，则令不行也。"（《韩非子·安危》）故而君主要利用人的乐生重死、趋利避害之心以完成治道。劝之以赏，告密者受赏；惩之以刑，作奸者受罚。一旦有人洁身自好，不为名利所动，韩非子反倒坚决反对：

若夫许由、续牙、晋伯阳、秦颠颉、卫侨如、狐不稽、重明、董不识、卞随、务光、伯夷、叔齐，此十二人者，皆上见利不喜，下临难不恐，或与之天下而不取，有萃辱之名，则不乐食谷之利。夫见利不喜，上虽厚赏无以劝之；临难不恐，上虽严刑无以威之；此之谓不令

之民也。(《韩非子·说疑》)

这些清正的高尚之士向来为人所称誉，韩非子却把他们称为“不令之民”。因为他们虽洁身自好，似乎是性善之人，但这恰恰是“反人性”的，让君主虽厚赏无以劝之，虽严刑无以威之。可以说，韩非子为了推行法制，强制压低了高士们的道德水平，让他们必须与普通人一样自私自利，以便君王恐吓收买。

二、法、术、势的确立

在韩非子看来，既然人性是恶的，那就只能乱世用重典。人心险恶，法术无情，法、术、势的思想因此确立。如前所述，韩非子的法、术、势都可以在前辈法家的思想中找到根源。不过，从其思想形成的内部逻辑来看，一旦从老师那里继承了性恶论，法、术、势的提出就是必然结果，而且这三者确实都可以在荀子那里找到源头。对比荀韩二人的法、术、势思想，可以更清晰地发现从儒到法的思想演进脉络。

先看荀子之法与韩非子之法。

社会秩序的维持需要一定的规则，人们往往用“权衡、绳墨”来比喻它。荀子以礼为权衡、绳墨：“礼之于正国家也，如权衡之于轻重也，如绳墨之于曲直也。”(《荀子·大略》)而韩非子则以法为权衡、绳墨：“巧匠目意中绳，然必先以规矩为度；上智捷举中事，必以先王之法为比。”(《韩非子·有度》)韩非子曾对“文学之士”与“法术之士”进行对比，如果说老师荀子是文学之士的话，那么他本人就是法术之士。文学之士注重以礼义迁化人性，法术之士则注重以刑法制约人性。两种思维的方向是一致的，只不过手段有高下之别。《大戴礼记·礼察》云：“礼者禁于将然之前，而法者禁于已然之后。是故法之用易见，而礼之所为生难知也。”《荀子·强国》说：“隆礼尊贤而王，重法爱民而霸。”

前者成就王道，后者成就霸道，相形之下，高下立判。

不过，荀子也多次礼法并举，透露出从崇礼向崇法倾斜的趋向。《荀子·成相》云：“治之经，礼与刑，君子以修百姓宁。明德慎罚，国家既治四海平。”《荀子·富国》云：“故不教而诛，则刑繁而邪不胜；教而不诛，则奸民不惩。”当社会相对稳定之时，隆礼当然意义深远；但当秩序混乱而人心难伏之际，法无疑比礼更切于当务之急，只是这要讲求一个程序：

> 临事接民，而以义变应，宽裕而多容，恭敬以先之，政之始也。然后中和察断以辅之，政之隆也。然后进退诛赏之，政之终也。（《荀子·致士》）

荀子是以教化为先，先礼后兵，先礼后法，法律是最后的手段。而韩非子则根本没有教化的耐心，直接诉诸刑法：

> 今有不才之子，父母怒之弗为改，乡人谯之弗为动，师长教之弗为变。夫以父母之爱，乡人之行，师长之智，三美加焉而终不动，其胫毛不改；州部之吏，操官兵、推公法而求索奸人，然后恐惧，变其节，易其行矣。（《韩非子·五蠹》）

这就从老师的隆礼重法演变为专任法制了。

再看荀子之术与韩非子之术。

术最初是一种生存手段，它本来是公开使用、无所隐讳的，不过面对险恶的政治环境，它更多地体现为一种“心术”。这种心术在荀子那里已初露端倪。在荀子时代，随着封建制的解体与专制主义的强化，诸侯国的政治环境已与孟子时代有很大的不同，士人的地位与处境也发生了很大的变化。孟子尚可以以帝王师自居，从容轻视王侯，所谓："说大人，则藐之，勿视其巍巍然。"（《孟子·尽心下》）而荀子在君主面前则已经人臣化，比如《荀子·赋篇》中自称"臣愚不识，敢请之王"，与孟子的心高气傲、肆意畅谈显然不同。荀子已经感受到君主威权的高压和朝廷环境的险恶，表现出很多谨慎戒惧的心术。他在《仲尼》中曾专门谈及臣子如何应对伴君之险，并不讳言这是一种"术"：

> 求善处大重，理任大事，擅宠于万乘之国，必无后患之术，莫若好同之，援贤博施，除怨而无妨害人。能耐任之，则慎行此道也；能而不耐任，且恐失宠，则莫若早同之，推贤让能，而安随其后。如是，有宠则必荣，失宠则必无罪。是事君者之宝，而必无后患之术也。

荀子之术主要是臣子保身之术，要求人臣做人要谨慎正直，在危险的情境中俯仰屈伸：有本事就上，没本事就让贤，自己安随其后，这样得宠会沾光，失宠也不至于获罪，总体原则还是以礼义为本，"宗原应变"，出发点还是爱人、助人，且以不伤害他人为原则——"除怨而无妨害人"。

韩非子时代，士人与君主由师徒关系彻底演变为君臣关系，士人的政治处境更为险恶。作为一个臣子，韩非子深知说主之难，为此专门写了《韩非子·说难》以总结经验。他说："夫龙之为虫也，柔可狎而骑也；然其喉下有逆鳞径尺，若人有婴之者，则必杀人。人主亦有逆鳞，说者能无婴人主之逆鳞，则几矣。"他仔细地分析、陈述了向国君进言的各种危险情况和对策。为了能打动君主而又保护自己，他曲尽人情，机心用尽。在这种情况下，荀子"宗原应变"的原则已很难保证安全了，韩非子为了自保也是无所不用其极。《韩非子》一开篇就是他与李斯的钩心斗角，与当时纵横家的权谋之术毫无二致。

另外，如果说荀子之术还重在臣子事君，韩非子之术则已转向君主御臣。荀子也讲君王南面之术，但在他看来，君主作为万民的表率，必须光明正大、宣明公开，不能深藏不露："故主道利明不利幽，利宣不利周。"（《荀子·正论》）而韩非子则明确要求君主的权术要深藏不露，显得相当阴暗："术者，藏之于胸中，以偶众端而潜御群臣者也。故法莫如显，而术不欲见。"（《韩非子·难三》）他认为，用术之时，最亲近的人也不能透露，以免走漏风声。治奸之术本来是应对性恶的手段，结果在韩非子这里，它本身也成了邪恶的渊薮，阴险狡诈，无所不用其极：

> 韩昭侯握爪，而佯亡一爪，求之甚急。左右因割其爪而效之。昭侯以此察左右之不诚。（《韩非子·内储说上》）
>
> 子之相燕，坐而佯言曰："走出门者何，白马也？"左右皆言不见。有一人走追之，报曰："有。"子之以此知左右之不诚信。（《韩非子·内储说上》）

最后看荀子之势与韩非子之势。

荀韩二人的时代，各诸侯国内部由贵族分权制向君主专制集权演变，国君的威势越来越重，荀子师徒的重势思想客观上反映了这一历史趋势。荀子从礼有差等的原则出发，对君主之势极为推重：

> 知夫为人主上者，不美不饰之不足以一民也，不富不厚之不足以管下也，不威不强之不足以禁暴胜悍也，故必将撞大钟，击鸣鼓，吹笙竽，弹琴瑟，以塞其耳；必将錭琢刻镂，黼黻文章，以塞其目；必将刍豢稻粱，五味芬芳，以塞其口。然后众人徒，备官职，渐庆赏，严刑罚，以戒其心。使天下生民之属，皆知己之所愿欲之举在是于也，故其赏行；皆知己之所畏恐之举在是于也，故其罚威。（《荀子·富国》）

不过，荀子的逻辑是，天子势尊才能够“渐庆赏，严刑罚”以治理天下，说到底势还是要用之于民，使天下安定、百姓幸福的。同时，荀子之势有着更多的礼制色彩，更多体现为仪式上的尊重。

韩非子之势则有着更多政治工具的色彩，重在威慑，“不养恩爱之心而增威严之势”。君主不一定要让百姓爱自己，但一定要让他们怕自己。更多的时候，韩非子之势是用来控御奸臣的。奸臣日夜窥伺着君主，寻找机会夺取政权。君主为了治服他们，必须用高压之势来进行打击：

> 虎豹之所以能胜人执百兽者，以其爪牙也，当使虎豹失其爪牙，则人必制之矣。今势重者，人主之爪牙也，君人而失其爪牙，虎豹之类也。宋君失其爪牙于子罕，简公失其爪牙于田常，而不蚤夺之，故身死国亡。今无术之主，皆明知宋、简之过也，而不悟其失，不察其事类者也。（《韩非子·人主》）

韩非子把君主比喻成虎豹，而“势”就是虎豹的爪牙。虎豹有了爪牙就不怕百兽的威胁，君主有了权势就不怕大臣的侵害。如果君主失势，那么群臣就会变成虎豹，置君主于死地。三家之所以能分晋，田氏之所以能代齐，不过是由于晋、齐君臣之势发生转移罢了。总之，势是君主对付性恶之臣的一个有力工具，韩非子希望君主能牢牢抓住它，这样才能保证自己的地位、权力与安全。

综上所述，韩非子主张从性恶论出发，以法、术、势控制人性之恶，以此来保证君主的权力和利益。性善不可恃，但有了法、术、势，则性恶亦不可惧。比如阳虎，在鲁国是虎狼之臣，但到了赵国，赵简主“执术而御之”，他就变成了服服帖帖的小走狗。

韩非子对人性之恶的冷静体察和淋漓尽致的描写让人感到冰冷而绝望，他为君主利益精心谋划，也有助纣为虐、为虎作伥之嫌。不过，平心而论，韩非子自信自己并不是一个冷血的思想家。他知道自己的严刑、重罚会给人以残暴的印象，但他坚持认为，圣王之法是“非所以恶民，爱之本也”，是为了天下苍生之福利：

> 圣人者，审于是非之实，察于治乱之情也。故其治国也，正明法，陈严刑，将以救群生之乱，去天下之祸，使强不陵弱，众不暴寡，耆老得遂，幼孤得长，边境不侵，君臣相亲，父子相保，而无死亡系虏之患，此亦功之至厚者也。愚人不知，顾以为暴。（《韩非子·奸劫弑臣》）

韩非子说，圣人正明法，陈严刑，是为了救群生之乱，此亦功之至厚者也。至于“愚人不知，顾以为暴”，那就犹如“婴儿之心”也——“夫婴儿不剔首则腹痛，不揊痤则寖益，剔首、揊痤必一人抱之，慈母治之，然犹啼呼不止，婴儿子不知犯其所小苦致其所大利也。”（《韩非子·显学》）韩非子认为，所有指责他过于冷酷绝情的人，都像这个面对刀啼哭不止的婴儿，不知道法制是要保护良民的，是保证这个社会健康发展的最后的手段。可见，韩非子之严苛也是出于救世之急的用心，从这个角度来理解，才能给他的思想一个公正的评价。

当然，作为一个当代人，也许应该向他提一个问题：“您所说的法律保护的是百姓的权利，还是君主的权力？”韩非子当时应该没有考虑过这个问题，但它是当代人面对传统文化遗产时不得不考虑的。这关系到立法的初衷、关系到法律本身的合法性、关系到法治与法制的区别。

韩非子的学说过于刻薄寡恩，在当时也不免让人担心他的下场不会很好。一位叫堂谿公的老者对年轻的韩非子说，儒家的礼义辞让，可以全身；道家的虚静无为，可以遂志；而宣传法术，却可能有吴起、商鞅之祸。他提醒韩非子：“夫舍乎全遂之道而肆乎危殆之行，窃为先生无取焉。”韩非子却说：

> 臣明先生之言矣。夫治天下之柄，齐民萌之度，甚未易处也。然所以废先王之教，而行贱臣之所取者，窃以为立法术，设度数，所以利民萌便众庶之道也。故不惮乱主暗上之患祸，而必思以齐民萌之资利者，仁智之行也。惮乱主暗上之患祸，而避乎死亡之害，知明夫身而不见民萌之资利者，贪鄙之为也。臣不忍向贪鄙之为，不敢伤仁智之行。先王有幸臣之意，然有大伤臣之实。（《韩非子·问田》）

这段话既是对堂谿公说的，又像是给自己的老师的一个交代。韩非子诚然受了荀子的深刻影响，但他也明确地意识到，自己最终要与老师分道扬镳。他说，他之所以“废先王之教，而行贱臣之所取者”，乃是为了“利民萌便众庶”。为了实现这个人生目标，他“不忍向贪鄙之为，不敢伤仁智之行”，既然认定了方向，便决定一条道走到黑。韩非子最终果然没有逃脱吴起、商鞅那样的悲剧命运，从这个意义上讲，他这一段人生宣言有着浓厚的悲壮色彩。

第二节　明君贱玩好而去淫丽

先秦时代，儒墨并称显学：“故有儒墨之是非，以是其所非而非其所是。”（《庄子·齐物论》）荀子对这一点看得相当清楚。荀子几乎处处与墨子针锋相对。墨子节用而非乐，荀子重乐以养欲；墨子尚同而鄙陋无文，荀子尚礼而情文俱胜。

有趣的是，谈韩非子的美学，也离不开墨子。与他的老师不同，韩非子对墨子的美学几乎完全认同。这是因为二人都崇尚功利主义，都是从功利的角度来看艺术的。区别在于，墨子的功利是平民的功利，而韩非子的功利是帝王的功利，故而他总是在认同墨子之外，别有一份为帝王计虑的深心。

韩非子在《韩非子·解老》中说：“明君贱玩好而去淫丽。”贱玩好是对艺术情感的否定，去淫丽是对艺术文采的否定，下面就从这两个方面谈韩非子的美学思想。

一、明君贱玩好

韩非子看到了人性之恶，而性恶的动力则是利益。当他利用人们的自为之心作为刑赏依据之时，现实功利就成为其价值观的核心。韩非子以现实功用为艺术的量尺，凡是有游戏、娱乐性质的事物，都是他所反对的，这便是所谓“贱玩好”。

《韩非子·外储说左上》曾记载了有关墨子的一段故事：

> 墨子为木鸢，三年而成，蜚一日而败。弟子曰：“先生之巧，至能使木鸢飞。”墨子曰：“不如为车輗者巧也。用咫尺之木，不费一朝之事，而引三十石之任，致远力多，久于岁数。今我为鸢，三年成，蜚一日而败。”惠子闻之曰：“墨子大巧，巧为輗，拙为鸢。”

墨子制作的木鸢即木风筝，外形如飞鸟之状。以今天的眼光来看，三年而成，它无疑是一件精美的工艺品，墨子却认为它不如车輗更有用，因为木鸢不过会飞而已，不能负重致远，没有实际用处。这里的墨子是韩非子的代言者。

《韩非子·外储说左上》还讲了两个故事：

> 客有为周君画荚者，三年而成。君观之，与髹荚者同状。周君大怒。画荚者曰：“筑十版之墙，凿八尺之牖，而以日始出时加之其上而观。”周君为之，望见其状，尽成龙蛇、禽兽、车马，万物之状备具。周君大悦。此荚之功非不微难也，然其用与素髹荚同。
>
> 夫婴儿相与戏也，以尘为饭，以涂为羹，以木为胾，然至日晚必

归饷者，尘饭涂羹可以戏而不可食也。夫称上古之传颂，辩而不悫，道先王仁义而不能正国者，此亦可以戏而不可以为治也。

第一则故事，王先慎说："案此即西人光学之权舆。"[①]陈奇猷说，画荚者所制成的东西类似于今天的幻灯底片。[②]这个画荚映在十版之墙上，"尽成龙蛇、禽兽、车马，万物之状备具"，有点类似今天的电影艺术，应该说是美不胜收的。关于艺术起源有所谓"模仿说"，这种情形无疑就是模仿艺术的一个生动演示。但韩非子认为，倾注了三年心血的画荚和普通之荚没有什么两样，因为它并没有增加一点实际用处。

第二则故事，婴儿之相与戏，让人想到艺术起源的"游戏说"。其实，成年人在剧院所看的"大戏"也不过是规模更大一些罢了，原理是相通的。人们在游戏之时感到快乐，这正是艺术的怡情功能。韩非子却认为，婴儿相戏时可以以尘为饭、以涂为羹，但晚上饿了还得回家吃东西。这段话本来是比喻先王之道不实用的，但从中也能看出韩非子对艺术的不屑一顾。

婴儿相与戏，乃是以游戏模仿人生，自然有艺术的因素。成人亦有以人生为"儿戏"者，如周幽王烽火戏诸侯，也有艺术趣味。《韩非子·外储说左上》就记载了两则成人的游戏：

赵主父令工施钩梯而缘播吾，刻疏人迹其上，广三尺，长五尺，而勒之曰："主父常游于此。"

秦昭王令工施钩梯而上华山，以松柏之心为博，箭长八尺，棋长八寸，而勒之曰："昭王尝与天神博于此矣。"

---

①王先慎：《韩非子集解》，钟哲点校，中华书局，1998，第270页。

②韩非：《韩非子新校注》，陈奇猷校注，上海古籍出版社，2000，第677页。

今天看来，赵主父在播吾拟仙人之足迹，秦昭王在华山拟与天神“博弈”，虽不免荒唐，然而一片天真童趣与艺术气质亦不可掩。但在韩非子看来，这些东西实在是玄虚无用，所以当他形容什么东西无用时，就拿它们来打比方——“且先王之赋颂，钟鼎之铭，皆播吾之迹，华山之博也”。反过来说，“播吾之迹，华山之博”这样的“行为艺术”，也如“先王之赋颂，钟鼎之铭”一样玄虚无用。

如果艺术仅仅是无益事功倒也罢了，在韩非子看来，它还有害事功。《韩非子·外储说左上》讲了这样一个故事：

> 宋王与齐仇也，筑武宫，讴癸倡，行者止观，筑者不倦。王闻，召而赐之。对曰：“臣师射稽之讴又贤于癸。”王召射稽使之讴，行者不止，筑者知倦。王曰：“行者不止，筑者知倦，其讴不胜如癸美，何也？”对曰：“王试度其功。”癸四板，射稽八板；擿其坚，癸五寸，射稽二寸。

从艺术的角度讲，癸的歌声无疑比他老师射稽的歌声更悦耳，能使行者止观，劳者不倦。但韩非子从事功的角度来衡量，评价就不一样了。射稽的歌声虽然不悦耳，但能使人务于劳作，度其功则高；而癸正是由于唱得悦耳而使人听曲分心，结果完成工程的数量和质量都比不上老师。可见在韩非子看来，耳目观听是妨碍事功的。时下有种说法，说金字塔不是奴隶造成的，因为奴隶失去了自由，没有创造力。韩非子显然不会认同这样的说法，因为在他看来，自由会瓦解奴隶的创造力，所以要严加防范。

君主对“群氓”的审美活动，用不着讲太多的道理，只要明令禁止就可以了。但君主本人怎么办呢？谁敢限制他呢？接下来，韩非子专门针对君主自身，在更深的层面上阐述了贱玩好的必要性。他在这方面主要是受了老子的影响，于是以“解老”的方式表达了他对老子美学的某种认同：

> 空窍者，神明之户牖也。耳目竭于声色，精神竭于外貌，故中无主。中无主，则祸福虽如丘山，无从识之。（《韩非子·喻老》）

人有七窍，乃是精神与外界交流的通道：眼见色，耳闻声，鼻嗅香，品尝味。但在老子和韩非子看来，满足与消耗是同时发生的，宣泄则意味着丧失。“故视强则目不明，听甚则耳不聪，思虑过度则智识乱。”（《韩非子·解老》）韩非子指出，对声色的沉迷无益于养生，爱惜生命就要减少外在诱惑引发的内耗，“是以圣人爱精神而贵处静”。

> 夫香美脆味，厚酒肥肉，甘口而病形；曼理皓齿，说情而捐精。故去甚去泰，身乃无害。（《韩非子·扬权》）

告子说“食色性也”。食色是人性中最强的两种欲望，女色更有玩好审美的意义，这里韩非子将它们一起否定，则普通的声色艺术在他那里就更没有立足之地了。

《韩非子·十过》讲了这样一则故事。卫灵公在濮水边听到了奇妙的音乐，让乐师师涓记了下来，到晋国之后，以之示好乐的晋平公。晋国乐师师旷辨认出此乃亡国之乐“清商”，以为不可听。而晋平公则非听不可，而且一定要听到最悲的音乐才痛快。于是，师旷先后为他演奏了更悲的清徵、清角。当演奏到“清角”时，情况如下：

> 一奏，而有玄云从西北方起；再奏之，大风至，大雨随之，裂帷幕，破俎豆，隳廊瓦。坐者散走，平公恐惧伏于廊室之间。晋国大旱，赤地三年。平公之身遂癃病。

音乐当然不会这样感天动地，但晋平公在听至悲之音的时候，心中确实经历了一场空前的旋律风暴。今人形容听音乐之后，心中承受了一场“洗礼”，原理是一样的。《礼记·乐记》中说：“亡国之音哀以思，其民困。”晋平公最先听到的正是哀以思的亡国之音——“清商”，以哀心感人，确实能耗杀人的情志。最后一曲是黄帝之乐“清角”，其声最悲。师旷认为平公德薄不足以听之，虽不免玄妙，但也可以理解为心理承受能力较差的人无法承受那样剧烈的情感冲击。所以，韩非子总结道：“不务听治，而好五音不已，则穷身之事也。”

韩非子还警告君主，声色享乐除了损精劳神之外，还会使人心志动摇混乱，从而影响对日常事务乃至政治事务的判断与处理，引发灾祸：

> 人有欲，则计会乱；计会乱，而有欲甚；有欲甚，则邪心胜；邪心胜，则事经绝；事经绝，则祸难生。由是观之，祸难生于邪心，邪心诱于可欲。……是以圣人不引五色，不淫于声乐；明君贱玩好而去淫丽。（《韩非子·解老》）

在艺术欣赏中，移情是一种很常见的现象，韩非子称之为“引于外物，乱于玩好”。韩非子对艺术的发生原理还是比较熟悉的，只不过他是从消极的角度来看待艺术的。有欲望便有邪心，有邪心便有祸患，他在《韩非子·内储说上》里讲的那个“滥竽充数”的故事中，齐宣王即庄暴对孟子提到的那位“王之好乐甚”“非能好先王之乐也，直好世俗之乐耳”的国君。他曾乘人之危出兵伐燕，反致自身危殆，儿子齐湣王也落得个身死国破的下场。按韩非子的逻辑，他一定会说，如果齐宣王父子不是那么喜欢听音乐，“引于外物，乱于玩好”，说不定不会做出那么糊涂的决策。平心而论，历史上的亡国之君中，音乐爱好者不少，因此也不能说音乐与玩物丧志没有一点关系。韩非子最后总结道：“是以圣人不引五色，不淫于声乐；明君贱玩好而去淫丽。”

显然，韩非子的美学思想，其实是反美学的思想，这与墨子殊途同归。不过，墨子反艺术是为了百姓，韩非子反艺术是为了帝王。出发点不同，路径也会有差别。以墨子之单纯善良，他肯定想不到，韩非子的排斥艺术还别有深意。有什么深意呢？如果人性是恶的，那么作为人性之花的文学艺术，不就成了波德莱尔所谓的“恶之花”了吗？

法律当然要惩戒作恶的行为，那么创作或欣赏艺术的行为应该禁止吗？这确实是法律的模糊地带，但从商鞅开始，法家对抒情议政的诗书就是毫不客气的。《商君书·去强》云：

> 国有礼，有乐，有诗，有书，有善，有修，有孝，有弟，有廉，有辩。国有十者，上无使战，必削至亡……国用诗、书、礼、乐、孝、弟、善、修治者，敌至必削国，不至必贫国。

可见，商君把诗书也看成能够导致亡国的因素。《韩非子·和氏》云“商君教秦孝公以连什伍，设告坐之过，燔诗书而明法令”，可见早在孝公时代，秦国就开始焚诗书了。韩非子对商鞅此举是认同的，他说：“孝公行之，主以尊安，国以富强。”

商鞅、韩非子以法治国，要取消非议国政的杂音，焚百家之言也就罢了，《诗经》与政治无关，为何也要烧呢？原因并不复杂，“为腹不为目”的愚民好治理。法家冥冥中有一种感觉：一个喜欢读诗的人，有自己的情感、思想和个性，无法让人放心，这是他们忌讳的。法家从维护帝王大一统的权力的角度出发，一定要统一百姓的思想感情，对多元化、自由化的艺术也就必然会排斥。如果说编户齐民是从身体上控制百姓，焚诗书与百家之言、以吏为师就是从精神上控制百姓。法家执政的时代，总是艺术荒芜的时代，原因正在于此。

不过，历史总是充满吊诡。法家对人性持一种功利的态度，一方面用严刑来压制它，另一方面又用重赏来激励它，后者显然会刺激耳目声色的欲望。这边关住欲望之门，那边打开欲望之窗，这种自相矛盾的做法产生了意想不到的效果。在严刑重赏两种极端手段的刺激之下，人性的优点与弱点都能得到充分的展示，它不是变得更简单，而是变得更复杂了。生活在法家制度下的人是不幸的，但国家不幸诗家幸，苦闷挣扎的艺术往往就生长在这样的土壤里。比如韩非子在《韩非子·难言》中，对谦卑之臣的戒惧心理洞幽烛微的描写，表现了高压政治下士人的敏感。对人性的深切体察是文学艺术生动传神的一个前提。韩非子是诸子中最了解世态人情的一个，其文章的精彩之处，也往往得益于此。陈深说："今读其书，上下数千年，古今事变，奸臣世主，隐微伏匿，下至委巷穷闾、妇女婴儿、人情曲折，不啻隔垣而洞五脏。"（《韩子迂评序》）韩非子怕是没想到，他坚决反对文学艺术，自己却为读者提供了一部可读性很强的文学作品。

二、明君去淫丽

"明君贱玩好"否定了艺术的情感内容，接下来韩非子还提倡"去淫丽"，否定了艺术的美学形式。

艺术的美学形式，不外形色两端，形则为文，色则为采，合而言之便是文采。尽管音乐也有其文采，所谓"声成文，谓之音"，但一般来说，最易在人的头脑中形成直观印象的，无疑是视觉上和语言上的文采。韩非子就是从这两个方面切入，对文采加以否定的。

先看他对视觉文采的否定，这一点又与墨子声气相投。《韩非子·十过》中，有一段文风和见识都与墨子极为相近的论述：

> 昔者尧有天下，饭于土簋，饮于土铏。其地南至交趾，北至幽都，东西至日月所出入者，莫不宾服。尧禅天下，虞舜受之，作为食器，斩山木而财之，削锯修其迹，流漆墨其上，输之于宫以为食器。诸侯以

为益侈，国之不服者十三。舜禅天下而传之于禹，禹作为祭器，墨漆其外，而朱画其内，缦帛为茵，蒋席颇缘，觞酌有采，而樽俎有饰。此弥侈矣，而国之不服者三十三……君子皆知文章矣，而欲服者弥少。

这是借贤臣由余之口说出来的一段话，朴素的语言和简陋的论证让人想起墨子在《三辩》中跟程繁说的那一番话。在由余看来，从唐尧到殷商的过程是一段世风日下的历史，而世风日下居然与器物的美饰有关。美饰愈繁，服气的国度越少，可见“文章”之无益于国。这里的“文章”指大兴土木之刻镂，是视觉意义上的文采。

对言语意义上的文采，韩非子同样反对。荀子曾批判墨子“蔽于用而不知文”，韩非子却不止一次为墨子的质朴无文辩护：

今世之谈也，皆道辩说文辞之言，人主览其文而忘有用。墨子之说，传先王之道，论圣人之言，以宣告人。若辩其辞，则恐人怀其文，忘其直，以文害用也。此与楚人鬻珠、秦伯嫁女同类，故其言多不辩。（《韩非子·外储说左上》）

韩非子借田鸠之口说，嫁女儿不应该把陪嫁女打扮得比女儿还漂亮，否则陪嫁女就会与女儿分宠；想卖宝珠的人不应该把盒子装饰得比珠子还光彩夺目，否则人们就会买椟还珠。同样，墨子向别人宣传自己的思想，不讲究言语的华丽，是为了避免人主“怀其文，忘其直，以文害用”。

以狭隘的功利主义来反对形式美学，无论是墨子，还是韩非子，都不免失之粗陋。韩非子比墨子高明的地方在于，他不仅谈了“用文关系”，也谈了“质文关系”。

礼为情貌者也，文为质饰者也。夫君子取情而去貌，好质而恶

> 饰。夫恃貌而论情者，其情恶也；须饰而论质者，其质衰也。何以论之？和氏之璧，不饰以五采；隋侯之珠，不饰以银黄。其质至美，物不足以饰之。夫物之待饰而后行者，其质不美也。（《韩非子·解老》）

礼是用来表现情的，文是用来修饰质的。但因为“物不并盛”，所以外有余者必中不足。最亲密的感情是用不着礼来修饰的，“是以父子之间，其礼朴而不明”；反之，客套多礼必然意味着感情的生疏。同样，最完美的质是不用外在修饰的，反之，文采繁丽必然意味着内在的质的亏缺——“夫物之待饰而后行者，其质不美也”。

韩非子举了两个孔门的例子，说明外在文采之不可信：

> 澹台子羽，君子之容也，仲尼几而取之，与处久而行不称其貌。宰予之辞，雅而文也，仲尼几而取之，与处久而智不充其辩。故孔子曰：“以容取人乎，失之子羽；以言取人乎，失之宰予。”（《韩非子·显学》）

澹台子羽呈现的是视觉的文采，孔子原以为他是文质彬彬的，后来才发现他文胜其质。宰予呈现的是言语的文采（他是孔门四科言语第一），有一次宰予昼寝，惹得孔子很生气：“始吾于人也，听其言而信其行；今吾于人也，听其言而观其行。于（宰）予与改是。”（《论语·公冶长》）也就是说，宰予也是言过其实、文胜其质。韩非子感叹道：“故以仲尼之智而有失实之声。今之新辩滥乎宰予，而世主之听眩乎仲尼，为悦其言，因任其身，则焉得无失乎？”因此“君子取情而去貌，好质而恶饰”。

如果说“取情而去貌”语气还比较平和的话，“好质而恶饰”则明显带有一种情绪化的味道。韩非子对文采的态度为什么如此激烈呢？

当时在山东六国，有一群以言辞文采见长的儒生，被称为“文学之士”，受到国君的尊崇。当然，这里的“文学”不过指儒家六经之类的传统典章之学，和现代意义上的“文学”还有一定距离。但儒生们诵读诗书、温习礼仪，其中不乏美学因素，后世的辞章之学也正是这种“文学”顺理成章的发展，因而，韩非子对“文学之士”的态度是他美学思想的组成部分。

韩非子对“文学之士”没有一点好感，他仿照商君之“六虱”发明了“五蠹”一词，即国家的五种蛀虫，而文学之士就是五蠹之一，韩非子对他们极尽攻击之能事。他警告君主，喜爱“文学”便是亡国之征：“喜淫刑而不周于法，好辩说而不求其用，滥于文丽而不顾其功者，可亡也。”（《韩非子·亡征》）问题有那么严重吗？且看他是怎么论证的：

> 今修文学、习言谈，则无耕之劳，而有富之实，无战之危，而有贵之尊，则人孰不为也？是以百人事智而一人用力，事智者众则法败，用力者寡则国贫，此世之所以乱也。（《韩非子·五蠹》）

君主最关心的就是耕战，而韩非子告诉君主，文学之士不耕不战，会导致“用力者寡则国贫”。

如果文学之士只是不耕不战，贡献为零也就罢了，在韩非子看来，他们不是贡献为零，而是有危害的；他们不仅会导致“国贫”，而且会导致“法败”。他们以先王之道非今上之法，扰乱了国家政治的正常秩序，这就是“儒以文乱法”：

> 是故乱国之俗，其学者则称先王之道，以籍仁义，盛容服而饰辩说，以疑当世之法而贰人主之心。（《韩非子·五蠹》）

客观地说，韩非子的时代，七国内部确实在一定意义上存在着后人所说的“儒法斗争”，文学之士和法术之士互无好感、互相攻击，这种斗争甚至一直延续到秦始皇统一中国之后。按说学派之争本是普遍现象，各怀其道、各卫其道也很正常，但在韩非子看来，问题没那么简单。

君主最防备的是有野心的臣子，韩非子就拿这些人说事，讲文学之士的不可信。

他先说大臣的不可信。如果人性是善的，本性流露，自然是文质兼美。但韩非子相信人性是恶的，在性恶的前提下，若主张纹饰，质恶而文美，纹饰反倒会成为掩饰恶质的道具。“广廷严居，众人之所肃也；晏室独处，曾、史之所僈也。观人之所肃，非行情也。”（《韩非子·难三》）在大庭广众之下，谁都会做出庄重严肃的样子来，而人的真实情态却往往在晏室独处之时才能流露。所以君主所看到的人们严肃恭敬的样子，不一定是他们的真面目。问题是君主之视臣子，只能于朝廷之上，故而臣子的庄肃就有可能是伪装。乱臣阳虎有一句名言：“主贤明，则悉心以事之；不肖，则饰奸而试之。”而在韩非子看来，饰奸几乎是朝廷常态：

> 且君上者，臣下之所为饰也。好恶在所见，臣下之饰奸物以愚其君，必也。明不能烛远奸，见隐微，而待之以观饰行，定赏罚，不亦弊乎！（《韩非子·难三》）
>
> 夫为人主而身察百官，则日不足，力不给。且上用目，则下饰观；上用耳，则下饰声；上用虑，则下繁辞。（《韩非子·有度》）

大臣们眼睛盯着君主的好恶，掩藏起真实的感情，修饰言行以逢迎主上的喜好。当纹饰被用来遮掩性恶的时候，即便国君有完备的法律也不能奈何大奸臣。因为法律讲求循名责实，当循名不足以责实的时候，法律的赏罚也就失去了意义。治奸的前提是能够辨别奸者的本来面目，当忠奸莫辨的时候，治奸也就无从下手了。师旷是晋国的乐师，双目失明。他听见晋平公说了不得体的话，便装作不知谁说的，以琴撞之。这看起来是相当忠直的了，韩非子却担心这恰恰会“使奸臣袭极谏而饰弑君之道”（《韩非子·难一》）。

一旦权臣恶人掌握了话语权，他们甚至可以收买、豢养文学之士，为他们制造舆论，如此则国君更是难以辨别真伪：

> 为人臣者求诸侯之辩士，养国中之能说者，使之以语其私。为巧文之言，流行之辞，示之以利势，惧之以患害，施属虚辞以坏其主，此之谓“流行”。（《韩非子·八奸》）

战国时有所谓“战国四公子”，孟尝君连鸡鸣狗盗之徒都照收不误，文学之士自然也少不了。文学之士出于信仰的忠诚而“以文乱法”，哪怕是不合时宜，也有一种道义感；但如果被权力收买，明知道奸臣的本来面目和险恶用心，为了衣食之禄还是不惜昧着良心为之饰奸，则无疑是助纣为虐，变成“纵横之士”了。文饰是文学的重要特征，但以性恶为底子，它却会产生如此多的“恶果”，迷惑君主的眼睛，增加“辨伪”的难度，也难怪韩非子对它深恶痛绝。

对韩非子来说，不仅言语上的文采要反对，连服饰上的文采也要反对：“饰巧诈则知采文，知采文之谓服文采。”（《韩非子·解老》）那些被他目为蛀虫的文学之士就是“服文采”的，韩非子不仅讨厌他们的思想、反感他们的言论，甚至连他们的形象都不喜欢。

秦国早就有反对文学之士的传统，从商鞅变法时就开始了。《商君书·农战》云：“国去言则民朴，民朴则不淫。”在商鞅看来，反对文采则民风复归于朴，易于治理。荀子到秦国，应侯范雎问他：“入秦何见？”荀子说：“入境，观其风俗，其百姓朴，其声乐不流污，其服不挑，甚畏有司而顺，古之民也。及都邑官府，其百吏肃然，莫不恭俭、敦敬、忠信而不楛，古之吏也。”（《荀子·强国》）秦国的风俗是朴素的，这让注重文采的荀子也赞叹不已。但他居然不识时务地说，秦国美中不足的是“无儒”，殊不知秦国之朴素正是用强权压制儒家礼义文采的结果，在这种体制下，文学之士的话语空间日渐逼仄，艺术的荒芜也就是情理之中的事了。

韩非子继承了商君的反美学思想，并在入秦之后，使之成为秦王嬴政统治思想的有机组成部分，待到焚书坑儒，法家对文学之士的打击终于得到全面落实。不过，这已经不是学派之争了，打败思想的不是思想，而是政权的暴力。韩非子没有看到这一历史场景，如果他看到，不知会有何感想。他大概不会想到，一个不能保护文学之士的政权，同样也不能保护法术之士。从这个意义上讲，他的人生悲剧也诚然是“自得之”。

第六章

老子：天地有大美而不言

当生于鲁国的孔子满怀热情地周游列国，汲汲于人性的改造之时，生于楚国的老子也在周朝的守藏室里，冷静地观察宇宙和人生。这两位思想巨人，代表着两种不同的文化：一个是儒家文化的集大成者，一个是道家文化的开创者；一个是山一般巍然厚重的仁者，一个是水一样深邃灵动的智者；一个有着入世者的温热，一个有着出世者的冷静。这既与南北地域文化的差异有关，也与不同的职业身份有关。不同的职业有着不同的思维方式，比如儒家多文学之士，墨家多行会之士，法家多法术之士，从而形成各具特色的思想。考察老子的人性论，也不妨从这个角度切入。

我们将会发现，与孔子的"人本主义"一样，老子的"天道主义"也具有人性艺术论的意义。

第一节　同于失者，道亦失之

关于道家的职业身份，有两种不同的说法。班固以为："道家者流，盖出于史官。”（《汉书·艺文志》）冯友兰则认为：“道家者流盖出于隐者。”[①]那么这两种说法孰是孰非呢？公允地说，两者都只说对了一半，合起来才是正确答案，老子具有史官和隐士的双重身份。[②]

从双重身份来考察老子的哲学思想，会发现两种不同的理论指向。隐士主出世，为内圣之学，这启发了后来的庄子学派；史官主入世，为外王之学，这启发了后来的黄老学派。

双重身份决定了老子之道具有双重含义。

作为一个隐士，老子静观天象，探讨宇宙人生的本体；作为一个史官，老子明察人事，总结帝王南面之术。于是，老子之道形成了两个层次：本体之道和法则之道。《韩非子·主道》云：“道者，万物之始，是非之纪也。是以明君守始以知万物之源，治纪以知善败之端。”所谓“万物之始”就是本体之道，所谓“是非之纪”则是法则之道。

从本体之道到法则之道，从万物之始到是非之纪，从万物之源到善败之端，正好构成老子的天道演化论，这是老子人性论的大背景。

一、道生一，一生二

下面看老子的天道演化论。

为了表述上的方便，我们借用《周易》表现宇宙法则的两种方式——象数和义理——来描述老子之道。盖宇宙万物皆有其象，皆有其理，皆有其数。象是外在的表象，理是内在逻辑，数则是逻辑的进一步抽象。古希腊毕达哥拉斯学派认为，万物的根本就是数。无独有偶，

①冯友兰：《中国哲学简史》，涂又光译，北京大学出版社，1996，第33页。

②老子是周朝的史官，《史记》上有明文记载：“老子者，楚苦县厉乡曲仁里人也，姓李氏，名耳，字聃，周守藏室之史也。”至于其隐士身份，《史记》也写得清清楚楚：“其学以自隐无名为务。”他做周朝史官，正是“大隐于朝”；孔子造访，他以隐士哲学相劝诫；至于后来他“见周之衰，乃遂去”，更是以隐逝作为最终的人生选择。

老子的天道演化论，最终也归于数的演化：

……天下万物生于有，有生于无。

道生一，一生二，二生三，三生万物。万物负阴而抱阳，冲气以为和。……（帛书《老子》第四十一章、第四十二章，未引用整章）[①]

“天下万物生于有，有生于无”，如此说来，“无”就是宇宙的终极起点。“无生有”即“道生一”。道便是无，一便是有。

因为本体之道是“无”，所以它的数学表现形式是“0”。“0”是一个神奇的数字，它既是最小的数，其小无内，一无所有；也是最大的数，其大无外，包含所有。任何事物能被认知的前提是它必须是有，必须是有形的。而道之为物，一无所有，无象无形，所以不可说、不可名，只能勉强称之为“道”或“无名”。

接下来看“道生一”。《老子》第十四章云：

视之不见名曰夷，听之不闻名曰希，搏之不得名曰微。此三者不可致诘，故混而为一。其上不皦，其下不昧。绳绳兮不可名，复归于无物。是谓无状之状，无物之象，是谓惚恍。

老子先描述了本体之道无形无名、不可捉摸的特点，“视之不见”“听之不闻”“搏之不得”[②]，这正是数字“0”所代表的无象之象。接下来，一片虚无居然“混而为一”，变得“浑然一体”。混而为

---

①按通行本第四十章乃错简，实为帛书本第四十一章。帛书本第四十一章与第四十二章两章文意相接，恰好构成一个完整的宇宙发生论。为方便起见，这里把两章结合起来讨论。

②此章帛书本作：“视之而弗见，名之曰微。听之而弗闻，名之曰希。揗之而弗得，名之曰夷。三者不可致诘，故混而为一。”后文也与通行本的文字略有差异，而以帛书本为优，比如“揗”字，意为抚摸，显然优于“搏”字。但因无关宏旨，为顺从读者阅读习惯，避免烦琐的考证和解说，此处依旧以王弼本为主。

“一”之后，在象上就有了形，有了上下明暗——“其上不皦，其下不昧”。然后又复归于无物，变成无状之状，无物之象。回头看它混而为一时的那种状态，它是有象有物，乃至有精有信的：

> ……道之为物，惟恍惟惚。惚兮恍兮，其中有象；恍兮惚兮，其中有物。窈兮冥兮，其中有精；其精甚真，其中有信。……（《老子》第二十一章，未引用整章）

道的这种状态，从无中生有的角度讲，是一个大有；从混而为一的角度说，是一个大一。这个大有或大一有什么特点呢？第一，它是没有边际的，因为有边就有限，有限就不是大有了。没有边际，用庄子的话来说，就是“无封”。第二，它是不能分割的，一分割便成了二，就不是一了。不能分割，用老子的话来说就是“大制不割”。合而言之，大一的特点是“无封”“不割”。

如果说无就是道，那么一是什么呢？《老子》第二十五章云：

> 有物混成，先天地生。寂呵寥呵，独立而不改。可以为天地母，吾未知其名，字之曰道，吾强为之名曰大。①

前面说了“道之为物”，现在又说“有物混成”。“有物混成”显然也就是“混而为一”；“先天地生”也就是尚未有阴阳之剖判，大制不割之时；“独立而不改”，“独”也就是一。最后，老子说：“吾未知其名，

---

①本章从帛书本。郭店本“有物混成”作“有状混成”，学者或以为优于帛书本，似有深意。其实老子明言“道之为物”，故言“有物混成”并无不妥；且本章云“先天地生”，暗示道可生天生地，生天地者必是物而不是状；又云“独立而不改”，状象亦无所谓“独立”。这让人想起佛教里的“色”，有色相和质碍两义：色相看得见，即“状”；质碍摸得着，即“物”，两者其实是一回事。

字之曰道。”

如此问题就出现了：道到底是虚无，还是大有呢？到底是“0”，还是一呢？我们发现，在老子那里，虚无和大有、一和“0”之间的界限确实是模糊的，才说完“不可致诘”，马上又说“其中有物”，很快又“复归于无物”；这边说“天下万物生于有，有生于无”，那边却又说“有无相生”。从逻辑上讲，无中生有是派生关系，有无相生是对偶关系，二者不能同时成立。老子怎么会意识不到此二者的区别呢？极有可能，他确实感觉这两个阶段或两种状态的界限是模糊不清的。为方便之故，我们把这两个阶段或两种状态称为虚无之道和大有之道。

从虚无到大有，从“0”到一，对道自身来说也许意义不大，对人来说却意义重大。因为“无”和“0”是不可得的，而“有”和“一”却可得：“昔之得一者：天得一以清，地得一以宁，神得一以灵，谷得一以盈，万物得一以生，侯王得一以为天下正。”虚无是不可搏不可抱的，而一却可搏可抱——“载营魄抱一，能无离乎？”得一即得道，而古文“得”“德”二字相通，故得道也就是得德。《管子·心术上》认为：“德者，道之舍。……故德者，得也；得也者，其谓所得以然也。以无为之谓道，舍之之谓德。”简言之，德就是大有之道落实到人的那一部分。

德有什么特点呢？大有之道作为大一，是无封、不割的，但得道需要一个载体，说得形象一点就是容器，这个容器就是人心。容器是有边界的，所以德是有封的，但其内部还没有分裂，所以德又是未割的。简言之，德就是有封而未割的“一”。

《史记》称“老子修道德”，《老子》一书又名《道德经》。但后人多关注老子之道，却忽略了老子之德。其实，德是天道落实为人之道的关键一步，是天道在人间的代表。《老子》第一章素称难解，因为古来学者多以为它是单纯讲道的，故而难圆其说。事实上，这一章描述了“道生一”亦即“道生德”的过程，可以看成一篇微型的《道德经》：

> 道可道，非常道。名可名，非常名。无名，天地之始；有名，万物之母。故常无欲，以观其妙；常有欲，以观其徼。此两者同出而异名，同谓之玄。玄之又玄，众妙之门。

按，本体之道无形不可名，无名不可道；一旦“混而为一”，落实到人心，则有名可命，可名之为德。无名之道为天地万物之始，而有名之德则为天地万物之母。“常无欲”即常无意，无心而观，观而不观，不观而观，可见道之妙；“常有欲”即常有意，有心而观，心为德之容器，可见德之徼。徼者，王弼释为归止，引申为边际，即庄子所谓“封”。因为德从道出，道德一体，所以可谓“同出而异名，同谓之玄”。

总结一下，本体之道涵盖了从“0”到一、从虚无之道到大有之道、从道到德两个阶段。此道以“0”为体，以一为用；以虚无为体，以大一为用；以道为体，以德为用。道与德的共同特点是玄之又玄，众妙之门。

《老子》第二章直承首章，表现了大有之道落实为德之后的分化，即“一生二”：

> 天下皆知美之为美，斯恶已。皆知善之为善，斯不善已。故有无相生，难易相成，长短相形，高下相倾，音声相和，前后相随。

大有之道（德）本来是“混而为一”“浑然一体”的，此时却一分为二。《周易·系辞上》说“易有太极，是生两仪”，与老子的“一生二”可谓异曲同工。

一生二，便有了对立与转化，《周易·系辞上》称为“一阴一阳之谓道”，这便是法则之道。法则之道的基本规律是二元对立、物极必反。从天道上看，日中则昃，月满则亏；从人事上看，福祸相倚，乐极生悲，这就是“反者道之动”。

“一生二”之后便是“二生三”。如果说一是一个点，二是两点构成一条线，三则是三点构成一个面。从二开始，就有了“关系”的概念，但二元关系属于一个维度上的互动；三则形成了最基本的二维多元结构。三元结构使互动关系更加复杂，三个女人一台戏，三个和尚没水吃，甚至三角恋爱，都是三元结构下的关系。

老子的天道演化论到了“二生三”这个阶段，似乎便与《易传》分道扬镳。《易传》在“太极生两仪”之后，是“两仪生四象，四象生八卦”。其实，两仪所生四象，不过是阴阳两爻的四种组合方式而已，依然是二元结构下的关系。只有当两爻组合再加一爻，成为三爻卦，才升级到下一个阶段。八卦就是阴阳两爻在三元结构下的八种组合方式，这就是《易传》版的“二生三”。

最后的“三生万物”就更好理解了，三元的八卦形成天、地、水、火、山、泽、风、雷八种物象，接下来就是“天地定位，山泽通气，雷风相薄，水火不相射，八卦相错”（《周易·说卦》），本体之道最终演化出这个森罗万象的世界。

二、大道废，有仁义

前面讲的天道演化的“象数版”，呈现的是宇宙的生成过程；现在我们看它的“义理版”，呈现的是人性的演化过程。

老子的宇宙生成论没有直接提到人，但纯粹的天道演化是没有意义的，意义是人类的观照赋予的。此时，一个非常关键的问题出现了：人是怎么来的？从原则上讲，大道生万物，人作为万物之一的动物，也应该是大道的子孙。而且老子也确实说过：“我独异于人，而贵食母。”这个“母”就是指大道“母亲”。人在老子的宇宙结构中地位是很低的，《老子》第二十五章云：“道大，天大，地大，王亦大。域中有四大，而王居其一焉。”第二十三章云：“天地尚不能久，而况于人乎？”因此，要“人法地，地法天，天法道，道法自然”。看来人的地位尚在天地之后，当与万物相等。

可另一方面，人又好像是与大道并生的。道还没有化生万物的时候，人就能够感知。有一个无封不割的道，便有一个有封的心在等着，把道装进心中就是德，这正说明此心与道同时存在。那么，道与人究竟是派生关系还是并生关系？这似乎是老子留下的一个悬案。

有一点是可以肯定的：在宇宙演化的过程中，人类不仅是一个观察者，也是一个参与者；不但没有缺席，而且完全同步。大道演化的过程同时就是人性演化的过程。通行本《老子》第三十八章，同时也是《德经》首章，清晰地描述了这个历史过程：

> 故失道而后德，失德而后仁，失仁而后义，失义而后礼。

按，这就是人性演化的过程，与大道演化的过程“道生一，一生二，二生三，三生万物”相对应。下面我们依序加以分析。

失道而后德即“道生一”，从数上讲是“0”生一，从理上讲是道生德。道与德同出而异名，德不过是人得道而已。从人的角度看，人得道即得德；从道的角度看，道寄于人即“失道而后德”，所以德就是道在人性上的落实，它很像儒家“天命之谓性”的性。同样的道理，我们也可以说“道命之谓德”。汉语中“德”“性”可以合成一个词来使用，可见二者之相通。[①]因此，老子的道德论即人性论，人性就是道性或者德性。由于“德”字多用以表示世间“美德”，老子为了加以区别，将这种

①张岱年说：“当其未形，所得以生者谓之德；及其既形，德之表见以为形体之仪则的，谓之性。道是德之所本，生是德之显发，而生之素质为性。德是所以谓未生之先者，性是所以谓既生以后者；由德而有生，有生乃有性。既生有形之后，乃可说性；未生无形之前，指其所以生者，谓之曰德。德与性虽有别，其实是二而一的。”见张岱年：《中国哲学大纲》，中国社会科学出版社，1982，第196页。

德称为“玄德”、“孔德”或“常德”。常德是就时间性而言，若就空间性而言，可称为全德。

道的特点是无封不割，德的特点是有封不割，不割是道与德的共同属性。故而只要守住玄德之数——老子称之为“守一”，就能保持本体之道浑然未分的状态，就能保持人性的本真。老子形象地把这称为“常德不离，复归于婴儿”。老子认为，虽说世人都是大道所生，但只有婴儿才是真正的大道之子。老子常用“婴儿”“赤子”来比喻全德未失的状态。他说：

> 含德之厚，比于赤子。蜂虿虺蛇不螫，猛兽不据，攫鸟不搏。骨弱筋柔而握固，未知牝牡之合而全作，精之至也。终日号而不嗄，和之至也。……（《老子》第五十五章，未引用整章）

婴儿之所以毒虫不螫，鸟兽不搏，乃是因为他们能“守一”，与天地万物浑然一体，无分别之心，忘物者物亦忘之，故入兽不乱群，入鸟不乱行。婴儿不知男女交合，是因为没有性别意识，既不知男女之别，亦不知男女之合，则精气守一，自然充满。婴儿终日号哭而声音不嘶哑，乃是因为和气冲而为声，非因爱恶分别而起。婴儿守着一团和气，故而常德不离。

失德而后仁即“一生二”，全德一分为二，有了物我之别与人我之别。回到老子婴儿的比喻，全德未失的婴儿像小动物一样，一片天然。但婴儿最终会长大，一旦长大，便有了男女之别。这时，儒家伦理就上场了。儒家面对的就是“二”的世界，孔子的仁和礼从数上看都是二——仁者，人相爱也；礼者，人相别也。《易传·序卦》中展示了在一分为二的世界里，仁义伦理是如何产生的：

> 有天地，然后有万物；有万物，然后有男女；有男女，然后有夫

妇；有夫妇，然后有父子；有父子，然后有君臣；有君臣，然后有上下；有上下，然后礼义有所错。

因为男女是人类社会二元对立的开始，所以男女有别是人本的起点。《礼记·中庸》云："君子之道，造端乎夫妇，及其至也，察乎天地。"《礼记·昏义》云："礼之大体，而所以成男女之别，而立夫妇之义也。男女有别，而后夫妇有义；夫妇有义，而后父子有亲；父子有亲，而后君臣有正。"据汉儒解释，《诗经》以《关雎》为首，即含有"风天下而正夫妇"的意思。《韩诗外传》借子夏之口云："大哉《关雎》，乃天地之基也。"可见人类是由男女之别开始，衍生出夫妇、父子、君臣、上下的社会体系。

失仁而后义即"二生三"，当仁道失落之后，必须由第三者来协调二人之间的关系，三人成众才有了公义的概念。

失义而后礼即"三生万物"，当义理失落之后，人们便求诸繁文缛节来规范人与人之间的关系，《礼记·中庸》所谓"礼仪三百，威仪三千"是也。

这个失德而后仁、后义、后礼的沦落过程不仅在理论上成立，也得到了先秦历史经验的验证。假如以老子作为观察的起点，考察人性论从孔孟到荀韩的演化，会发现一条合乎逻辑的人性沦落的脉络。失道而后德是老子所处的阶段，因为老子"尊道而贵德"；失德而后仁是孔子所处的阶段，即所谓"孔曰成仁"；失仁而后义是墨子和孟子所处的阶段，即所谓墨子贵义或"孟曰取义"；失义而后礼是荀子所处的阶段，荀子以隆礼著称。荀子之后，还有一个"失礼而后法"的阶段，那就是韩非子所处的阶段。老子说"大道废，有仁义"，我们则可以顺着说"仁义废，有礼法"。大道不能实行，故不得已而求之于仁义；劝善不足以移人，于是以礼防恶；礼又不足以戒止，于是再加之以法。以社会学的眼光来考察春秋战国时代，就会发现那确实是一段社会风气每况愈下的历史。诸子学术正是应时代的刺激产生的。人性论的演变可以看成是先哲在应对越来越膨胀的人欲时不断调整观念的过程。

回顾宇宙演化的“象数版”，如果没有人的参与，宇宙将会是安然无事的，老子称为“自然”——“道之尊，德之贵，夫莫之命而常自然”。自然意味着没有人为，也便是“无为”：“道常无为而无不为。侯王若能守，万物将自化。”人的参与使宇宙的演化增加了新的变数，老子称之为“化而欲作”。按，“作”字从人，也就是“人为”“有所作为”“有为”。“作”对大道演化的干预是一个价值沦落的过程，《老子》第三十八章从无为和有为的角度，依次对上德、上仁、上义、上礼进行评价：

> 上德无为而无以为；下德为之而有以为；上仁为之而无以为；上义为之而有以为。上礼为之而莫之应，则攘臂而仍之。

先看“上德无为而无以为”。我们知道大道是无为的，唯道是从的上德也是无为的。所谓“无以为”即无意而为，指虽有主观意志而不用。此乃老子之境界。

再看“上仁为之而无以为”。上仁有为，但无意而为，正如孔子汲汲为仁，但还是崇尚无意而为的境界。舜治天下，“博施于民而能济众”，孔子却以无为名之：“无为而治者，其舜也与！夫何为哉？恭己正南面而已矣！”（《论语·卫灵公》）“舜禹之有天下也而不与焉。”（《论语·泰伯》）因此，舜的境界就是上仁为之而无以为，为孔子所认同，当然也就是孔子的境界。

再看“上义为之而有以为”。上义有为，指有意而为。《墨子·贵义》载，子墨子自鲁之齐，过故人，故人谓墨子曰：“今天下莫为义，子独自苦而为义，子不若已。”因此，此乃墨子的境界。

再看上礼。上礼乃是上义之沦落。荀子云：“凡礼义者，是生于圣人之伪。”（《荀子·性恶》）伪即人为，亦即有为。因此，这是荀子的境界。

“上礼为之而莫之应，则攘臂而仍之”，乃是释礼而任法，即人们所谓“绳之以法”，自然是“有以为”，我们可以将之概括为“上法为之而有以为”。这是韩非子的境界。

如果是帝王，从“无为而无以为”的上德渐变为“有以为”的上礼乃至“上法”，百姓对他的态度也会随之渐变：

> 太上，下知有之；其次，亲而誉之；其次，畏之；其次，侮之。信不足焉，有不信焉。……（《老子》第十七章，未引用整章）

首先，太上即失道而后德，即太上。上德无为而无以为，则“我无为而民自化”，百姓只知有一个君主的名目而已。正如《击壤歌》所唱：“日出而作，日入而息，凿井而饮，耕田而食。帝力于我何有哉！”

其次即失德而后仁，君主仁民爱物，上仁为之而无以为，则百姓对君主“亲而誉之”。《礼记·大学》所谓：“君子贤其贤而亲其亲，小人乐其乐而利其利，此以没世不忘也。”

再次即失仁而后义，君主借助社会公义以维持稳定，上义为之而有以为，则百姓对于君主的态度是“畏之”，如《礼记·表记》云：“（君子）小心而畏义。”

又次即失义而后礼，君主以礼治天下，上礼为之而莫之应。如此一旦君主自己无礼，百姓则轻之辱之。如《论语·季氏》：“小人不知天命而不畏也，狎大人，侮圣人之言。”

最后，如果君主失礼而后法，对百姓攘臂而仍之，则百姓便可能如陈胜、吴广般振臂一呼，要造反了。

在宇宙演化的背景下考察老子的人性论，会发现人类从失道而后德开始，失德而后仁，失仁而后义，失义而后礼，失礼而后法，构成了一个每况愈下的人性失落过程。其实，这个过程并不是不可改变的宿命，人类可以决定自己的选择，可以失，也可以不失。对个人而言，道、德、仁、义、礼五个层次，关键在于自己对于哪一个有认同感。

> ……故从事于道者，同于道；德者，同于德；失者，同于失。同于德者，道亦德之；同于失者，道亦失之。……（《老子》第二十三章，未引用整章）

老子将前两个称为“同于道者”“同于德者”，说明道与德处于本性未失的境地，因为德乃道之用，同于德者也便同于道，所以他不用说“同于道者，道亦道之”，只说“同于德者，道亦德之”，而将后三个——同于仁者、同于义者、同于礼者统称为“同于失者”，失的当然首先是道和德，然后仁、义、礼、法，一路失下去。

有失便有得，当人类一路失下去的时候，最后留在心胸里的是什么呢？《老子》前两章讲完道生一，一生二之后，第三章便开始讲当下现实世界的人性：

> 不尚贤，使民不争；不贵难得之货，使民不为盗；不见可欲，使民心不乱。是以圣人之治，虚其心，实其腹，弱其志，强其骨。常使民无知无欲。……（《老子》第三章，未引用整章）

人类以分别心切割大道，划分世界，知道人有贤愚之异，货有贵贱之别，是为有“知”；对贤愚贵贱之别，产生爱恶取舍之意，是为有“欲”。简言之，道德失落，最后留在心性里的，只有知和欲。

人性跟着宇宙一起演化，最初是以德为性，后来德性失落了，知和欲便上场了。一端是混而未分的玄德，一端是分别心下的知与欲，哪一端才是人的本性呢？《老子》第五十二章云：“天下有始，以为天下母。既得其母，复知其子；既知其子，复守其母，没身不殆。”在老子看来，人作为大道之子，应该在大道“母亲”那里寻找生命的本真。就像小蝌蚪找妈妈一样，“同于德者，道亦德之”，只要认同其母，小蝌蚪最终一定会长成妈妈的样子。

第二节　同于德者，道亦德之

“同于德者，道亦德之”展现的是一个修行的过程，呈现的是体道的经验，但它同时又包含审美意义，可以借用来说明老子的美学。

一、玄德之光

了解了老子的人性论，可以想见，他的理想国里不会有世间艺术的位置。世间艺术以表现人类性情为宗旨，基本上全在知见和欲望上做文章。老子主张“常使民无知无欲”，釜底抽薪地取消了艺术存在的理由，如此，作为“人性之花”的艺术也就无从生长、无所附丽。

凡是有艺术倾向，能对人产生感官刺激的事物，老子都是反对的：

> 五色令人目盲，五音令人耳聋，五味令人口爽，驰骋畋猎令人心发狂，难得之货令人行妨。是以圣人为腹不为目，故去彼取此。（《老子》第十二章）

五官是人类与外界交换信息的五个通道，各有自身所对应的外界对象。眼观五色，耳听五音，这本是正常的。老子为什么要说“五色令人目盲，五音令人耳聋”呢？这是因为，此处的五色和五音实指视觉艺术和听觉艺术。耳朵只要准确接收声波即可，好声者却为之附加了赏音的功能；眼睛只要准确接收光波即可，好色者却为之附加了品色的功能。“甚爱必大费，多藏必厚亡”，眼贪五色，视力就会下降；耳恋五声，听力也会下降。例如，与普通人相比，音乐家贝多芬的耳朵显然更辛苦，其失聪不能说与此无关。所以，与荀子的养目、养耳不同，老子“为腹不为目”。“为腹”就是要满足口腹之欲，“不为目”就是要取消声色享受。

不过，正如荀子所说，五官是天官，心是天君。天官服务于天君，耳目服务于人心。因此，更根本的还是从人心上着手。于是老子又说：“虚其心，实其腹。”“实其腹”就是“为腹”，而“虚其心”则比“不为目”更为彻底。虚心的人，对声色毫不动心，如此艺术还有什么意义呢？因此，说老子有反艺术倾向，这是一点都不过分的。韩非子之所以能引老子为同调，也是这个原因。

老子超越韩非子的地方在于他是有破有立的。在否定了人间的艺术之后，另一种艺术出现在他的理论世界里，借用《庄子》里的一句话，那便是“天地有大美而不言”。

在老子看来，世间人“同于失者，道亦失之”，如此才生成了世间的声色美学；而他则是“同于德者，道亦德之”，那就应该创造一种更高级的美学——以道德为美。《老子》首章说：“此两者（道与德）同出而异名，同谓之玄，玄之又玄，众妙之门。”由此可见，道与德的美学形象很是玄妙，老子直接用了“玄德”一词来形容它，所以他的美学也可以说是玄德之美。

如何体会玄德之美呢？唯一的方式就是回到玄德那里。那么玄德在哪里呢？老子说：“玄德深矣，远矣，与物反矣，然后乃至大顺。”（《老子》第六十五章）由于玄德处于世间性情（知和欲）的对立面，所以老子说它“与物反矣”。后世丹道书中常有“顺则成人，逆则成仙”的说法，这里不妨改动一下：“顺则成人，逆则得道。”得道即德，即玄德，常人将这个过程称为“逆”，但站在玄德的立场上，其实这才是“大顺”，不是顺乎性情，而是顺乎大道。所以，要返回玄德，就要走一条与世间人相反的道路。

与增长世间学问之用“加法”不同，圣人修道用的是减法，重在一个“损”字：“为学日益，为道日损。”（《老子》第四十八章）损的是什么呢？世间人为学为艺，都是在求知养欲上下功夫，圣人修道，与之相反，那就要在损知损欲上下功夫。平时要求百姓都要"常使民无知无欲"，自己修道时就更不用说了：

> ……是以圣人欲不欲，不贵难得之货；学不学，复众人之所过，以辅万物之自然而不敢为。(《老子》第六十四章，未引用整章)

"欲不欲"即"无欲"，"学不学"即"无知"。[①]这是一个损之又损的过程，最后"损之又损，以至于无为。无为而无以为"。减损至损无可损的时候，就到了无为而无以为的上德境界。[②]上德无为，即不用智也；上德无以为，即不用欲也。真正到了无知无欲的境地，心中空空灵灵，大道玄德就会返回自心：

> 致虚极，守静笃。万物并作，吾以观复。夫物芸芸，各复归其根。归根曰静，是谓复命。复命曰常，知常曰明。……(《老子》第十六章，未引用整章)

虚则无知，静则无欲。虚静至极，玄德复反，老子称为"归根"。归根即复命，复命即复性，复性即恢复到玄德状态。

到这里便可以领略玄德之美了。

如果不是身临其境，而只听得道人的描述，有些人可能又会有些

---

①"学不学"一句，郭店楚简有异文待考。学术界有三种释读方式——"学不学""教不教""效不效"，笔者取第一种。

②按本章帛书本作"无为而无以为"，通行本作"无为而无不为"，高明《帛书老子校注》从老子思想的整体性出发，论证了当以"无为而无以为"为是。然而早于帛书本的郭店楚简本亦作"无为而无不为"。比较两种说法，仍当以"无以为"为是。因为本章开头论修道，与政治无涉。故而郭店本此章至此打住，没有"取天下"以下文字。后人加上"取天下常以无事"一段，前面就只能改成"无为无不为"了。由此可见《老子》版本变化的复杂性。

失望了。玄德建立在对世间性情的否定之上，它的美学标准也正好与世俗艺术相反。对世俗艺术而言，音有声、象有形，这是最基本的；但玄德之美不是这样。大音是听之不可闻的，大象是视之不可见的，大直好像是弯的，大巧好像是拙的：

> ……大白若辱，大方无隅，大器晚成，大音希声，大象无形，道隐无名。……（《老子》第四十一章，未引用整章）
>
> 大成若缺，其用不弊。大盈若冲，其用不穷。大直若屈，大巧若拙，大辩若讷。……（《老子》第四十五章，未引用整章）

我们也可以顺着老子的言下之意，把这种美说成是“大美”。只是这种大美正是建立在对世间之美的否定上。《庄子·知北游》说：“天地有大美而不言。”佛教经典《金刚经》也说：“庄严佛土者，即非庄严，是名庄严。”老子和释迦牟尼都是在否定了世俗之美之后，才构建了超越世俗经验的另一种美，但由于不可能再发明一套语言系统去表示这种美，只能尽量说明它与世俗之美不在一个维度。

老子之道是一种超越常情的美妙的境界，那是一种大象、大声、大美，是一种更高级的艺术和更高级的美学。其内容“道可道，非常道”，只可意会，不可言传，只能“强为之容”，于是有了一段关于玄德的“恍兮惚兮”的诗意描绘：

> ……众人熙熙，如享大牢，如春登台。我独泊兮，其未兆，如婴儿之未孩；累累兮，若无所归。众人皆有馀，而我独若遗。我愚人之心也哉！沌沌兮。俗人昭昭，我独昏昏。俗人察察，我独闷闷。澹兮，其若海。飂兮，若无止。众人皆有以，而我独顽似鄙。我独异于人，而贵食母。（《老子》第二十章，未引用整章）

老子用几个“我独”将自己和众人划清了界限，这也是“与物反矣”的表现。其中第一个对比最有味道。众人性情浓烈，如享太牢，如春登台，他却淡泊而念头未萌，“如婴儿之未孩”。按“孩”通“咳”，《说文》解为小儿笑。小儿出生之后三个月才会笑，称为“孩”。动物中唯有人才会笑，会笑代表着人类理智的萌芽。会笑则会哭，人生会笑则烦恼始生。“婴儿之未孩”，指喜怒哀乐未发前那种无知无欲的状态。在第十章里，老子自问：“载营魄抱一，能无离乎？专气致柔，能如婴儿乎？”现在，他已经“能如婴儿”了，像婴儿一样，就食于大道之母。在大道“乳汁”的滋润下，发出色若孺子的光泽。

体道者的个人经验，如人饮水，冷暖自知，不易分享。于是老子描绘了体道者的外在形象。

> 古之善为道者，微妙玄通，深不可识。夫唯不可识，故强为之容：豫兮若冬涉川，犹兮若畏四邻，俨兮其若客，涣兮其若凌释，敦兮其若朴，旷兮其若谷，混兮其若浊……孰能浊以静之徐清？孰能安以动之徐生？保此道者，不欲盈。夫唯不盈，故能敝而新成。（《老子》第十五章，未引用整章）

“古之善为道者”的形象老子不曾见过，所以描述时他只能把自己对象化。得道之后的老子进入了一个微妙玄通、深不可识的境界，这使他的外在形象也显得有些恍恍惚惚、扑朔迷离。老子用了一系列形象的比喻：犹犹豫豫如冬日里足履薄冰，小心翼翼如担心惊动四邻，恭敬庄重如到人家做客，涣然四散如春冰解冻，敦厚质朴如未经雕琢的原木，空空旷旷如深山幽谷，混浊不清如一河浊水。浊水静而定，慢慢变清；定又能动，徐徐发生。它是散的（若凌释），又是整的（若朴）；它是虚的（若谷），又是实的（若浊）；它是静的（徐清），又是动的（徐生）……这段话颇有玄言诗的意味，我们隐隐约约感受到一种可望而不可即的仙风道骨，如谷神不死，空静中孕育着无限生机。

因为这种境界超越常情，需要身临其境才能体验，老子不免有些遗憾地说：“乐与饵，过客止。道之出口，淡乎其无味，视之不足见，听之不足闻，用之不足既。”“下士闻道，大笑之。”不过，精华欲掩料应难，诚于中者必形于外，玄德之美虽不可言传，还是有高人能感受到一种超凡脱俗的气象。

庄子在《应帝王》里讲了一个故事。郑国有个善相面的人叫季咸，他给列子的老师壶子相了几次面。壶子已经得道，可以从容地示现不同的形象，相由心生，他的心变动不居，分别示之以“地文”、“天壤”和“太冲莫胜”三种面相，季咸每次与他见面都不得不重新相面。第四次的情景是这样的：

> 明日，又与之见壶子。立未定，自失而走。壶子曰：“追之！”列子追之不及，反，以报壶子曰：“已灭矣，已失矣，吾弗及已。”壶子曰：“乡吾示之以未始出吾宗。吾与之虚而委蛇，不知其谁何，因以为弟靡，因以为波流，故逃也。”

壶子最后一次示之以“未始出吾宗”，即《庄子·田子方》中的“游心于物之初”，也就是老子之玄德未失。它是“微妙玄通，深不可识”的，季咸何曾见过这等面相，所以只能自失而走。

南北朝时也有一个类似的故事。梁武帝让画师张僧繇给宝志禅师画像。张僧繇准备写真之际，却见宝志禅师面容不定，让他无从下笔。后来，宝志禅师以手在面上一划，居然现出十二面观音相。如今日本京都西往寺还藏有木雕的宝志禅师像，裂开的面容，一排眼睛，与其对视，确实有无法聚焦的感觉。

季咸德薄，不足以承当大道之重，德厚者则可以从容领略得道者玄德的辉光。据《史记》载，孔子见老子，老子给他留下了深刻的印象，乃至有“犹龙”之叹：

> 孔子去，谓弟子曰：“鸟，吾知其能飞；鱼，吾知其能游；兽，吾知其能走。走者可以为罔，游者可以为纶，飞者可以为矰。至于龙，吾不能知，其乘风云而上天。吾今日见老子，其犹龙邪！”

无独有偶，马王堆帛书《二三子问》记载了一段孔子关于龙德的讨论：

> 二三子问曰：易屡称于龙，龙之德何如？孔子曰：龙大矣……龙既能云变，又能鱼变……唯所欲化而不失本形，神能之至也。

按龙的特点是“迎之不见其首，随之不见其后”“微妙玄通，深不可识”，却又能随物赋形，唯所欲化而不失本形。老子展示给常人的，不过是容貌若愚、和光同尘、光而不耀的那一面，只有孔子领略到了他那依稀容貌之下玄之又玄的盛德之光。

二、素朴之美

玄德之美是无为的艺术，它潜在地规定了老子所崇尚的美学风格，显示着他对形式美的态度。《老子》第十九章云：

> 绝圣弃智，民利百倍；绝仁弃义，民复孝慈；绝巧弃利，盗贼无有。此三者以为文不足，故令有所属：见素抱朴，少私寡欲，绝学无忧。

按本章郭店楚简本作“绝智弃辩，民利百倍。绝巧弃利，盗贼无有。绝伪弃诈（虑），民复孝慈”[1]。“仁义、圣智、巧利”也罢，“智辩、巧利、伪虑”也罢，总之“此三者以为文不足”，也就是说它们都是以“有为”来纹饰不足的。儒家的教化有人工雕琢的色彩，这一点他们自己也是承认的。荀子说：“礼义者，是生于圣人之伪。”此“伪”即人为，也即有为。通行本、帛书本之“文不足”，郭店楚简作“叓不足”。“叓”字，或释为“使”，或释为“吏”，其实当为“史”之讹。“史”者文也，《韩非子·难言》说“繁于文采，则见以为史”；《论语·雍也》说“文胜质则史”。正因为文史可以互训互释，“史不足”后来才被改写为“文不足”。在老子看来，仁义礼智这些有为之物不过是掩饰这个世界的缺憾和不足的文采罢了，一个社会提倡仁义忠孝越多，说明不仁、不义、不忠、不孝越严重，正所谓“大道废，有仁义；智慧出，有大伪；六亲不和，有孝慈；国家昏乱，有忠臣”。可见，当老子绝弃“文不足”的礼义的时候，他连同纹饰也一起否定了。

老子先破后立，有所绝弃，便别有所建立：“故令有所属：见素抱朴，少私寡欲。”“见素抱朴”与“文不足”正相反，它是老子所崇尚的美学风格。

先看“抱朴”的美学意义。按“朴”字繁体作“樸”，木之未经雕琢者为樸，玉之未经雕琢者为璞，都是形容事物的原始状态，老子用以比喻大道之自然无为。《老子》一书中，“朴”常被用作道的代名词，如第三十七章云：“吾将镇之以无名之朴。”第三十二章云：“道常无名，朴虽小，天下不敢臣。”与“道”相比，“朴”是一个具象化的名词，更容易体现道在美学风格上的意义，它指的就是天然之美。

在先秦时代，“朴”与“器”是一组相对的范畴。朴是自然的，器是

[1] 多有学者关注“绝智弃辩、绝巧弃利、绝伪弃虑”与今本的差异，以为老子本意并不是弃绝儒家之仁义。其实在老子思想体系中，仁义乃大道玄德失落后的产物，且他曾明言“大道废，有仁义”“天地不仁”“圣人不仁”，即便此处经后人改动而文字有异，并不能动摇老子对儒家仁义的态度，也不能动摇老子对礼义文采的态度。

雕琢的。《庄子·马蹄》云："夫残朴以为器，工匠之罪也。"本句意为把原始的树木雕残为器具，是工匠的罪过。这里的"朴"用的还是本义，即原木的意思。老子也提到了"朴"变为"器"，却将之上升到哲学层面，《老子》第二十八章说："朴散则为器。圣人用之则为官长，故大制不割。"这个"朴"就是道的代称。《易传·系辞上》说："形而上者谓之道，形而下者谓之器。"合前而言之，"朴散则为器"意味着从形而上之道衍生出形而下之器。

这个过程在帛书《老子》第五十一章有更详细的描述："道生之，德畜之，物形之，器成之。"[①]这是一个越来越"具体"（具备形体）的过程：首先，道为万物之母，所以说"道生之"；其次，如千江水有千江月，朴（道）离散而蓄于人心为德，这是"德畜之"；再次，德既有"成己"之仁，又有"成物"之智，用心于物，则物"形"焉，这是"物形之"；最后，对物进行雕琢，器于是"形成"，这就是"器成之"，俗称"成器"。人是世上唯一会制造生产工具——器的动物，因此，也可以说是人心成就了器。朴散而为器之后，"圣人用之则为官长"。这正如《礼记·王制》所云："瘖聋、跛躄、断者、侏儒，百工各以其器食之。"舆人为车而辀人为辀，各司其器；陶工吃陶器饭，乐工吃乐器饭，各以其器食之。如果说朴的层面还保留着无为的淳朴，到了器的层面，则有了人类有为的分割与雕琢。而老子主张人类走一条相反的道路——大制不割，复归于朴。

老子之抱朴乃是"尊道而贵德""被褐而怀玉"的圣人之德光，是玄德未经剖判雕琢的浑然之美，"淡然无极而众美从之"（《庄子·刻意》），"朴素而天下莫能与之争美"（《庄子·天道》），其境界实难为

① "器成之"通行本作"势成之"，马王堆帛书《老子》甲乙本皆作"器"，高明《帛书老子校注》据此改。高明认为，器、势二字古音相同，可以互相假借，但《老子》及其他古书中多形器连用，故当以器字为是。"夫物生而后则畜，畜而后形，形成而为器。其所由生者道也，所畜者德也，所形者物也，所成者器也。"见高明：《帛书老子校注》，中华书局，1996，第70页。

世俗人所窥见。不过，世人虽不能至，心向往之，亦有一种庶几近之的追求。中国美学史上，老子提倡的“抱朴”引发了回归自然的运动，正所谓“自然朴素”，自然之美的发现与此密切相关。

“自然”一词的内涵从“道之尊，德之贵，夫莫之命而常自然”“道法自然”发展到所谓“大自然”，在今天看来是自然而然的。事实上，这种审美情趣的转化和突破，直到魏晋时代才得以完成。李文初说：“将抽象的、广义的‘自然’落实到具体的、狭义的、相当于我们今天说的‘自然界’身上，让原先这个人们难以理解的哲学概念与具有形象体征的自然现象结合起来，确是魏晋人的新观念。”①老子在标举自然无为之道的时候，并没有说它一定要和大自然结合起来。真正的自然是心无挂碍，无往而非适的（所以后来才有市隐和朝隐之说），但老子以自然无为来反对人为的礼法文化，其观点必然有一种强烈的暗示意味：市朝那一片土地已经被人类改造得面目全非了，而人类文明雕琢较少的山水之间，更接近道的自然朴素之状态。于是，出于对人为文化的反叛，人们自然地会想到山水田野。自然美就是在这样的大背景下被发现的，而山水诗和山水画只有在“大自然”被发现之后才有可能出现。这是老子对华夏美学发展的一大贡献。

“抱朴”的观念还引发了美学史上对儿童情趣的崇尚。如果说朴是未经雕琢的树木，璞是未经雕琢的玉石，大自然是未经雕琢的环境，那么婴儿则是未经雕琢的人生。童年在一定意义上确实是人生中最美的一段风景，袁宏道说：

> 夫趣得之自然者深，得之学问者浅，当其为童子也，不知有趣，然无往而非趣也。面无端容，目无定睛，口喃喃而欲语，足跳跃而不定，人生之至乐，真无逾于此时者。孟子所谓不失赤子，老子

①李文初：《说“自然”》，《文艺研究》1985年第3期。

所谓能婴儿，盖指此也。趣之正等正觉，最上乘也。（《叙陈正甫会心集》）

这种童子之趣成为审美对象，与老子的复归婴儿说有着密切的联系。传统蒙学书《三字经》说："玉不琢，不成器。人不学，不知义。"人从幼年入学开始，耳目执着于善恶美丑的分别，如切如磋，如琢如磨，最终形成品色各异的人生，世态人情的复杂也源于此。老子希望所有人都回归婴儿的浑朴："圣人在天下，歙歙，为天下浑其心，百姓皆注其耳目，圣人皆孩子（之）。"按"歙"训为合，"浑"训为同，泯灭了是非、关闭了耳目，也就回到了愚钝无知的婴儿状态。愚则愚矣，然而在懵懵懂懂中会更接近圣人大智若愚的境界。自然，圣人不可能让每一个百姓都拥有圣人之愚（大智），但他可以使百姓皆"孩子（之）"，即便不是大智，但同样"敦兮其若朴"，一派天真。这种价值取向也对传统美学产生了很大影响。许多艺术家到晚年技艺达到炉火纯青的地步，反倒显出可爱的稚拙童趣，"复归于婴儿"，从美学的意义上讲，这也是"大巧若拙""复归于朴"。

与"抱朴"相提并论的是"见素"。按，"素"的本义为白丝，训为白色，如"缟素"。在所有的颜色中，白色是终极底色，色调最为单纯，故而素又训为本性、本质，如"素质"。老子常以白色形容大道之素，"知其白，守其辱，为天下谷""大白若辱""大方无隅"。其实，白色也不是纯素，真正的素色应该是无色。所谓"大音希声，大象无形"，见到了大象才能说是"见素"，这是只有得道者才能体会到的境界。常人无法感知，更不要说审鉴。不得已而求其次，老子拎出"恬淡"一语作为"见素"的替代品。

《老子》一书中常用"淡"来形容道："道之出口，淡乎其无味。""为无为，事无事，味无味。"第三十一章是谈军事的，其原理却可以应用到美学上：

兵者不祥之器，非君子之器，不得已而用之，恬淡为上。胜而不美。而美之者，是乐杀人。

老子说“朴散则为器”。连孔子都说“君子不器”，更何况兵器之于老子？但在朴散而“为器”的情况下，若“不得已而用之，恬淡为上”，即在实在避不开战争的情况下，还是淡然处之为好，不可以杀敌为乐，不可美化战争，而应低调处理。对兵器如此，对乐器也必然如此，不得已而用之时，应以恬淡为上。老子主张人类应该“无知无欲”，可是，人的性情客观存在，五声五色也客观存在，艺术是不可能被彻底消除的。老子当然知道这一点，因此，他灵活变通地主张“少私寡欲”，而不坚持灭私绝欲，这种思维方式也可以应用到美学上。他对性情和文采的态度是尽量淡化，不得已而用之，则以恬淡为上，以素淡为美。五色令人目盲，但水墨无疑比彩色更不费眼；五音令人耳聋，但独奏音无疑比交响乐更不费耳。

正是由于老子的提倡和影响，素淡的观念才被引入艺术创作中，为中国艺术的花园增添了一畦“淡极始知花更艳”的品色。唐代王维说：“画道之中，水墨最为上。肇自然之性，成造化之功。”（《画学秘诀》）明代徐渭说：“夫真者，伪之反也。故五味必淡，食斯真矣。五声必希，听斯真矣。五色不华，视斯真矣。”（《赠成翁序》）论画之所以以水墨为上，就是因为它朴素自然，能在黑白浓淡之间表现出一种比浓墨重彩更接近万物本真的状态。画竹子，绿颜料反倒不如水墨更有真味。即使是拍照片，黑白照也比彩照更多一种深刻、恒久的意味。

作画如此，作文也是如此。袁宏道云：“苏子瞻酷嗜陶令诗，贵其淡而适也。凡物酿之得甘，炙之得苦，唯淡也不可造；不可造，是文之真性灵也。浓者不复薄，甘者不复辛，唯淡也无不可造；无不可造，是文之真变态也。”（《叙呙氏家绳集》）陶渊明是一个追求素朴之美的诗人，他在《桃花源记》中构想了一个与外界老死不相往来的世外桃源，那里面“阡陌交通，鸡犬相闻”，人民安居乐业。从中我们分明可以发现《老子》第八十章的影子：

> 小国寡民。使有什伯之器而不用；使民重死而不远徙。虽有舟舆，无所乘之，虽有甲兵，无所陈之。使人复结绳而用之。甘其食，美其服，安其居，乐其俗。邻国相望，鸡犬之声相闻，民至老死不相往来。

陶渊明以朴素的笔调描绘自然的农村生活，在很大程度上体现了老子“见素抱朴”的美学风格，可以看作“庶几近之”的作品。

第七章

庄子：性情消泯，言语逍遥

儒家有孔孟，道家有老庄。司马迁说庄子："其要本归于老子之言……以明老子之术。"孟子之于孔子，择其一端而发挥之，庄子之于老子亦复如是。老子有双重身份，既是史官，又是隐士。史官治理天下，能屈能伸，循法则之道；隐士独善其身，致虚守静，修本体之道。庄子思想与老子一脉相承，择其隐士一端而发挥之。《庄子·秋水》载：

> 庄子钓于濮水。楚王使大夫二人往先焉，曰："愿以境内累矣！"庄子持竿不顾，曰："吾闻楚有神龟，死已三千岁矣。王巾笥而藏之庙堂之上。此龟者，宁其死为留骨而贵乎？宁其生而曳尾于涂中乎？"二大夫曰："宁生而曳尾涂中。"庄子曰："往矣！吾将曳尾于涂中。"

这个故事可以视为庄子日常生活和精神世界的画像，让人过目难忘。作为一个有大智慧的隐者，庄子有太多的时间去独对生命，他对人性的观察思考也就更为深入。

与老子的"道隐无名"不同，庄子似乎有些张扬恣肆。如果用一个词来形容他，相信很多人都会想起“逍遥”。那么，逍遥的真实含义是什么？如何才能达到逍遥的境界呢？

第一节　知天之所为，知人之所为

在道家的思想结构中，天人关系是一个最基本的命题。老子思想如是，庄子思想亦如是。《大宗师》开篇即说：

> 知天之所为，知人之所为者，至矣。知天之所为者，天而生也；知人之所为者，以其知之所知以养其知之所不知，终其天年而不中道夭者，是知之盛也。（《庄子·大宗师》）

可见，庄子是既要知天又要知人的。荀子说庄子“蔽于天而不知人”（《荀子·解蔽》），未免失之草率。然而，庄子又说：“虽然，有患。夫知有所待而后当，其所待者特未定也。庸讵知吾所谓天之非人乎？所谓人之非天乎？”可见，到底什么是天、什么是人，并不是一个简单的问题。与老子一样，庄子也呈现了天道的演化与人性的生成过程。

一、道亏而爱成

作为道家思想的“二传手”，庄子继承了老子的隐士思想，宗奉本体之道。我们看他对本体之道的描述：

> 夫道，有情有信，无为无形；可传而不可受，可得而不可见；自本自根，未有天地，自古以固存；神鬼神帝，生天生地；在太极之先而不为高，在六极之下而不为深，先天地生而不为久，长于上古而不为老。（《庄子·大宗师》）

读过《老子》，再看这些话就会觉得似曾相识，几乎每一条都能在老子学说中找到相似的表达。“有情有信”出自老子的“窈兮冥兮，其中有精；其精甚真，其中有信”[①]；“无为无形”就是“道常无为”“大象无形”；“自本自根”就是“道法自然”；“未有天地，自古以固存”就是“有物混成，先天地生”。可见，对宇宙本体的认识，庄子与老子完全一致。

二人的区别在于，作为史官，老子强调本体之道是万物的本原，宇宙演化遵循“道生一，一生二，二生三，三生万物”的程序；作为隐士，庄子强调本体之道是人生的本原，宇宙的演化同时也是人性的演化。本体之道的每一层演化，都落实在人心上，形成人性成长的年轮。它记录了人类“背道而驰”的轨迹，如同从年轮的圆心开始，每向外一层，心与道便隔膜了一层。我们可以跟着庄子一起，回到年轮的中心，看一看人性之树是如何一圈一圈地长成的：

> 古之人，其知有所至矣。恶乎至？有以为未始有物者，至矣，尽矣，不可以加矣！其次以为有物矣，而未始有封也。其次以为有封焉，而未始有是非也。是非之彰也，道之所以亏也。道之所以亏，爱之所以成。（《庄子·齐物论》）

看首句“古之人，其知有所至矣”，便可知庄子这番话是在“知道”上落笔，描述心识的不同境界。

首先，“以为未始有物者”，对应着老子“天下万物生于有，有生于无”的“无”字。虚无之道是宇宙的起点，也是人类理智推理的极点，所以，庄子说“至矣，尽矣，不可以加矣”。虚无之道空无一物，自然连情智也空。

---

①帛书《老子》甲本、乙本“精”字均作“请”，“请”“情”“精”三字同音互假。

“其次以为有物矣，而未始有封也。”“有物矣”即“有物混成”，即“道生一”，即从虚无之道生出大有之道。“未始有封”，即《庄子·齐物论》之“夫道未始有封”。《说文解字》认为：“封，爵诸侯之土也。从之从土从寸。”按，“封”金文字形，左边象土上生木之形，右边是一只手，表示聚土培植。郭沫若云：“古之畿封实以树为之也。此习于今犹存。然其事之起，乃远在太古。太古之民多利用自然林木以为族与族间之畛域，西方学者所称为境界林者是也。”[①]可见“封”字本义为疆界，且有围而内合之义，故又训为封闭。大有之道没有边际，故曰“未始有封”。一个无限大的东西是不能切割的，所以，它不仅外而无封，而且内而无割。

“其次以为有封焉，而未始有是非也。”有封意味着道有了容器、有了边界，这容器便是人心。人心得道即是德，所以，这对应着老子的“道生德”。德以心为界，是为“有封”，但内部还没有分裂，是为“无割”。所以，德的特点是有封而无割，无割则还没有分裂出是非，还是一。

最后，“是非之彰也，道之所以亏也”。是非意味着割裂，这对应着老子的“一生二”。此时，浑然一体的道德开始了内部分裂，庄子称为“有畛”：“夫道未始有封，言未始有常，为是而有畛也。”《说文解字》认为：“畛，井田间陌也。”故“畛”的本义为田间小路，请注意它与“封”的区别：封是外围的边界，畛是内部的切线。从“未始有封”到“为是而有畛”，大道分化为八德：“请言其畛。有左，有右，有伦，有义，有分，有辩，有竞，有争，此之谓八德。”此八德每况愈下，对立性愈演愈烈。然其分化实自一分为二始，老子名之曰“阴阳”，庄子名之曰“是非”。

“二生三，三生万物”之后的分化，庄子已经不感兴趣了，他在意

①郭沫若：《释封》，载《甲骨文字研究》（上册），转引自于省吾：《甲骨文字诂林》，中华书局，1996，第1328页。

的是一分为二对人心的割裂。割裂产生了成与亏，老子曾云：“大成若缺”，这个“大成”就是完整的大道。现在，这个大成之道分裂成了对立的是非。正如一块大蛋糕切成几块小蛋糕，小蛋糕“成”了，大蛋糕就“亏”了，“是非之彰也，道之所以亏也”。从另一个角度讲，大蛋糕“亏”了，小蛋糕也就“成”了——“道之所以亏，爱之所以成”。

“爱之所以成”的心，庄子称为“成心”。他说：“夫随其成心而师之，谁独且无师乎？……未成乎心而有是非，是今日适越而昔至也。”（《庄子·齐物论》）这是说，每个人都以自己的成心为师，人人皆师心自用。有成心就有是非，如果没有成心就有是非，那就像今日赴越昨日就到，绝无是理。现代汉语的“成心”一词，往往意味着有意与别人对着干，这正是有成心而有是非的形象注脚。成心与“大成若缺”的大道相比，只能算“小成”。小成彰而大成隐，所以，庄子说：“道隐于小成。”

回顾这个演化过程，从“未始有物”的大道，一路“其次”下来，最后落得个“爱之所以成”的成心。这一切是如何发生的呢？庄子指出，一切都是因为有“我”：

> 天地与我并生，而万物与我为一。既已为一矣，且得有言乎？既已谓之一矣，且得无言乎？一与言为二，二与一为三。自此以往，巧历不能得，而况其凡乎！（《庄子·齐物论》）

当天地万物与我为一的时候，应该是除了一什么都没有。甚至无所谓一，因为一旦说一，就意味着一之外还有言说了。谓之一就是有言，言说加上被言说的一，合起来就是“一与言为二”。二就已经不是一了，再加上原来的一，便是三了。三也不是一，再加上原来的一，便是四了……自此以往，巧历不能得。于是，庄子往回推，看看问题到底出在哪里。

原来，问题出在第一个发言者身上，当“我”说“万物与我为一”的时候，就出问题了。天地万物一体之外，怎么又出了个有谓的“我”呢？有我“谓之一”，则一和我之间便有了区别，有了能谓的我和所谓的一。以我观道，则有道我之分别；以我观人，则有人我之分别。有人我之分别，便有是非：“是非之彰也，道之所以亏也；道之所以亏，爱之所以成。”所以，“我”才是切割大一的罪魁祸首。

庄子所说的成心有两个要素——“是非”和“爱”，它们显然与老子的“知”和“欲”相对应。老子说“知”和“欲”是出于其史官的视角，它们是天下混乱的根源；庄子说“是非”和“爱”是出于其隐士的视角，它们是人心混乱的根源。可以说，庄子对于成心的概括更有人性化色彩。

大道演化，道亏而爱成，因此，界定人性时有两个端点：天道和成心。看起点，人的本性就是天道；看终点，人的本性就是人情。回到《庄子·大宗师》开篇的语境，天道就是天之所为，人情就是人之所为。庄子认为，知天之所为与人之所为者，方为至矣，方能做至人，但他又担心，何者为天、何者为人尚且待定。

他的担心没有落空，果然就有以人为天者，而且不是别人，正是他最好的朋友惠子：

> 惠子谓庄子曰：“人故无情乎？”庄子曰：“然。”惠子曰：“人而无情，何以谓之人？”庄子曰：“道与之貌，天与之形，恶得不谓之人？”惠子曰：“既谓之人，恶得无情？”庄子曰：“是非吾所谓情也。吾所谓无情者，言人之不以好恶内伤其身，常因其自然而不益生也。”惠子曰：“不益生，何以有其身？”庄子曰：“道与之貌，天与之形，无以好恶内伤其身。今子外乎子之神，劳乎子之精，倚树而吟，据槁梧而瞑。天选子之形，子以坚白鸣！”（《庄子·德充符》）

俗话说："人非草木，孰能无情。"爱恶之情的产生如此自然，惠子理所当然地把它看成是天之所为。他似乎是上门来叫阵的，劈头盖脸就问庄子："人故无情乎？""人而无情，何以谓之人？"接下来与庄子反复辩难，可见其情执之深。套用庄子的句式，我们可以说，惠子的逻辑是："情与之貌，爱与之形，恶得不谓之人？"

当惠子坚持"人故有情"的时候，我们看到了"爱之所以成"；当惠子"以坚白鸣"的时候，我们看到了"是非之彰也"。①惠子似乎还没有意识到成心对人的伤害，他据槁梧而瞑，以坚白鸣，似乎还自得其乐；而庄子则清醒地看到成心是如何"以好恶内伤其身"的，这要分两步讲。

先看"是非之彰也"：

> 物无非彼，物无非是。自彼则不见，自知则知之。故曰彼出于是，是亦因彼……是亦彼也，彼亦是也。彼亦一是非，此亦一是非。（《庄子·齐物论》）

这里首先要分清两组相对的概念：先有"彼是"（彼此）相对，后有"是非"相对。第一，彼和此是相对而生的：自我的此就是对方的彼，自我的彼就是对方的此。只看彼方是意识不到自己也是彼方的，意识到自己也是彼方，才知道自我与对方互为彼此。第二，是非也是相对而生的：此有此的是非，彼有彼的是非；此之是就是彼之非，彼之是就是此之非。一分彼此，便有是非；一有是非，争论便无休无止。其中最突出的就是"儒墨之是非"，各"是其所非而非其所是"，谁也不能说服对方。

再看"爱之所以成"。

①惠子是名家。名家最擅长辨名析理，分别心最重。所谓"离坚白"，不外乎对概念进行严格区分，这正是"是非之彰"的一个表现。

有是非便有爱憎，这便是“爱之所以成”。以对方为是则爱之，爱之则“有待”；以对方为非则指责之，指责之则是“有对”。一般来说，人在“有对”的时候更容易感到不自由，所谓“冤家对头”，各是其所非而非其所是，纠结难解，不能逍遥。事实上，有待也不自由，因为有待即对对方有所依赖，哪怕是大鹏翱翔九万里，列子御风而行，由于皆是有待而行，故而都不能算逍遥。这就好像仇敌是冤家，爱人也是冤家，都让人无法摆脱，不能逍遥。

庄子用细腻的笔触，描绘了各守成心的困苦：

> 其寐也魂交，其觉也形开，与接为构，日以心斗。缦者，窖者，密者。小恐惴惴，大恐缦缦。其发若机栝，其司是非之谓也；其留如诅盟，其守胜之谓也。其杀若秋冬，以言其日消也；其溺之所为之，不可使复之也；其厌也如缄，以言其老洫也；近死之心，莫使复阳也。喜怒哀乐，虑叹变慹，姚佚启态；乐出虚，蒸成菌。日夜相代乎前，而莫知其所萌。（《庄子·齐物论》）

人们梦里以神交战，醒来以形开战，日夜不休地与别人钩心斗角。或疏怠迟缓，或深不可测，或心机细密。小恐惴惴不安，大恐失魂落魄。他们发话就像利箭发射，盯着对方的是非伺机而动；或将话压在心底，就像坚守盟誓，坐待胜机。他们日益萧瑟肃杀犹如秋冬的草木，沉溺于此而无法恢复真性。他们心灵好像被捆住一样闭塞，衰老而颓败。近死之心，没法使之恢复生气。他们或喜或怒或哀或乐，好像乐声从中空的乐管中发出，又像菌类由地气蒸腾而成。种种情态日夜相代，却不知道究竟是怎么萌生的。

讲到这个地步，哪怕坚执如惠子，也必须承认，这样的人生是不逍遥的，人类必须走出这个生命的困境。

二、两行以逍遥

一定会有人这样以为：逍遥就要退隐，退隐就要与世俗决裂，就像陶渊明那样，不为五斗米折腰，愤然辞官不做，归去来兮。

《庄子·秋水》中那段故事，被司马迁引入庄子的小传中，并进行了改写：

> 楚威王闻庄周贤，使使厚币迎之，许以为相。庄周笑谓楚使者曰："千金，重利；卿相，尊位也。子独不见郊祭之牺牛乎？养食之数岁，衣以文绣，以入大庙。当是之时，虽欲为孤豚，岂可得乎？子亟去，无污我。我宁游戏污渎之中自快，无为有国者所羁，终身不仕，以快吾志焉。"（《史记》）

我们发现，与《庄子·秋水》相比，这里多了一些文学家的踵事增华。为了突出"王公大人不能器之"，司马迁让这个"庄子"多了一些没来头的激愤，不如原本的那个庄子机智从容、隐士风流。这隐含着司马迁对于庄子的一种误解，即把他看成一个愤世嫉俗者。

世上没有天生的隐士，人生总要先"入乎其内"然后才能"出乎其外"。只要稍微关注一下庄子对于世态人情的精微刻画，就会发现此老其实是老于世故的，他因为充分领略了处世之难而选择了退隐，但对处世之道一丝也不曾含糊。《庄子·人间世》中，叶公子高有畏于使命，向"孔子"请教，"孔子"告诫他：

> 天下有大戒二：其一，命也；其一，义也。子之爱亲，命也，不可解于心；臣之事君，义也，无适而非君也，无所逃于天地之间。是之谓大戒。

庄子清醒地知道，人是社会的动物，处处是君臣父子之义，无所逃于天地间，人必须承担不可推卸的伦理责任。人既然要在世间生存，那就首先要依循处世之道：“夫事其亲者，不择地而安之，孝之至也；夫事其君者，不择事而安之，忠之盛也。”在此基础上，方可寻求出世之道：“自事其心者，哀乐不易施乎前，知其不可奈何而安之若命，德之至也。”也就是说，应世则不辞劳苦，存心则忘却苦乐，苦难临头也能安之若命，这是最高的德行。最后，“孔子”对叶公子高说：“为人臣子者，固有所不得已。行事之情而忘其身，何暇至于悦生而恶死！夫子其行可矣！”这是何等积极的入世精神。

也许，比道家更有出世色彩的佛家的评价更有参考价值。明代大德释德清云：

> 《庄子》全书，皆以忠孝为要名誉、丧失天真之不可尚者，独《人间世》一篇则极尽其忠孝之实，一字不可易者，谁言其人不达世故，而恣肆其志耶？且借重孔子之言者，曷尝侮圣人哉？盖学有方内、方外之分。在方外，必以放旷为高，特要归大道也；若方内，则于君臣父子之分，一毫不敢假借者，以世之大经、大法不可犯也。此所谓世出世间之道，无不包罗，无不尽理，岂可以一概目之哉？[①]

因此，现实生活中的庄子，不是一个意气用事的人，而是一个智慧达观的人；不是一个远离是非的人，而是一个游走于是非场中却不为是非所困的人。他既有处世之道，又有出世之道；外循法则之道，内合本体之道；先求“孝之至也”“忠之盛也”，再求“德之至也”。这一点非常重要，它决定了庄子思想的基本架构——“天人两行”，这是“逍遥游”的具体展开方式。

---

①释德清：《庄子内篇注》，华东师范大学出版社，2009，第82页。

行走于人间世，又有出世之想，这就会面临两行的问题。《庄子·人间世》开篇，“颜回”准备去游说年轻气盛而杀人如麻的卫君，向“孔子”请教。“孔子”告之以处世之险，这时“颜回”就有了两行的想法。他说：

> 然则我内直而外曲，成而上比。内直者，与天为徒。与天为徒者，知天子之与已皆天之所子，而独以己言蕲乎而人善之，蕲乎而人不善之邪？若然者，人谓之童子，是之谓与天为徒。外曲者，与人之为徒也。擎跽曲拳，人臣之礼也，人皆为之，吾敢不为邪！为人之所为者，人亦无疵焉，是之谓与人为徒。成而上比者，与古为徒。其言虽教，谪之实也。古之有也，非吾有也。若然者，虽直而不病，是之谓与古为徒。若是则可乎？

这里的“与天为徒”和“与人为徒”，合起来正是天人两行。与天为徒就是内心秉承道义，与人为徒就是外表曲就人情。而且这个道义还是古已有之的，即“成而上比”“与古为徒”。“颜回”的意思是：我不自以为是，而是以古已有之的天经地义来教化卫君，卫君不高兴，也找不到我头上，这回总算可以了吧？

“颜回”将他的天人两行说得很周到，“孔子”却只给了一个“及格分”。为什么呢？因为“成而上比”，一是说明他以古为天，二是说明他还未放下“成心”。“孔子”说：“夫胡可以及化！犹师心者也。”说到底，“颜回”还是师心自用，还没有进入化境。“颜回”的两行是“内直而外曲”，俗话说就是内方而外圆。稍通人情世故者都知道，内直内方者，不易外曲外圆，就好像天生强项（脖子硬）者，一低头就觉得“委屈”，所以其两行不彻底。

庄子所谓终极版的两行则见《庄子·大宗师》：

故其好之也一，其弗好之也一。其一也一，其不一也一。其一与天为徒，其不一与人为徒。天与人不相胜也，是之谓真人。

这里的表述有点绕，却包含着庄子天人两行思想的全部信息。庄子的意思是：这世界就是这个样子，你喜欢，它是一种存在；你不喜欢，它也是一种存在。守一修道是一种活法，一分为二也是一种活法。前一种是与天为友，后一种是与人为友。天与人各行其道，不相凌越的，就是真人。

由于世间人首先要与人为徒，然后才能与天为徒。我们先看“其不一也一”“其不一与人为徒”。

不一即二，即“一生二”之后的是非对立。前面讲过，彼此、是非对立的世界，充满了争执与纷扰。如何才能摆脱这种对立和纠纷呢？庄子说：“果且有彼是乎哉？果且无彼是乎哉？彼是莫得其偶，谓之道枢。”彼是莫得其偶，其实便是丧偶。《庄子·齐物论》开篇便是：“南郭子綦隐机而坐，仰天而嘘，荅焉似丧其耦。”那么如何才能做到丧偶呢？每个人都无法取消与自身相对的世界，只能取消自我；自我取消了，与对方的对立自然也就取消了，所以，在外人看来如同丧偶，但在南郭子綦自己看来是“丧我”——“今者吾丧我，汝知之乎？”丧我又称为“无己”，《庄子·逍遥游》说“至人无己”。丧我无己，也便取消了人我对立，自然彼是莫得其偶；彼是莫得其偶，自然彼此不分；彼此不分，自然是非泯灭。彼此不分是“齐物”，是非泯灭是“齐物论”。齐物也好，齐物论也好，都意味着合二为一，这便是“其不一也一”。

事实上，一与二本来就是一体，这就像一扇门，能开的与能关的其实是一个门；同理，能成的与能毁的也是一个物：“其分也，成也；其成也，毁也。凡物无成与毁，复通为一。”一个大蛋糕切成几块小蛋糕，小蛋糕成了，大蛋糕看似毁了，其实没有毁，还是那块蛋糕。如果不知道这个道理，还要劳神去寻找那个“一”，就像猴子不知道朝三暮四与朝四暮三并无区别一样，“名实未亏而喜怒为用”。所以，“唯达者知通为一，为是不用而寓诸庸”。平常心便是道，一就寓于二之中。只要自己没有分别心，便可舍己从人，即二得一，这便是“其不一也一”“其不一与人为徒”。

再看“其一也一”“其一与天为徒”。

天在这里代指天道，天道是无分别的大一状态。“与天为徒”就是要与天道合一，就是“其一也一”。如何与天道合一呢？再回到《庄子·人间世》里“孔子”教导“颜回”的语境：“孔子”说“颜回”犹师心自用，其与天为徒也是假的，真的以天为徒，就要放下成心，放下成心，才能与天为徒。“孔子”告诉他，这需要下一番“心斋”的功夫。何谓心斋？

> 仲尼曰：“若一志，无听之以耳而听之以心，无听之以心而听之以气！听止于耳，心止于符。气也者，虚而待物者也。唯道集虚，虚者，心斋也。”（《庄子·人间世》）

所谓“一志”，便是用心志于一处，也便是用心于道。但在此之前，先要把成心虚掉。人之接世，不离六根作用。以耳闻声为例，如听之以耳和心，则心随声动，不虚不静，不如听之以气。气的特点是虚而待物，声浪来之不拒，声浪去之不留。当此心对声浪不起反应的时候，心就虚了。“颜回”如法心斋，果然有所感悟：

> 颜回曰：“回之未始得使，实自回也；得使之也，未始有回也；可谓虚乎？”夫子曰：“尽矣。……”（《庄子·人间世》）

心虚之前，有一个“颜回”的自我在，所以说“实自回也”；心斋之后，这个自我的成心虚掉了，所以说“未始有回也”。成心虚掉之后，道就出现了，因为“唯道集虚”。道集于心，一心全是道，便是得一，便是“其一也一”。

与心斋性质相同的是坐忘。又是“颜回”和“孔子”交流修道心得，只是这次有更具体的下手处：

> 颜回曰：“回益矣。”仲尼曰：“何谓也？”曰：“回忘仁义矣。”曰：“可矣，犹未也。”他日，复见，曰：“回益矣。”曰：“何谓也？”曰：“回忘礼乐矣。”曰：“可矣，犹未也。”他日，复见，曰：“回益矣。”曰：“何谓也？”曰：“回坐忘矣。”仲尼蹴然曰：“何谓坐忘？”颜回曰：“堕肢体，黜聪明，离形去智，同于大通，此谓坐忘。”仲尼曰：“同则无好也，化则无常也。而果其贤乎！丘也请从而后也。”（《庄子·大宗师》）

“颜回”先是忘掉仁义礼乐，也就是放弃与古为徒；但这还不彻底，要彻底必须忘掉“与己为徒”，打破自我的成心。如何打破自我的成心呢？那就要看成心里有什么东西，老子说是知与欲，庄子说是爱与是非。“颜回”离形堕肢体，就是无欲，即打破了“爱之所以成”；去智黜聪明，就是无知，即打破了“是非之彰也”。知和欲消失，爱与是非泯灭，则成心自然被打破，成心被打破，自然与道相通，这便是同于大通。

“坐忘”是忘我的功夫，但忘我之后并不是“归零”，而是“归一”，因为“同于大通”也便是《庄子·齐物论》里的“道通为一”。《庄子·大宗师》中，有圣人之道而无圣人之才的女偊，有着与“颜回”坐忘同样的功夫体验：

> 参日而后能外天下；已外天下矣，吾又守之，七日而后能外物；已外物矣，吾又守之，九日而后能外生；已外生矣，而后能朝彻；朝彻而后能见独；见独而后能无古今；无古今而后能入于不死不生。（《庄

子·大宗师》）

外天下也就是忘天下，外物也就是忘万物，外生也就是忘生、忘我。忘我之后，女偊又能“朝彻而后能见独”。这个“独”就是“一”，见独即老子之“得一”，即“其一也一”，即“其一与天为徒”。

既然“其一也一，其不一也一”，一和二两不相妨；“其一与天为徒，其不一与人为徒”，天和人两不相胜，则不妨天人两行：

> 是以圣人和之以是非而休乎天钧，是之谓两行。（《庄子·齐物论》）

“和之以是非”和“休乎天钧”并行不悖，这就是庄子版的“两行”。按，“钧”的本义为制陶时模范下面的圆转之轴。陶工制器时，模范在上面运转无穷，然而陶钧在下未尝有动。庄子以此来比喻人间的是非虽循环无穷，但如果“照之于天”，则天道未尝有动，不劳神明而是非之争可以休矣。“休乎天钧”就是“其一也一”，就是“与天为徒”。由于人类毕竟生活在是非对立的人世间，达者知道是非本来一体，不妨“和之以是非”。“和之以是非”就是“其不一也一”，就是“与人为徒”。既与天为徒，又与人为徒，天与人各行其道，这就是“两行”。打个比方，两行就是身体在世间行走，而心灵在天空飞翔。

“天与人不相胜也”只是两行的外在表现，二者内在关系其实密不可分。与天同行要内虚其心，与人同行要外曲其身，只有内虚其心者才能外曲其身，这就好像一个橡皮管子，中空才能柔软。内心超然虚静，泯灭人我是非，身形才能随物曲折、从容不迫。用司马谈的话来说，就是“以虚无为本，以因循为用”（《论六家之要指》）。“孔子”最后告诉“颜回”的，也正是这个道理：“吾语若！若能入游其樊而无感其名，入则鸣，不入则止。无门无毒[①]，一宅而寓于不得已，则几矣。”这就是说，要入游其藩而不以虚名相感，卫君纳言则言，不纳则止。自己则心室虚然，无门可破，无堵可障，虚以待物，凡事不得已而应之，感而后应，迫而后动。做好这样的准备，就可以动身游卫了。

“颜回”游卫的心路历程，其实就是庄子在人间世逍遥游的写照。逍遥是庄子的最高理想，但逍遥并非只是“无何有之乡，广莫之野”的“坐忘”与“休乎天钧”，真正的逍遥是要在“人间世”中“游”起来的，“入游其樊而无感其名”“游于羿之彀中”“乘物以游心”“游心于淡，合气于漠，顺物自然而无容私焉”。入世而又不为世所拘，如庖丁之刀一般，顺着骨头之间的缝隙“游刃有余”，则无往而不逍遥也。

第二节　道隐于小成，言隐于荣华

在儒家文论中，有所谓“文以载道”之说，向来不乏争议。换成道家，说“言以载道”就没有任何问题。老子和庄子都是言以载道的思想家，道言关系在他们的思想体系中占有重要地位。

按说庄子之道言关系只是哲学命题，本与文学艺术无关。但道和言可能会变质，就在道与言的变质处，文学艺术如朝菌般地生长出来，也就成为庄子理论的对象，折射出庄子的美学批判态度。此外，在庄子看来，正如朝菌不知天地晦朔之大美，文学艺术亦昧于大道、大言之大美，于是，庄子又呈现了另一种更高的美学境界。

《庄子·齐物论》说：“道隐于小成，言隐于荣华。”我们就以这两句话为线索，走进庄子的美学世界。

---

①按“无门无毒”之“毒”字，向无确训。参考《庄子·知北游》“无门无房”，当训为“堵”，堵者，墙也，以喻成心之环堵闭塞。

一、道隐于小成

与老子一样，当庄子以体道为最高价值追求的时候，便釜底抽薪地取消了世间艺术的地位。世间艺术是要有“我”的，体道者却要无己丧我；世间艺术是表现人情的，体道者却要人故无情。自我性情的表达是世间艺术的根本，而自我性情的消泯却是体道的前提，这样一来，在庄子的思想世界中，哪会有世间艺术的位置呢？

然而，大道有隐没之时；就在大道隐没之际，艺术便隐隐地浮现了。

> 道恶乎隐而有真伪？言恶乎隐而有是非？道恶乎往而不存？言恶乎存而不可？道隐于小成，言隐于荣华。（《庄子·齐物论》）

道隐而有真伪，言隐而有是非。那么道是怎么隐起来的呢？庄子说：“道隐于小成。”何谓“小成”呢？“是非之彰也，道之所以亏也。道之所以亏，爱之所以成。”“小成”即人类“爱之所以成”的成心，它与“道之所以亏”的“大亏”是相对而言的。

正如月亮之盈亏意味着明与暗的隐显，大道之成亏意味着道与爱的隐显。道亏则爱成，道隐而爱显。此时，作为人类成心的“成品”——世间艺术就上场了。因为艺术是“道亏而爱成”的结果，所以庄子是从成亏的角度来评价它的。

> 果且有成与亏乎哉？果且无成与亏乎哉？有成与亏，故昭氏之鼓琴也；无成与亏，故昭氏之不鼓琴也。昭文之鼓琴也，师旷之枝策也，惠子之据梧也，三子之知几乎，皆其盛者也，故载之末年。唯其好之，以异于彼，其好之也，欲以明之彼。非所明而明之，故以坚白之昧终。而其子又以文之纶终，终身无成。（《庄子·齐物论》）

昭文之鼓琴，有成便有亏，王先谦说："鼓商则丧角，挥宫则失徵，未若置而不鼓，五音自全。"[①]一曲奏成而曲外之音尽失，这就是音乐的局限性。进而言之，昭氏鼓琴，师旷枝策而辨音，惠子倚着梧桐树高论坚白同异[②]，三者各精于一艺，皆有所成，享有盛誉，而传名后世，但亏大道而成一技，以异于他人，终是一隅偏私之好，不能如行大道一样通行无阻，而是存在与别人交流的障碍，正所谓隔行如隔山。明于音乐，则昧于绘画和辩论；明于绘画，则昧于音乐和辩论；明于辩论，则昧于音乐与绘画。"非所明而明之"，不该彰显的彰显了，该彰显的却隐昧了，所以惠子以坚白之"昧"终；而昭文也不能传其子，其子虽承其旧绪，却"终身无成"。终生无成就对了，即使有成，也是小艺成而大道亏。

昭文是把鼓琴当成自己的艺术"成就"来看的，在庄子看来依旧是"小成"。从这个意义上讲，道隐于小成也可以理解为道隐于世间艺术。老子说："道生之，德畜之，物形之，器成之。"器成而道隐，此器必然也包括作为艺术之器的乐器。乐器和乐音形成了，大道也就隐亏不显了。

昭氏之鼓琴，弹奏的是弦乐器，还有一种管乐器，庄子称之为"人籁"，这种乐器也自然地为他所轻视。《庄子·齐物论》的开头，南郭子綦苔焉似丧其耦，颜成子游奇怪而问，于是两个人之间有了一段对话：

> 子綦曰："偃，不亦善乎，而问之也！今者吾丧我，汝知之乎？汝闻人籁而未闻地籁，汝闻地籁而未闻天籁夫！"……子游曰："地籁则众窍是已，人籁则比竹是已。敢问天籁。"子綦曰："夫吹万不同，

①王先谦：《庄子集解》，中华书局，1987，第17页。

②《庄子·德充符》中庄子对惠子说："今子外乎子之神，劳乎子之精，倚树而吟，据槁梧而瞑。天选子之形，子以坚白鸣！"倚树而吟也就是据梧的意思了，这时的惠子更像是贾岛一样的苦吟诗人。

而使其自己也，咸其自取，怒者其谁邪！大知闲闲，小知间间；大言炎炎，小言詹詹……”

所谓人籁就是比竹，如笙或排箫一类的乐器，吹其孔窍则音成。地籁则是借人籁取喻，指风吹山林众窍而成音者。很明显，在三籁中南郭子綦把人籁看得最低，他甚至没有兴趣加以解释，还要颜成子游补足语义。因为作为管乐的人籁与昭氏所鼓之琴一样，也是有成与亏的。

值得注意的是，天籁是指什么呢？郭象在“咸其自取，怒者其谁邪”之下注曰：“此天籁也。夫天籁者，岂复别有一物哉？即众窍比竹之属，接乎有生之类，会而共成一天耳。”郭象只因没发现庄子对天籁的描述，才说“岂复别有一物哉”，故弄玄虚地玩“共成一天”这种文字游戏。王先谦《庄子集解》说：“宣云：待风鸣者地籁，而风之使窍自鸣者，即天籁也。”所谓“风之使窍自鸣”，最终还要待风而鸣，说来说去还是地籁。

关于天籁，还是应该从“籁”字之孔窍取义。盖心之为物有孔窍之意，此即古人所谓圣人心有七窍。此心窍亦能感物而鸣，如《汉书·艺文志》云：“故哀乐之心感，而歌咏之声发。”天籁的含义应从这里去寻找。释德清说：“言天籁者，乃人人发言之天机也。”[①]刘武说：“心动而为情，情宣于口而为言，天籁也。”[②]简言之，天籁即通常所说的“言为心声”。天籁在后世往往被用来形容性情的自然抒发，这无形中也支持了心动而言形的说法。只是在庄子看来，任情歌唱是天籁，无病呻吟也是天籁，乃至物论纷纷皆是天籁，因为它们都是“爱之所以成”的成心的宣泄。形如槁木、心如死灰的南郭子綦引天籁之说的真正含

①释德清：《庄子内篇注》，华东师范大学出版社，2009，第23页。

②刘武：《庄子集解内篇补正》，中华书局，1987，第32页。刘武此书论证天籁甚详，为行文简洁故，兹不备引。

义是，他的境界乃是泯灭人我是非、天籁止息之后的一种虚静空灵。他一定是将所有的“心声”都停息了，才会给人一种心如死灰的感觉。

作为“声乐”的天籁是心声，作为器乐的“人籁”何尝不是心声？《礼记·乐记》云：“凡音者，生人心者也。情动于中，故形于声，声成文，谓之音。”从昭文到伯牙到司马相如，琴声总是心声的表现，也就都属于天籁的范畴。只是在庄子看来，这都是人类成心的抒发，虽然名之为天籁，本质上都是“人籁”，它是人类的心窍与宇宙万有相互共鸣的结果。可见，无论是人籁，还是天籁，都是以残缺不全的成心为音簧而奏响的，必然是有成有亏的。如果说人籁（乐器）从成品上宣布了艺术的有成有亏，那么天籁（歌诗）就从成心上宣布了艺术的有成有亏。

听觉艺术有成与亏，视觉艺术也是如此：

> 民湿寝则腰疾偏死，鳅然乎哉？木处则惴慄恂惧，猨猴然乎哉？三者孰知正处？民食刍豢，麋鹿食荐，蝍蛆甘带，鸱鸦耆鼠，四者孰知正味？猨猵狙以为雌，麋与鹿交，鳅与鱼游。毛嫱丽姬，人之所美也，鱼见之深入，鸟见之高飞，麋鹿见之决骤。四者孰知天下之正色哉？（《庄子·齐物论》）

正如二元世界没有绝对的“正论”一样，“正处”、“正味”与“正色”也是相对而言的。西施是人类称赏的美人，可是鱼儿见了就深入水底，鸟儿见了就飞向天空，麋鹿见了就撒开四蹄飞快地逃离。究竟谁才懂得天下的正色呢？即便在人类社会，美丑何尝有绝对标准？情人眼里出的西施，在别人眼中就有可能是东施。人往往无法在审美上说服别人，因为美丑具有相对性。而美丑之所以具有相对性，根源在于是非有相对性。“是非之彰也，道之所以亏也。”同理，也可以说“美丑之彰也，道之所以亏也”。如此说来，世间美学不过是大道亏缺之后，与是非相伴而生的美丑之学。

庄子否定了“道隐于小成”的世间艺术，那么会存在一种“大成不缺”的出于世间的艺术吗？与老子一样，庄子之道是绝对而非相对的，既无是非可言，也无美丑可言。不过，当道落实于人心，成为人的“美德”的时候，便有了某种美学意义。而从成亏的角度来讲，此美德首先是“全德”。

有趣的是，庄子对全德的阐述，也是从成亏的角度切入的，他故意创造了一些“形亏”的残疾人——“畸人”。《庄子·大宗师》中“颜回”坐忘时“堕肢体，黜聪明”，其所谓“堕肢体”还只是观念上的事，畸人们才真正做足了“堕肢体”的功夫，“视丧其足犹遗土也”。畸人们“德有所长而形有所忘”“不忘其所忘（德）而忘其所不忘（形），此谓诚忘”，这才是坐忘的真谛。庄子以此强调德全比形全更重要。

这些畸人虽然形体亏缺，但自有十足的征服人心的魅力。王骀在鲁国不言而教，从之游者与“孔子”中分鲁，“孔子”乃欲引天下人而追随之。卫有恶人（丑人）曰哀骀它：“丈夫与之处者，思而不能去也。妇人见之，请于父母曰‘与为人妻宁为夫子妾’者，十数而未止也。”乃至鲁哀公也为其魅力所倾倒，却不知其所以然。又闉跂支离无脤（跛脚、伛背、缺嘴）说卫灵公，灵公悦之，再看形全之人，反而觉得“其脰肩肩（小小的脖子立在肩膀上）”。“瓮瓮大瘿（颈瘤大如瓮），说齐桓公，桓公说之”，这些畸人何以有如此的魅力呢？当鲁哀公向“孔子”请教时，“孔子”认为“是必才全而德不形者也”：

> 哀公曰：“何谓才全？”仲尼曰：“死生、存亡，穷达、贫富、贤与不肖、毁誉，饥渴、寒暑，是事之变，命之行也；日夜相代乎前，而知不能规乎其始者也。故不足以滑和，不可入于灵府。使之和豫通而不失于兑；使日夜无郤而与物为春，是接而生时于心者也。是之谓才全。”“何谓德不形？”曰：“平者，水停之盛也。其可以为法也，内保之而外不荡也。德者，成和之修也。德不形者，物不能离也。”（《庄

子·德充符》）

按才与德、性相通。《孟子·告子上》云：“若夫为不善，非才之罪也。”“富岁，子弟多赖；凶岁，子弟多暴，非天之降才尔殊也。”此二“才”字皆训为性德，故而才全即“德充”。“孔子”认为，死生、存亡，穷达、贫富、贤与不肖、毁誉，饥渴、寒暑，这些能引发人的爱恶之情的“事之变”“命之行”，都被哀骀它置之度外，不足以搅乱他本性的和谐，不足以侵扰他的心灵。他能使心灵平和而安适，通畅而怡悦，日夜不间断地与万物融会在春天般的生气里，接触外物而萌生顺应四时的感情。他的心灵就像平静的水一样，内蕴充满而外表毫无所动。才全而德不形，成其天而属于人，这深合于老庄和光同尘的修身处世原则。畸人们虽然全德“内保之而外不荡”，依然有盛德之光自然流露，足以征服人心，这便是“德充符”。

在常人看来，这些“畸形”之人应该就是畸人；但在庄子看来，“畸心”之人才是畸人。《庄子·大宗师》中，子桑户死，他的两个朋友孟子反、子琴张临尸而歌。“子贡”以为非礼，“孔子”告诉“子贡”，这是方外人与方内人的区别，接着便有了关于畸人的讨论：

子贡曰：“敢问畸人。”（孔子）曰：“畸人者，畸于人而侔于天。故曰：天之小人，人之君子；人之君子，天之小人也。”（《庄子·大宗师》）

孟子反和子琴张不守丧礼，故畸于人，在“子贡”看来是人之小人；但在“孔子”看来，他们离世情而合天道，畸于人而合于天，他们才是天之君子。至于“孔子”，在“子贡”看来无疑是人之君子，但他自称“天之戮民”“天刑之，安可解”，所以是天之小人。天之小人都受了天刑，被黥以仁义而劓以是非，却不知自己才是“畸人”，反倒把天之君子视为畸人，本性被仁义残害而不自知。至于人之小人，本性被欲望、是非残害，更是“畸人”中的“畸人”了。

当然，无论是那些形体亏缺的畸形之人，还是孟子反和子琴张这些行为乖僻的畸行之人，都是庄子成心运用“骇俗”的笔法创造的，这样做是为了突出他们德性方面的不亏不畸。其实，从天人两行的角度来看，真正的畸人尽管在德性上“畸于人”，在形体、行为上还是会“群于人”的，庄子称为“属于人”而“成其天”。

> 有人之形，无人之情。有人之形，故群于人；无人之情，故是非不得于身。眇乎小哉，所以属于人也；謷乎大哉，独成其天！（《庄子·德充符》）

这些人其实就是《庄子·大宗师》里面所说的两行的“真人”，他们侔乎人而又合于天。侔乎人，则他们有人之形，与人为徒，能够群于人，其不一也一，不为世人所知；合于天，则他们无人之情，是非不得于身，与天为徒，其一也一，所以独成其天。

因为群于人，所以不显山不露水，这便是所谓“真人不露相”，不露相也就无从审美。但真人也有偶尔露峥嵘的时候，就好像孔子见到老子，乃有“犹龙之叹”。《庄子·逍遥游》中，隐士接舆是一个得道的真人，他跟肩吾讲了一段话，我们才知道世间还有这样一种让世俗人惊怖的“完美”：

> 肩吾问于连叔曰：“吾闻言于接舆，大而无当，往而不反。吾惊怖其言，犹河汉而无极也；大有径庭，不近人情焉。”连叔曰：“其言谓何哉？”曰：“藐姑射之山，有神人居焉，肌肤若冰雪，淖约若处子。不食五谷，吸风饮露，乘云气，御飞龙，而游乎四海之外。其神凝，使物不疵疠而年谷熟。吾以是狂而不信也。”（《庄子·逍遥游》）

肩吾说接舆的话“大而无当，往而不反（返）”，说的正是大道无极，超出世人的理解能力；“大有径庭，不近人情”，唯其“不近人情”，方是离情合道。藐姑射之山的神人呈现了真人的完美，请注意庄子对她的描述：以冰雪来形容她的肌肤，素朴而又纯净，不含一丝尘埃；用处子来形容她的美妙，与老子婴儿的比喻有异曲同工之妙，都是指没有经过情智污染的天真状态；不食五谷，吸风饮露，暗示超脱要以否定人间烟火气为代价。没有光怪陆离的装饰，没有随心所欲的感官享受，这就与神仙家的想象划清了界限。“乘云气，御飞龙，而游乎四海之外”，也即“乘天地之正，而御六气之辩，以游无穷者”，这是逍遥的最高境界，也是庄子美学的最高境界。

二、言隐于荣华

关于道言关系，老子早就说过：“道可道，非常道。”第二个道是言说的意思，所以换个说法就是“道可言，非常道”。

为什么道不可言说呢？孔子曰：“君子名之必可言也。”（《论语·子路》）可见，可名是可言的前提；道是不可名的，所以不可言。道为什么不可名呢？尹文子说：“名也者，正形者也……有形者必有名。”（《尹文子·大道上》）道是无形的，无形则无名，所以不可名。

此处总结一下老子的道言观：因为无形，所以无名；因为无名，所以无言。从道的方面讲，不可道者，方为大道；从言的方面讲，不言之言，方为大言。化用老子的句式，那便是“大言不言”。

庄子在道言关系上与老子完全一致，他说：“孰知不言之辩，不道之道？若有能知，此之谓天府。注焉而不满，酌焉而不竭，而不知其所由来，此之谓葆光。”（《庄子·齐物论》）所谓“葆光”即含藏不露、不言。一有言说，道即隐没，其所言者必然是小言。小言彰而大言隐，这就是“言隐于荣华”，即言说的真实性被华丽的辩谈所掩盖。最典型的例子是惠子之“以坚白鸣”，又“以坚白之昧终”，“昧”即遮掩和隐没。

不过，这世界上毕竟还是有言的，有言就有大小之别。庄子把从无言到有言、从大言到小言的过程描述了出来，从中可以看出不同的言说境界高下之别：

> 夫道未始有封，言未始有常，为是而有畛也。请言其畛：有左有右，有伦有义，有分有辩，有竞有争，此之谓八德。六合之外，圣人存而不论；六合之内，圣人论而不议。春秋经世，先王之志，圣人议而不辩。（《庄子·齐物论》）

随着大道的沦落，言语也跟着沦落。六合之外，道无封而言无常，圣人存而不论，这是言语的最高境界，大言无言。接下来，大道分化，言语也跟着分化。左右尚是客观之自然，伦义便有主观人文性了，分辩还只是言语的对峙，竞争便有行为的跟进了。从论而不议，到议而不辩，再到有分有辩，有竞有争，越往后境界越低，也就越来越是“小言”了。

庄子主张不言之辩，那他的大言就只能是无言。可是，无论是老子，还是庄子，面对不可言之道，都会感到无可奈何。人类的语言有其局限性，但它又是不得不用的工具。老庄面对世人，不可能只行不言之教。他们必须借助语言来说明语言的局限性，说明大道是不可言语的。老子说“道可道，非常道”，但其五千言非道而何？庄子也说“不言之辩，不道之道”，但内七篇无一语非道。

于是也就有了不得不言的“大言”。这种不得不言的大言当然比不上不言之辩，但庄子还是觉得，他的大言比普通的小言要高级，他说：“大知闲闲，小知间间；大言炎炎，小言詹詹。”（《庄子·齐物论》）小知不及大知，小言不及大言。大知是闲闲的，让人想起庄子的从容；小知是间间的，让人想起惠子的琐碎较真：

> 庄子与惠子游于濠梁之上。庄子曰：“儵鱼出游从容，是鱼之乐也。”惠子曰：“子非鱼，安知鱼之乐？”庄子曰：“子非我，安知我不知鱼之乐？”惠子曰：“我非子，固不知子矣；子固非鱼也，子之不知鱼之乐，全矣！”庄子曰：“请循其本。子曰‘汝安知鱼乐’云者，既已知吾知之而问我。我知之濠上也。”（《庄子·秋水》）

庄子其智闲闲，所以其言炎炎；惠子其智间间，所以其言詹詹。于是也就不难理解，《庄子·逍遥游》言说的第一个画面就是从容的大鱼：“北冥有鱼，其名为鲲。鲲之大，不知其几千里也。化而为鸟，其名为鹏。鹏之背，不知其几千里也；怒而飞，其翼若垂天之云。”从容也就罢了，还巨大得让人惊骇，这不正是气焰盛大的炎炎大言吗？

老子和庄子都是不得已才使用语言，二人的言说方式却有天壤之别。老子用的是言简意深的格言体，用他自己的话来说就是“正言若反”，比如“为无为，事无事，味无味”“后其身而身先，外其身而身存”。而庄子采用了另一种特殊的言说方式，那就是“大言炎炎”。它是如此迥然不群、引人注目，乃至后学特以“三言”来概括之。

三言即寓言、重言和卮言，最早见于杂篇《寓言》，论述颇为详尽；后又见于《庄子·天下》，显然是对《庄子·寓言》的概括。三言并不是庄子自己提出来的，只是后学的概括，将它看成庄子的语言艺术，犹如以影定形，难免削足适履。不过，既然有这么一个说法，倒也不妨借用一下，作为讨论的支点。

关于三言的本义，古今学者有很多考证，尚未有一致的结论。[①]这里我们从内外篇相参的角度，重新加以考察。

---

①关于三言目前的研究情况，可参看张洪兴《庄子“三言”研究综述》，《天中学刊》2007年第3期。

先看寓言。《庄子·寓言》云："寓言十九，藉外论之。亲父不为其子媒。亲父誉之，不若非其父者也。"寓是借寓，寓言即借他人之口以言道，当然也包括蜩与学鸠这些动物的发声。这样做是因为自卖自夸者没人相信，借别人之口更有说服力。这种人今天俗称为"托"，其实也是寓托之意。

再看重言。《庄子·寓言》云："重言十七，所以已言也，是为耆艾。"可见，重言即借重耆艾之言，这么做是因为长者说话有分量。"已"者止也，德高望重者一开口，年轻人都闭嘴，这便是"已言"[①]。从借重他人之言的角度看，重言其实也是寓言的一种，比如庄子常虚构"孔子"与"颜回"讨论修道心得。

值得注意的是，寓言和重言是庄子后学总结的，庄子本意未必如此。诸子中唯有庄子如此行文，其他几子皆自陈其道，未尝"藉外论之"。以庄子之心胸高旷，宏才博辩，未必非要"仗势服人"。更何况虫鸟社栎皆可开口，近乎诞妄，何重之有？帝尧不可谓不重矣，然而在庄子笔下，常常是一个怅然若失的形象，何重之有？孔子被尊为圣人，不可谓不重，然而在庄子笔下，他还常常要对着王骀、叔山无趾这样一些"畸人"甘拜下风。让两个"残疾人"说出至道，又何重之有？事实上，庄子的寓言和重言，关键不在于"藉外论之"，而在于其"不庄"。后世苏东坡应试时自制典故，让欧阳修疑虑不定，庶几近之。庄子有意恣意纵笔，以"妄语"打破世人对妄情的执着。世人如能于惊疑处幡然醒悟，则庄子的"荒唐之言"比老子的"道之出口，淡乎其无味"更具征服人心的力量。

下面再看卮言。《庄子·寓言》云："卮言日出，和以天倪，因以曼衍，所以穷年。"此语实本于《庄子·齐物论》。在《庄子·齐物论》中，

---

① "已言"，郭象未注。成玄英疏曰："已自言之，不藉于外，为是长老，故重而信之，流俗之人，有斯迷妄也。"其意为已经自己说了，不用借助于外，就因为那人是长老，故借重而信任之。流俗之人，就是如此迷妄。增字解经，不可从。

庄子在谈到是非之辨时指出，由于是非的相对性，变化的声音相互对立，就跟没有对立一样——“化声之相待，若其不相待”，所以要“和之以天倪，因之以曼衍，所以穷年也”。

这里面有好几个生僻的概念，我们慢慢解读。

先说卮和卮言。顾名思义，卮言即如卮之言。卮是什么东西呢？有人释为漏斗，但漏斗是从上面漏下去的，直来直去，没有深意，也谈不上“日出”。成玄英疏曰：“夫卮满则倾，卮空则仰。”如此看来，卮当是攲器。《荀子·宥坐》载：

> 孔子观于鲁桓公之庙，有攲器焉，孔子问于守庙者曰：“此为何器？”守庙者曰：“此盖为宥坐之器。”孔子曰：“吾闻宥坐之器者，虚则攲，中则正，满则覆。”孔子顾谓弟子曰：“注水焉。”弟子挹水而注之。中而正，满而覆，虚而攲，孔子喟然而叹曰：“吁！恶有满而不覆者哉！”

如今，故宫博物院还藏有这种奇特容器的实物。那么，卮言与攲器有何相似之处呢？孔子让弟子挹水而注之，中而正，满而覆，虚而攲。请注意这个动作是可以循环重复的。攲器本是虚则仰的，如果不断注水，它就会重复这样一个过程：虚则仰，满则覆，覆则虚，虚则仰……攲器俯仰不休，喻之于言语，即是是非无穷，曼衍无尽，庄子称为“振于无竟”。无竟者，无穷也。攲器“注焉而不满，酌焉而不竭”，流泻不尽，喻之于言语，即是“卮言日出”，出而又出。

再说天倪，庄子自己对“和之以天倪”做了一个解释：

> 何谓和之以天倪？曰：是不是，然不然。是若果是也，则是之异乎不是也亦无辩；然若果然也，则然之异乎不然也亦无辩……忘年忘义，振于无竟，故寓诸无竟。（《庄子·齐物论》）

天倪是什么呢？《庄子·寓言》云“天均者，天倪也”，乃望文生训。郭象云“天倪者，自然之分也”，也语焉不详。今《词源》释天倪为“分际”，大约也是对郭注的捕风捉影。

今按，“倪”字从“人”从“兒”，本义为小儿。[①]因小儿处于人生之发端阶段，故有“端倪”一词。此“天倪”实即“天儿”。“和之以天倪”就是《老子》第四十九章之“圣人皆孩子（之）”，也是《庄子·人间世》之“人谓之童子，是之谓与天为徒”。婴儿是大道之子，一团和气，是非未分，与婴儿讲不得是非，也不必讲是非，只能“和之以天倪”。成人把自己婴儿化，所以要“忘年忘义”；婴儿来日方长，成人要做好长期准备，“因之以曼衍，所以穷年也”。婴儿如果“振于无竟”，成人也只能“故寓诸无竟”。成人带小孩，会有这样的感觉，一定要让自己孩子化，以孩子的语言与之周旋。《庄子·人间世》中，颜阖将傅卫灵公太子，蘧伯玉告诉他：“形莫若就，心莫若和。……彼且为婴儿，亦与之为婴儿；彼且为无町畦，亦与之为无町畦；彼且为无崖，亦与之为无崖。”意思是说：如果他有孩子气，你也要有孩子气；如果他跟你不设防，你也跟他不设防；如果他“没边”，你也跟他“没边”。这正与“忘年忘义，振于无竟，故寓诸无竟”相照应，《庄子·天下》称为“无端崖之辞”。

现在，可以总结卮言的特点了：一方面，人世间是非循环，振于无竟，曼衍不休，犹如欹器；另一方面，庄子和之以天倪，寓诸无竟，因之以曼衍，形成卮言。曼衍是庄子笔法的重要特征，释德清云：“蔓衍者，谓散漫流衍，即横说竖说，如枢得环中，以应无穷，是一亦无穷，非一亦无穷，所谓恶乎存不可也。”[②]如此说来，曼衍即如水之流行不止。“曼衍”又通“蔓延”，有如连根草，扯起来就没完没了，以下便是一套典型的曼衍之言：

---

①王力《同源字典》指出，“婗”“倪”“麑”“鲵”“蜺”“齯”皆从“兒”，词意皆与小儿之意有关，又引朱熹《孟子》注：“倪，小儿也。”

②释德清：《庄子内篇注》，华东师范大学出版社，2009，第57页。

既使我与若辩矣，若胜我，我不若胜，若果是也，我果非也邪？我胜若，若不吾胜，我果是也，而果非也邪？其或是也，其或非也邪？其俱是也，其俱非也邪？我与若不能相知也，则人固受其黮暗，吾谁使正之？使同乎若者正之？既与若同矣，恶能正之！使同乎我者正之？既同乎我矣，恶能正之！使异乎我与若者正之？既异乎我与若矣，恶能正之！使同乎我与若者正之？既同乎我与若矣，恶能正之！（《庄子·齐物论》）

我与若之是非之争犹如欹器之俯仰两端，无穷无尽。庄子本无心追逐是非，“是不是，然不然”也就罢了。但在他“和之以天倪”的时候，他必然要把是非两端上下俯仰之循环状态形容出来，从而自然地形成这种小孩子最喜欢的绕口令句式——“以卮言为曼衍”。

与“和之以天倪”并行的是“休乎天钧”。欹器俯仰不定，有不俯不仰者在，即是重心；卮言是非难定，有不是不非者在，即是天均。休乎天均以应是非之变，是非与天均之间又构成了一段相对的距离，这种跨越需要有一个逆推的过程，于是《庄子》中又形成了另一种小儿绕口令般的“曼衍”：

有始也者，有未始有始也者，有未始有夫未始有始也者。有有也者，有无也者，有未始有无也者，有未始有夫未始有无也者。俄而有无矣，而未知有无之果孰有孰无也。（《庄子·齐物论》）

卮言与寓言、重言结合起来，构成了庄子的言说方式，形成了其“大言炎炎”的语言风格。《庄子·天下》总结道：

古之道术有在于是者，庄周闻其风而悦之。以谬悠之说，荒唐之言，无端崖之辞，时恣纵而不傥，不以觭见之也。以天下为沈浊，不可与庄语。以卮言为曼衍，以重言为真，以寓言为广。

谬悠之说，荒唐之言，无端崖之辞……庄子为什么会用这种洸洋恣肆的语言方式来诉说呢？他为什么不像老子那样直陈其道呢？《庄子·天下》的解释是："以天下为沈浊，不可与庄语。"在庄子看来，人生本来是可以清净、自在、逍遥的，这才是人性的原本状态。但人类沦落于沈（沉）浊之境而不自知，沉意味着不超越，浊意味着不清净，正如《论语》中桀溺所说："滔滔者天下皆是也。"天下病已深矣，不下猛药，不能去疾。《尚书·说命上》云："若药弗瞑眩，厥疾弗瘳。"枚乘《七发》里，楚太子因"淹沉之乐"，有疾不起，必待吴客以"怪异诡观"之"涛"气撼之，方可渐有起色。然亦不能痊愈。最后，楚客说：

> 将为太子奏方术之士有资略者，若庄周、魏牟、杨朱、墨翟、便蜎、詹何之伦，使之论天下之精微，理万物之是非；孔、老览观，孟子持筹而算之，万不失一。此亦天下要言妙道也，太子岂欲闻之乎？（《七发》）

这个效果不错，太子据几而起，说："涣乎若一听圣人辩士之言。"涩然汗出，霍然病已。先秦诸子多矣，枚乘何以把庄子放在最前面呢？这是因为，唯有庄子文章之气，如山崩海运，方可激起太子沉疴之体。天下沉浊久矣，如临以庄语，则未必能起沉去浊。与庄语相对的是谐语，我们很容易会想到《逍遥游》中的"齐谐者，志怪者也，谐之言曰"。《齐谐》是一本志怪的书，又让人想起《山海经》中的大荒之言。庄子想揭示的当然是庄正之理，但他用了一种看似荒唐的言说方式，寓庄于谐，寓正于奇。老子说"正言若反"，对庄子来说则是"庄言若谐"。这种言说方式具有独特的魅力，征服了古今无数的读者。

然而，不幸的是，庄子反对言隐于荣华，却想不到这可能成为他自己的写照。这真是一个历史的吊诡：庄子的逍遥本来是情感的消解，自己却不期然成了别人眼中的“性情中人”；庄子本来主张不言之辩，自己却不期然成了“语言大师”；庄子本意是以放肆的语言表达收敛的性情，但由于思想的超越性和语言的跳跃性，后人往往迷失在他那语言的丛林里，见谐不见庄，见诞不见真。刘武说：“凡庄子为文，每于其正意之前或后，设喻以衬托之，阐明之……若于设喻处作正文读之，则不得其要领矣。”[1]比如《庄子·逍遥游》之鲲鹏斥鴳，不过是大小之辨，是为了引出小知不及大知，但在郭象看来，这已经体现了逍遥的真义了：不但大鹏逍遥，斥鴳也逍遥：“或翱翔天池，或毕志榆枋，直各称体而足。”只要看一下千奇百怪的“庄子解读”，就会明白庄子的本来面目在很多时候是被遮蔽的，“言隐于荣华”。

对庄子的误读并不始于郭象，从庄子后学就开始了。他们不仅误读，而且仿作。庄子寓言十九，他们便学会了小说家笔法；庄子重言十七，他们便学会了诋訾圣人；庄子卮言日出，他们便学会了故弄玄虚。他们不仅邯郸学步，而且以紫夺朱。“庄子”对中国美学最深远的影响，多是庄子后学造就的，而这笔账却一直记在庄子头上。

①刘武：《庄子集解内篇补正》，中华书局，1987，第32页。

第八章

庄子后学：自然人性论美学

司马迁《史记·老子韩非列传》讲到庄子时说："其著书十余万言，大抵率寓言也。作《渔父》《盗跖》《胠箧》，以诋訾孔子之徒，以明老子之术。"今天看来，司马迁对庄子的认识是有偏差的，他没有发现庄子与《庄子》的区别。今本《庄子》经魏晋人整理，有八万余言，且分内篇、外篇、杂篇，为庄子本人所作的只有内七篇一万六千多字。司马迁把"诋訾孔子"最为激烈的《渔父》《盗跖》《胠箧》三篇作为庄子的代表作，不知它们其实是庄子后学所作，与庄子思想大相径庭。

庄子后学自以为传承了庄子的学说，后人也理所当然地把他们与庄子视为一体。殊不知庄子的思想境界，远非后学所能窥测。王夫之说："外篇非庄子之书，盖为庄子之学者，欲引伸之，而见之弗逮，求肖而不能也。"（《庄子解》）见之弗逮也就罢了，求肖而不能则可能鱼目混珠，以假乱真，庄子后学正是如此。

第一节　道家的纵欲派

一、后期道家的分化

《庄子》外杂篇共二十六篇，虽然挂在“庄子”名下，大多数却与庄子无关，可视为老庄之后道家学说的汇集，成分比较芜杂。罗根泽将其作者分为十三派：左派道家、右派道家、道家隐逸派、道家激烈派、老子派、庄子派、老庄混合派、道家杂俎、神仙家、纵横家、战国末道家、西汉道家、庄子本人（《天下》）。[①]

罗氏的分类过于庞杂，缺乏统一的标准，对时代的考证也有问题，但他对道家左派和右派的划分，却颇有启发性。他区分左右的标准是对儒家的态度如何，激烈反儒的是道家左派，与儒妥协的是道家右派。而在笔者看来，左右不应依据“对外态度”，而应该依据“对内态度”来判定：主张克制情欲的，为道家左派；主张放纵情欲的，为道家右派。[②]简言之，从人性论的角度，后期道家可分为禁欲和纵欲两派。

《荀子·非十二子》是研究诸子学术较早的材料之一，荀子逐一批判了各有所偏的六派十二子。我们并不认为他的总结反映了当时思想界真实的情况，他有自己的选择标准，有些学派没有入选，有些学派只有他这里才提过。大体说来，墨翟、宋钘可以归为墨家，慎到、田骈可以归为法家，惠施、邓析可以归为名家，子思、孟轲可以归为儒家。这基本上没什么问题，而他最先提到的两派四子如何归类呢？我们看一下荀子对这两派四子的描述：

---

①罗根泽：《〈庄子〉外杂篇探源》，载《罗根泽说诸子》，上海古籍出版社，2001。

②左右之别是现代政治史和学术史上一个非常复杂的问题，它来自西方的原始语境，中国化之后又有了新的意涵。这里只是从左与右的基本语义出发加以借用：与性情相左，克制性情的，是左派；与性情相右，顺从性情的，是右派。（事实上，现代西方语境下的左右之别，左派重团体平等，右派重个体自由，也与此暗合。）为避免名义之争，这里所提的左派、右派只用于导入，下面正式论述时，还是以禁欲派和纵欲派为主。

纵情性，安恣睢，禽兽行，不足以合文通治；然而其持之有故，其言之成理，足以欺惑愚众，是它嚣、魏牟也。忍情性，綦溪利跂，苟以分异人为高，不足以合大众，明大分，然而其持之有故，其言之成理，足以欺惑愚众，是陈仲、史鳝也。（《荀子·非十二子》）

李敖在《要把金针度与人》中介绍荀子时说："他写《非十二子篇》，从社会贤达陈仲、史鰍（鳝），到墨家的墨翟、宋钘，到法家的慎到、田骈，到名家的惠施、邓析，到儒家的子思、孟轲，他都一个个点名批判。此公的气魄，于此可见。"①李敖说荀子"一个个点名批判"，他自己在为十二子点名的时候却丢了非常重要的两子——它嚣、魏牟，同时大概他也觉得陈仲、史鳝无以名家，所以含糊其词地说他们是社会贤达。但社会贤达那么多，为什么荀子偏对他们两个加以批判？显然，荀子是把它嚣、魏牟和陈仲、史鳝当成最重要的两个学派来批判的。矛头最先指向他们，说明在荀子的心目中这两派的重要性。

其实，这两派在学术史上的归属还是有迹可循的。我们先看一下它嚣、魏牟这一派。

它嚣的为人不可考，郭沫若《十批判书》以为他即稷下的环渊②，不可信。单说魏牟，《汉书·艺文志》将他列入道家，班固这样介绍他："魏之公子也，先庄子，庄子称之。"先庄子的说法是错误的，所谓"庄子称之"实为"《庄子》称之"，见外篇《秋水》：

公孙龙问于魏牟曰："龙少学先王之道，长而明仁义之行；合同异，离坚白；然不然，可不可；困百家之知，穷众口之辩；吾自以为至达已。今吾闻庄子之言，汒焉异之。不知论之不及与？知之弗若与？今

①李敖：《读史指南》，中国友谊出版公司，2010，第118页。

②郭沫若的理由是："它嚣是形误。它与玄相似，嚣与渊相近。"见郭沫若：《郭沫若全集·历史编·十批判书》，人民出版社，1982，第176页。

吾无所开吾喙，敢问其方。”公子牟隐机大息，仰天而笑曰：“子独不闻夫埳井之蛙乎？……”（《庄子·秋水》）

公孙龙是晚于庄子的，魏牟与他同时，自然也晚于庄子。郭沫若推测，魏牟可能是庄子的弟子。从魏牟对庄子的称许来看，这种推测有一定道理。枚乘《七发》将“庄周、魏牟”并称，也为我们提供了一个旁证。只是，虽然魏牟自以为追随庄子甚虔，但他所理解的庄子很可能是另一个样子。《庄子·让王》还记载了他的另一段故事：

中山公子牟谓瞻子曰：“身在江海之上，心居乎魏阙之下，奈何？”瞻子曰：“重生。重生则利轻。”中山公子牟曰：“虽知之，未能自胜也。”瞻子曰：“不能自胜则从，神无恶乎？不能自胜而强不从者，此之谓重伤。重伤之人，无寿类矣。”魏牟万乘之公子也，其隐岩穴也，难为于布衣之士，虽未至乎道，可谓有其意矣。

魏牟本是封于中山国的贵族公子，后为布衣，但身在江海，心存魏阙，虽有隐遁之心而难绝利禄之情，不适应清苦布衣的生活，无法克制利欲之想。瞻子本想让他重生轻利，重生轻利则自然寡欲；后来见他不能自胜，干脆走了另一个极端，让他“不能自胜则从”。《吕氏春秋·审为》也引用了这个故事，作“不能自胜则纵之”，可见“从”与“纵”相通。魏牟不可能像孔子那样“从心所欲”，他只能“从心纵欲”，所以，荀子说他“纵情性，安恣睢，禽兽行”。《战国策》中魏牟两见于赵策，先在秦而后在赵，俨然已是游食于诸侯之门的纵横家。

许地山以为，它嚣、魏牟是杨朱学派的后学：“杨子以后，附和他底学说底很多，走极端底，便流入放纵色食自暴自弃底途径。《荀子·非十二子篇》中所举底它嚣、魏牟，恐怕是杨朱一派底道家。”[1]许

[1]许地山：《中国道教史》，山东文艺出版社，2018，第28页。

氏对所谓“杨朱学派”的认识，根据的是伪书《列子·杨朱》，并不可靠。不过，从《列子·杨朱》中也确实可以看到“纵情性，安恣睢”的特点，比如：

> 则人之生也奚为哉？奚乐哉？为美厚尔，为声色尔。而美厚复不可常厌足，声色不可常玩闻。乃复为刑赏之所禁劝，名法之所进退；遑遑尔竞一时之虚誉，规死后之余荣；偊偊尔顺耳目之观听，惜身意之是非；徒失当年之至乐，不能自肆于一时。重囚累梏，何以异哉？太古之人，知生之暂来，知死之暂往，故从心而动，不违自然所好；当身之娱，非所去也，故不为名所劝；从性而游，不逆万物所好，死后之名，非所取也，故不为刑所及。名誉先后，年命多少，非所量也。

许地山从思想倾向的角度，把它嚣、魏牟归为“杨朱学派”，正是看到了二者的相似性。

它嚣、魏牟讲究任性自然，把食色之性看得天经地义，发展到极端就成了纵欲享乐主义，并把礼法看成是戕害人情的东西。以放纵欲望为能事，为言性恶而重礼法的荀子所最不能容忍，所以，荀子最先加以批判。

下面再看一下陈仲、史鰌这一派。

陈仲的行事，《孟子》和《战国策》都有所涉及。他作为齐国的世家贵族，却宁愿独处於陵，过着极其艰苦的生活，在当时就被目为隐居的高士。至于史鰌，为比干、伯夷一流的迂直之臣，以尸谏主①，表面上

①刘向《新序》载：卫灵公之时，蘧伯玉贤而不用，弥子瑕不肖而任事。卫大夫史鰌患之，数以谏灵公而不听。史鰌病且死，谓其子曰：“我即死，治丧于北堂。吾不能进蘧伯玉而退弥子瑕，是不能正君也。生不能正君，死不当成礼。置尸北堂，于我足矣。”史鰌死，灵公往吊，见丧在北堂，问其故。其子具以父言对灵公。灵公蹴然易容，瘸然失位曰：“夫子生则欲进贤而退不肖，死且不懈，又以尸谏，可谓忠而不衰矣。”于是乃召蘧伯玉而进之以为卿，退弥子瑕。徙丧正堂，成礼而后返，卫国以治。史鰌字子鱼，所谓“直哉史鱼”者也。见赵善诒：《新序疏证》，华东师范大学出版社，1989，第6页。

虽与隐士无干，却也与陈仲之苦身矫性有相似之处，因而荀子把二人归为一派。史鰌在思想界的影响远不如陈仲，所以，二人并举还是以陈仲为主的。尽管陈仲、史鰌没有留下什么思想资料，他们的影响却并不小，已经具备了学派的性质。这从孟子和荀子对陈仲的批评就可见一斑。

陈仲这一派奉行少欲知足的理念，本来是从养生出发的，但发展到极端，就成了苦身以修行；一旦和对政治的嫌厌结合起来，又多了几分傲气和执拗。禁欲显然是老子少私寡欲理念的一种实践，所以梁启超把陈仲视为老子末流中“遁世的个人主义”[①]一派，自然可以说是老子后学了。只是这一派与老庄比起来，还是有差别的。用老子的话来说，他们不能做到和光同尘；用庄子的话来说，他们不能做到圣人无名。[②]荀子说他们“苟以分异人为高”正是直指其“有名”的要害。

陈仲一派远离市朝，苦行禁欲，看起来好像与世人无干。但在荀子看来，人生而有欲是国家刑赏得以实行的基础，这二人苦身禁欲，却让刑赏无所加之，是矫俗干时、欺世盗名者，所以说“田仲、史鰌不如盗也”（《荀子·不苟》）。韩非子亦云：“今田仲不恃人而食，亦无益人之国，亦坚瓠之类也。”（《韩非子·外储说左上》）而赵太后亦必欲诛杀之而后快：“於陵子仲尚存乎？是其为人也，上不臣于王，下不治其家，中不索交诸侯。此率民而出于无用者，何为至今不杀乎？”（《战国策·齐策》）韩非子、赵太后都是从政治的角度来反对陈仲一派的，但荀子的批判更切中问题的核心，陈仲、史鰌在对待欲望的态度上走了与它嚣、魏牟完全相反的路子，苦身禁欲，人君之赏无以劝之，于统治秩序不利。

---

①梁启超：《先秦政治思想史》，东方出版社，1996，第137页。

②庄子对伯夷、叔齐这一类人是不太称许的：“行名失己，非士也；亡身不真，非役人也。若狐不偕、务光、伯夷、叔齐、箕子、胥余、纪他、申徒狄，是役人之役，适人之适，而不自适其适者也。”（《庄子·大宗师》）

朱伯崑曾指出，就修养方法而言，“道家则提倡禁欲主义，也有的鼓吹纵欲主义”。[①]现在看来，《荀子·非十二子》中的前两派四子，正好是道家后学的禁欲和纵欲两派。它嚣、魏牟是纵欲派，陈仲、史鳅是禁欲派。这两派虽都与老庄思想有着密切的联系，但也都和真正的老庄思想有距离，也难怪今人在为他们归类的时候感到困惑。

值得注意的是，禁欲派多受老子影响，而纵欲派多受庄子影响。老子极力反对人性中的欲望，所谓“咎莫大于欲得”“常使民无知无欲”“不见可欲，使民心不乱”，从他这里是开创不出纵欲派的。梁启超《先秦政治思想史》认为，老子思想末流乃生四派：杨朱、陈仲、许行、慎到。这四派中，陈仲和许行都是主张禁欲的，不必多说。至于慎到，依《庄子·天下》的说法“是故慎到弃知去己而缘不得已”，所谓“弃知去己”，本于老子“无知无欲”“吾所以有大患者，为吾有身”，可见慎到在修养上也是主张禁欲的。[②]至于杨朱学说，因文献不足且不可靠，无法确知。《孟子·尽心上》云：“杨子取为我，拔一毛而利天下，不为也。”只是拔一毛尚且不忍，安能摇神损精？所以，也不能简单地归之为纵欲派。

纵欲派多出现在庄子之后，且都和庄子有着千丝万缕的联系，这集中体现在《庄子》外杂篇中。梁启超以为《列子·杨朱》中这种思想必出自魏晋，因为先秦没有这种颓废思想。[③]其实，这种“颓废思想”早在《庄子》外杂篇中就已经出现了，而且相当明显。《庄子·盗跖》以盗跖的口吻大张旗鼓地宣传享乐主义：

---

①朱伯崑：《先秦伦理学概论》，北京大学出版社，1984，第4页。

②在政治层面，慎到主张因人之情：“天道因则大，化则细。因也者，因人之情也。人莫不自为也，化而使之为我，则莫可得而用矣。”（《慎子·因循》）这与其修养学说并不矛盾。

③吕思勉：“今《列子》中有《杨朱》一篇，述杨子之说甚详。此篇也，或信之，或疑之。……疑之者如梁任公，谓周秦之际，决无此等颓废思想。”见吕思勉：《先秦学术概论》，云南人民出版社，2005，第44页。

> 今吾告子以人之情：目欲视色，耳欲听声，口欲察味，志气欲盈。人上寿百岁，中寿八十，下寿六十，除病瘦、死丧、忧患，其中开口而笑者，一月之中不过四五日而已矣。天与地无穷，人死者有时，操有时之具而托于无穷之间，忽然无异骐骥之驰过隙也。不能说其志意，养其寿命者，皆非通道者也。丘之所言，皆吾之所弃也，亟去走归，无复言之！子之道，狂狂汲汲，诈巧虚伪事也，非可以全真也，奚足论哉！

我们过去以为《庄子》外杂篇可能出现得较晚，但现在新出土的材料已经更新了我们的认识。1977年，安徽阜阳双古堆一号汉墓出土的大量竹简中有几篇《庄子》残简，属于《则阳》《外物》《让王》。[①]1988年，湖北张家山又出土了《庄子·盗跖》。[②]据学者研究，这两个墓的墓主都下葬于汉文帝时期，《则阳》《外物》《让王》《盗跖》均属于《庄子》杂篇，一般被认为是《庄子》中出现较晚的篇目。它们在汉初墓葬中出土，说明其形成年代肯定要比人们之前推断的早得多，完全有可能与魏牟的时代相当。恰恰又是《庄子·让王》记载了魏牟的故事，这提醒我们《庄子》外杂篇中应该会有魏牟学派的作品，至少目前看来，很多篇目是与魏牟的“纵情性，安恣睢”同声相应的，比如《庄子·盗跖》，以及与之类似的《庄子·渔父》等。

《庄子》外杂篇中的纵欲派作品显示，庄子后学在人性论上与庄子产生了重大的分裂。至于庄子思想何以会开启这样一种思潮，值得我们深入思考。

---

①阜阳汉简整理组：《阜阳汉简〈楚辞〉》，《中国韵文学刊》1987年第1期。

②荆州地区博物馆：《江陵张家山两座汉墓出土大批竹简》，《文物》1992年第9期。

二、不失其性命之情

庄子在《庄子·大宗师》中说："知天之所为，知人之所为者，至矣。……虽然，有患。夫知有所待而后当，其所待者特未定也。庸讵知吾所谓天之非人乎？所谓人之非天乎？"庄子的预言很准确，以人为天的事情果然发生了，而且居然就是他的后学所为。庄子反复区分了天和人，认为人的本性并不是自然性情，而是清静的"天性"。庄子后学却偏偏把人的自然性情当成"天性"。《庄子·秋水》云：

> （河伯）曰："何谓天？何谓人？"北海若曰："牛马四足，是谓天；落马首，穿牛鼻，是谓人。故曰：无以人灭天，无以故灭命，无以得殉名。谨守而勿失，是谓反其真。"

作者认为，牛马四足就是"天"，而落马首、穿牛鼻这种举动就是"人"。"人"即"人为"，用以比喻儒家的后天规范是对本性的扭曲。乍一看，这种说法几乎与《庄子》内篇的言说方式完全一致，其实是似是而非的。因为，落马首、穿牛鼻当然不符合牛马的真性，但牛马四足也不能称为牛马的真性。《庄子·齐物论》说："民湿寝则腰疾偏死，鳅然乎哉？木处则惴慄恂惧，猨猴然乎哉？三者孰知正处？"诚然，人有人的"真性"，泥鳅和猿猴也各有它们的"真性"。但庄子之本意是打破人类自我中心论，强调不要以自我为中心，而要以道为中心。人当然不知正处，但泥鳅和猿猴也都不知正处，道才是正处。泥鳅、猿猴乃至四足的牛马若有真知，也需要忘我合道。对牛马来说，落首穿鼻自然不是天性，四足也不是天性；对人来说，外在的礼教当然不是天性，内在的性情也不是天性。

庄子后学自认为继承了庄子的思想，何以在人性论上却与庄子形成如此大的反差呢？原因有二。

原因之一是庄子后学误解了老庄对儒家仁义礼法的批评。

庄子和庄子后学在追求自由上是没有差别的，他们的差别在于对性情的态度。庄子把性情看成人性的枷锁，认为泯灭性情才能获得自由。庄子后学则把性情看成人的本性，把仁义礼法看成人性的枷锁，认为打破仁义礼法才能获得自由。很自然地，他们对克制自然性情的儒家礼法表现出强烈的不满。《庄子》内外篇的思想差异是如此明显，内七篇才结束，外篇第一《骈拇》、第二《马蹄》马上呈现出完全不同的思想风貌。先看《庄子·马蹄》：

> 马，蹄可以践霜雪，毛可以御风寒。龁草饮水，翘足而陆，此马之真性也；虽有义台、路寝，无所用之。及至伯乐，曰："我善治马。"烧之，剔之，刻之，雒之，连之以羁𩊚，编之以皂栈，马之死者十二三矣；饥之，渴之，驰之，骤之，整之，齐之，前有橛饰之患，而后有鞭策之威，而马之死者已过半矣。

这是自然人性论者经常引用的一段文字，他们认为"龁草饮水""翘足而陆"形象地表现了马的真性，而伯乐治马则是对马的真性的摧残，象征着仁义礼法对人类性情的摧残。《庄子·马蹄》的作者强调，不要让伯乐来修理马的真性，不要用仁义礼法来束缚人的性情。

用马的真性比喻人的真性，有一定的迷惑性。马与人相比，自然是淳朴的，因为它没有诈伪心机。但马本身的饥食渴饮，依然属于欲望本能的冲动，与荀子形容人性的"饥而欲饱，寒而欲暖"并无二致。因为是比喻，我们更应该注意到人作为喻体，其"真性"其实还不止于饥食渴饮，还有"目好五色，耳好五声"，这正是老庄认为应该寡欲的地方。

再看《庄子·骈拇》：

> 骈拇、枝指，出乎性哉！而侈于德；附赘、县疣，出乎形哉！而侈于性。多方乎仁义而用之者，列于五藏哉！而非道德之正也。是故骈于足者，连无用之肉也；枝于手者，树无用之指也；多方骈枝于五藏之情者，淫僻于仁义之行，而多方于聪明之用也。

这是说仁义不是出于性情之正，如骈拇、枝指，应该去掉。按理说，仁者爱之，义者正之，本来是对人情的尊重，为什么《庄子·骈拇》的作者这么讨厌它呢？从下文来看，这里的仁义其实重在“礼法”，是它们束缚着自然的人性：

> 故合者不为骈，而枝者不为跂，长者不为有余，短者不为不足。是故凫胫虽短，续之则忧；鹤胫虽长，断之则悲。故性长非所断，性短非所续，无所去忧也。意仁义其非人情乎！彼仁人何其多忧也？且夫骈于拇者，决之则泣；枝于手者，龁之则啼。二者，或有余于数，或不足于数，其于忧一也。

此处需注意的是，骈拇、枝指在上一段中被用来比喻仁义之多余，在这一段其寓意却悄悄发生了变化，它和“凫胫虽短”“鹤胫虽长”一起被用来比喻人天生的性情了。于是，作者写道：“意仁义其非人之情乎！彼仁人何其多忧也？且夫骈于拇者，决之则泣；枝于手者，龁之则啼。”作者似乎忘了骈拇枝指的比喻是与附赘、县疣一起出现的，对“附赘、县疣”，相信不会有人“决之则泣”。外杂篇理路之乱，往往如此。“决之”“龁之”无疑是用来形容仁义礼法对性情的束缚与雕琢的，在他看来这都是有失性命之情的。接下来，作者对仁义礼法进行了直接的批评：“且夫待钩绳规矩而正者，是削其性；待绳约胶漆而固者，是侵其德也；屈折礼乐，呴俞仁义，以慰天下之心者，此失其常然也。”

显然，庄子后学对仁义礼法的批评来自对老庄思想的鹦鹉学舌。但同样提绝仁弃义，庄子后学与老庄的初衷其实是貌合神离的。以前，学者多把老庄看成儒家的对立面，而郭店楚简出土之后，人们根据儒道杂抄的情况和简本《老子》的某些文句，逆推得知原始儒家与原始道家和睦相处的历史。事实上，儒道冲突不过是后人自结自解的一个结而已，无论是老子，还是庄子，都是可以与儒家兼容的。在老子一章中，我们谈到老子之道有法则之道与本体之道两个层次。法则之道乃是处世之道，老子与孔子在这个层面上并无冲突。《韩非子·问田》中，道家后学堂谿公看到韩非子危行不顾身，劝道："臣闻服礼辞让，全之术也；修行退智，遂之道也。今先生立法术，设度数，臣窃以为危于身而殆于躯。……夫舍乎全遂之道而肆乎危殆之行，窃为先生无取焉。"堂谿公的话形象地说明了儒道之兼容。在他看来，最高明的处世之法无疑是道家的退隐修身，既可以保身全躯，也可以以退为进、无私而成其私。如果不欲隐而欲显，不欲退而欲进，最好是像儒家那样服礼辞让，也能保全身躯。

老子虽然看到了仁义礼法之弊，但个人处世中未尝违礼而行事，如违礼则犯矫俗之病，不能够和光同尘。《礼记·曾子问》载孔子语："昔者吾从老聃助葬于巷党，及堩，日有食之。老聃曰：'丘，止柩就道右，止哭以听变。'既明反，而后行，曰：'礼也。'"后来，老子还专门为孔子讲了一段"君子行礼"的大道理。清人汪中论曰："助葬而遇日食，然且以见星为嫌，止柩以听变，其谨于礼也如此。至其书，则曰：礼者，忠信之薄而乱之首也……彼此乖违甚矣。"（《老子考异》）其实，老子的说法和做法并不矛盾，在日常生活中守礼亦是"无为"理念的实践。在内心超然的前提下，处世讲究因顺之道、与物无违才能保身。

庄子也是同样，他洞明世事，故而处世能够做到"因其固然"，知礼守礼，且云：

> 古之真人……以刑为体，以礼为翼，以知为时，以德为循。以刑为体者，绰乎其杀也；以礼为翼者，所以行于世也；以知为时者，不得已于事也；以德为循者，言其与有足者至于丘也，而人真以为勤行者也。（《庄子·大宗师》）

古代的真人，以刑律为身体[①]，以礼仪为羽翼，以已知去等待时机，以品德为依循。把刑律当作身体，死罪都很宽绰；把礼仪当作羽翼，是用以在世上为人处世；以已知去等待时机，是因为有些事不得不做；以品德为依循，就像是跟有脚的人自然而然地走上山丘，却有人以为这是勤于行走的人。法律、礼仪、道德和知识都是有用的，它们可以让一个人与世间人安然相处。尽管这里面有“不得已”的成分，但庄子毕竟还是对人间的规矩表示出相当的理解。

不过，老庄虽然随顺礼法，却并不认为礼法是最高价值。因为礼法是二元世界的规范，是法则之道的具体化。老庄的最高价值在于绝对的本体之道，相对的法则之道正是本体之道亏毁的表现。所以，同样是“非礼”（非儒家之礼），老庄之非礼与墨家之非礼完全是两回事。墨家非儒家之礼，乃是是非之争，而老庄非儒家之礼，是道器之辨。老庄对礼法的否定，只是说它不是最高价值，并不意味着要反过来听任性情而生活。

庄子后学误解了老庄对仁义礼法的批评，后世学者也难免此病。蔡元培说：“世有不道德而后以道德救之，犹人有疾病而以医药疗之，其理诚然。然因是而遂谓道德为不道德之原因，则犹以医药为疾病之原因，倒因而为果矣。老子之论道德也，盖如此。”[②]老子可从来没有

---

①以刑为体，用浅近的语言解释，就是“刑律什么样我什么样”。也就是说，守法是在人间世逍遥的底线保证。康德说：“如果一个人不需要服从任何人，只服从法律，那么，他就是自由的。”可相参证。

②蔡元培：《中国伦理学史》，商务印书馆，2000，第23页。

说过道德是不道德的原因。考察一下老子的原话，他说的是“大道废，有仁义”，不是“有仁义，大道废”；他说的是“六亲不和，有孝慈”，不是“有孝慈，六亲不和”。老子并不认为仁义是摧残大道的罪魁祸首，而是说仁义之提倡正是大道已废的表现，孝慈之提倡正是六亲不和的表现，就好像一个人开始服药时，身体早已不健康了。所谓“礼者，忠信之薄而乱之首”，也不是说礼仪是搞乱社会的罪魁祸首，而是说崇礼正是社会风气变乱的征兆。“首”不是祸首的意思，而是端倪的意思。否则，上有仁义，下有法术，老子为什么偏要说礼是乱之首（罪魁祸首）呢？老子虽然看到了仁义礼法之弊，却未尝违礼而行事，因为要想和光同尘，反而不能像魏晋名士那样放诞自恣。绝仁弃义也不是因为仁义不美，而是因为以仁义救世，依美丑相形、高下相倾的道理，假仁假义就会应运而生，反生诈伪之弊。在老庄看来，仁义是救世之药，但有副作用，可能救心而伤肺；但庄子后学则以为，仁义干脆就是毒药，是对人性的戕害，他们在这个意义上把礼看成“乱之首”。

原因之二是庄子后学误解了老庄“自然”的观念。

自然是道家最重要的一个观念。最早使用“自然”一词的是老子，自然即无为，而无为是与“人为”“有为”相对的。老子指出，修道时要“道法自然”“致虚极，守静笃”“无知无欲”；治国时也要“顺其自然”“以辅万物之自然而不敢为”。不过，“辅万物之自然”并非是让百姓自由放任，还是要“常使民无知无欲”。如果老百姓“化而欲作”，则要“镇之以无名之朴”。简言之，老子之自然没有任性的意思。

《庄子》内七篇中，“自然”一词出现了两次，一个是《庄子·德充符》中的“常因自然而不益生也”；一个是《庄子·应帝王》中的“汝游心于淡，合气于漠，顺物自然而无容私焉，而天下治矣”。可见，庄子的自然更近于“以辅万物之自然而不敢为”。人之处世，必然要与其他人发生各种关系。庄子的做法是取消自己的个性（司马谈所谓“以虚无为体”），尊重他人的个性（司马谈所谓“以因循为用”），在内离情合道，获得心灵的清静；在外与物无违，避免与世界发生冲突。取消自己个性的时候，却要任随别人的个性，这就是“顺物自然而无容私焉”。老庄的意思是，人人皆“以虚无为体，以因循为用”，则个人修矣，天下治矣。而“他人”要想修身处世，同样要“顺物自然而无容私焉”。

但是，“顺物自然而无容私焉”，对己、对人采用双重标准，也容易让人误会。庄子曾以养马、养虎之道来说明这个问题：“夫爱马者，以筐盛矢，以蜄盛溺。适有蚊虻仆缘，而拊之不时，则缺衔、毁首、碎胸。意有所至而爱有所亡。可不慎邪？”“汝不知夫养虎者乎？……时其饥饱，达其怒心。虎之与人异类，而媚养己者，顺也；故其杀者，逆也。”（《庄子·人间世》）乍一看，庄子似乎也主张顺马和虎的“真性”，其实，他不过是想说明人类处世要“顺物自然而无容私焉”，为了慎重地保全自己，应随物曲折。可是，这样的说法极容易被理解为要因顺马和虎的自然本性，借着比喻的力量，人的性情也成了天然合理的存在。

“自然”一旦成为一个独立的符号，对它的理解就会因人而异。老庄以虚无为体，叫道法自然；以因循为用，叫因循自然。可见，他们在名词的使用上已经开了缺口，庄子后学则干脆把人的自然性情理解为自然，“常因自然”就变成了《庄子·渔父》和《庄子·盗跖》的任性。再加上《庄子》内七篇“荒唐”“纵恣”的语言风格的影响，庄子语言的解放被后学理解为性情的解放，于是外篇排挤了内篇，《庄子》排挤了“庄子”。《高僧传》载：

> （支）遁尝在白马寺与刘系之等谈庄子《逍遥篇》，云：“各适性以为逍遥。”遁曰：“不然。夫桀跖以残害为性，若适性为得者，彼亦逍遥矣。”于是退而注《逍遥篇》。群儒旧学，莫不叹服。

刘系之等人以“适性”为逍遥，把自然性情看成人的本性，这与庄子后学的误导是分不开的。宋人叶适说：“自（庄）周之书出，世之悦而好之者有四焉：好文者资其辞，求道者意其妙，汩俗者遣其累，奸邪者济其欲。”（《水心别集》卷六）最后一种人无疑是受了庄子后学的影响。后世人举着庄子的旗号反对仁义礼法，殊不知他们是被庄子后学导入歧途了。

可见，庄子后学因为曲解了老庄对礼法的态度和“自然”的本意，在人性论上走上了与老庄完全相反的道路，这在先秦思想史乃至整个中国思想史上都是一个畸变，就连以自然人性为口实的荀子也未曾如此为自然性情辩护，后世只有魏晋和晚明才出现过这样偏激的思想。

不过，偏激也有偏激的好处，它可以中和另一种偏激。当情理关系失衡，变异的礼教使人的性情受到极端压制的时候，庄子后学的思想往往成为人性解放的一面旗帜。

第二节　声色发于性情

庄子的文章是非常精彩的，在文学史上的影响也极为深远。但谈到美学思想，则庄子远不如他的后学影响大。北京大学哲学系美学教研室编的《中国美学史资料选编》里，挂在庄子名下的言论条目有近三十条，选自《庄子》内篇的只有三条，其余全出自外杂篇。庄子后学正因为在人性论上与庄子分道扬镳，反而更深刻地影响了中国美学的发展。

一、自然性情论

在老子一章，我们曾经说过，老子美学的最高境界是道法自然——大象无形，大音希声，天地有大美而不言。只是能感受到大道之美的毕竟是少数，魏晋名士以玄言诗来阐释老子思想，理论上应该最近于老子原意，却总是给人淡乎寡味的感觉。不得已而求其次，后人只能降低自然之美的标准，先是把眼光转向文化气息较淡的“大自然”，曲折地体现为园林盆景的野趣和书法绘画的古拙之美，再进一步转向情窦未开、纯洁得像白纸一样的儿童。

朴素的自然之美自有其独特的美学价值，但毕竟缺少人间烟火气，只能代表人类审美境界之一种。而一旦“自然”作为一个美学概念获得了独立的生命，对它的理解和使用就非老子所能限定了。庄子后学接过了自然的概念，在自然性情的意义上使用它，老子的平淡自然神不知鬼不觉地变成了真情自然。杂篇《渔父》中说：

> 真者，精诚之至也。不精不诚，不能动人。故强哭者虽悲不哀，强怒者虽严不威，强亲者虽笑不和。真悲无声而哀，真怒未发而威，真亲未笑而和。真在内者，神动于外，是所以贵真也。其用于人理也，事亲则慈孝，事君则忠贞，饮酒则欢乐，处丧则悲哀。忠贞以功为主，饮酒以乐为主，处丧以哀为主，事亲以适为主，功成之美，无一其迹矣。事亲以适，不论所以矣；饮酒以乐，不选其具矣；处丧以哀，无问其礼矣。礼者，世俗之所为也；真者，所以受于天也，自然不可易也。（《庄子·渔父》）

先看最后一句话：“真者，所以受于天也，自然不可易也。”这就是庄子后学的“自然主义”。那么，人类自然地受之于天的“真”到底是什么呢？“真悲无声而哀，真怒未发而威，真亲未笑而和。真在内者，神动于外，是所以贵真也。”可见，真就是人类或悲或喜的真性情，《盗跖》篇把满足性情称为“全真”，也是同样的道理。“真”“情”“自然”合起来，便是真情自然。“饮酒则欢乐，处丧则悲哀”，这就是庄子后学眼中的“真人”。对比一下庄子笔下“不知说生，不知恶死；其出不欣，其入不距”的真人，不啻天壤之别。《庄子》内篇有好几处写到友人死后，临丧者不哀，因为真人看破了生死，所以能安时而处顺，不以悲喜内伤其身。

不过，庄子后学的自然人性论虽然与庄子本人的思想不合，却对世间艺术创作产生了更深刻的影响。因为这样一来，艺术表现人类性情就成了自然合理的事了。《毛诗大序》说："诗者，志之所之也，在心为志，发言为诗。情动于中而形于言，言之不足，故嗟叹之；嗟叹之不足，故永歌之；永歌之不足，不知手之舞之、足之蹈之也。"这是专门谈诗的感情要素。其实，任何艺术都是如此，没有内在的感情支撑着，再高明的道理也不能使人感动。而庄子后学正是在这一点上为艺术创作提供了理论支持，让艺术家们可以理直气壮地表现人情，这对中国文学的发展有重要的推动意义。

因为对"自然"一词的美学内涵理解不同，出现了两种自然之美。老庄崇尚道法自然，庄子后学崇尚性情自然；前者是平淡自然，后者是真情自然。[①]有趣的是，这两种自然观还会无意中相撞。先看一则梁昭明太子萧统的故事：

> （萧统）尝泛舟后池，番禺侯轨盛称此中宜奏女乐。太子不答，咏左思《招隐诗》云："何必丝与竹，山水有清音。"（《南史·梁武帝诸子列传》）

昭明太子诚然是老庄的忠实信徒，清心寡欲的实践者。他在《陶渊明集序》中就说过："齐讴赵女之娱，八珍九鼎之食，结驷连镳之游，侈袂执圭之贵，乐则乐矣，忧亦随之。"他还指出陶渊明《闲情赋》是"白璧微瑕"。当他泛舟游乐之际，别人提到女乐，他便以"何必丝与竹，山水有清音"作答，这明显是受到老子自然思想的影响。丝竹女乐是人为的艺术，不如山水更近于自然。山水与丝竹相比，远离人间烟火、七情六欲，所以，昭明太子将它形容为"清音"。

①个别学者注意到两种"自然"的差异，但将其视为庄子思想"真"与"淡"的"内部矛盾"，似乎没有意识到内外篇立意的不同。

再看一则陶渊明外祖父孟嘉的故事：

（桓）温尝问君："酒有何好，而卿嗜之？"君笑而答曰："明公但不得酒中趣尔。"又问听妓："丝不如竹，竹不如肉。"答曰："渐近自然。"（《晋故征西大将军长史孟府君传》）

孟嘉在当时被目为风流名士。他对自然的理解就和萧统截然对立。丝竹是器乐，歌女是声乐。丝竹之音比之于山水清音，已是人为之乐了；歌女朱唇发声，更是纯然的"人籁"。他却说"丝不如竹，竹不如肉"，以为"渐近自然"。从表达感情的角度讲，歌喉无疑比乐器更近于自然性情。

这两种自然观各有其美学意义，都对后世的美学思想产生了深刻的影响。总的来说，因为世情艺术逐渐占据了主流，强调自然性情的庄子后学影响更大一些。在先秦时代，文学艺术的发展毕竟才刚刚起步，同时礼教的权威还没有树立起来，对文艺创作也没有形成明显的束缚。到了后世，当人的自然性情遭到严重压制，当文以载道的声音笼罩了文坛，只有庄子后学的偏激与执着才能挽救文学的命运。文学艺术当然要负载一定的社会道义功能，但即便要载道也要以情动人。自然人性论注重性情的自然表达，使文学艺术避免了成为单纯的载道工具。

中国历史上有两个文学思想解放的时代，一个是魏晋，一个是明中后期，当两汉礼教和宋明理学使文学生机萎缩的时候，正是自然人性论的流行，使文学重新焕发了生命力。这里只要列举一下当时的言论，就能发现他们与庄子后学的联系。

魏晋的自然人性论如下：

六经以抑引为主，人性以从欲为欢。抑引则违其愿，从欲则得自

> 然。然则自然之得，不由抑引之六经；全性之本，不须犯情之礼律。（《难自然好学论》）
>
> 有生则有情，称情则自然。若绝而外之，则与无生同，何贵于有生哉？服飨滋味以宣五情，纳御声色以达性气，此天理之自然。（《难嵇叔夜养生论》）

晚明的自然人性论如下：

> 人之贪财好色皆自性生，其一时所为，实天机之发，不可壅阏之。第当过而不留，勿成固我而已。（《弇州史料》载颜钧语）
>
> 盖声色之来，发于情性，由乎自然，是可以牵合矫强而致乎？故自然发于情性，则自然止乎礼义，非情性之外复有礼义可止也。（《焚书·读律肤说》）

魏晋的阮籍、嵇康，乃至明代的袁宏道、徐文长，都是在这种理论的支持下创作的。他们把“越名教而任自然”当成做人和作文的追求，强调文学对个人性情的表现。他们也往往会以庄子作为自己的口实，大多没有意识到他们的思想渊源其实是庄子后学。

庄子后学的自然主义强化对人情的表现，自然而然地导致了对本色自然的美学风格的推崇。

自然在老庄那里就有反对人工雕饰之意，庄子后学把它引申到真情的自然抒发上，同样有轻视形式美学的倾向。《庄子·渔父》说：“事亲以适，不论所以矣；饮酒以乐，不选其具矣；处丧以哀，无问其礼矣。”服侍父母以适应需求为原则，不管用什么方式；饮酒以快乐为原则，不管用什么酒器；处丧以悲哀为原则，不管用什么礼仪。繁文缛节会妨碍真情的表达，艺术表现也是同样的道理。以绘画为例，画师作画要表现自己的真性情，那就要让真性彻底袒露。《庄子·田子方》中就讲了这样一个画师的故事：

> 宋元君将画图，众史皆至，受揖而立，舐笔和墨，在外者半。有一史后至者，儃儃然不趋，受揖不立，因之舍。公使人视之，则解衣般礴，裸。君曰："可矣，是真画者也。"

其他的画师"受揖而立，舐笔和墨"，做出郑重其事的样子，用俗话说就是有点"装"。而后面这个姗姗来迟的画师，不仅不装，甚至"解衣般礴"，将个性袒露无遗，进入表现真性情的极佳状态，所以被称为"真画者也"。这自然是寓言，然而此中有真意，让人想起《三国演义》中击鼓骂曹的祢衡。晋代的嵇康和明代的徐渭就颇有这种解衣般礴的风度，无论弹琴，还是作诗、作画，都有自然本色。

庄子后学注重真情发露，反对文采雕琢，潜在地抑制了形式主义，深刻影响了中国美学思想的发展。刘勰说：

> 昔诗人什篇，为情而造文；辞人赋颂，为文而造情。何以明其然？盖风雅之兴，志思蓄愤，而吟咏情性，以讽其上，此为情而造文也；诸子之徒，心非郁陶，苟驰夸饰，鬻声钓世，此为文而造情也。故为情者要约而写真，为文者淫丽而烦滥。（《文心雕龙·情采》）

刘勰认为写作有"为情造文"和"为文造情"两种不同的情况。前者可称为自然的艺术，后者则是人为的艺术。当创作者情感真实饱满的时候，便无暇在文字上精雕细琢。反之，经营华丽辞藻，往往是为了掩饰情感内容的空虚。钟嵘《诗品》载："汤惠休曰'谢诗如出水芙蓉，颜诗如错彩镂金'，颜终身病之。"谢灵运借山水以抒情，有自然清新的一面；而颜延之形式压倒内容，虽错彩镂金，品位格调却不及谢灵运。后来李白化用此典，咏出"清水出芙蓉，天然去雕饰"的名句，成为经典的美学境界和标准。

二、虚静与物化

老子和庄子本人都不曾谈过艺术创作，但后世的文论家还是从老庄的涤除玄鉴和心斋虚静中引出了“创作论”，他们认为静心契道，心与物化是与审美心理相通的。不过，从体道之虚静到艺术创作之虚静，从体道的物化到艺术审美的物化，中间还是有很大距离的。后人之所以能够将它们比附在一起，是因为庄子后学发挥了桥梁作用。先是庄子后学对虚静说和物化说进行了改造，在此基础之上，后人才能将它们与创作论联系起来。

晋人陆机是文学史上较早地将老庄的虚静功夫比附为创作状态的作家，他在《文赋》中这样形容构思的状态：“其始也，皆收视反听，耽思傍讯。精骛八极，心游万仞。……罄澄心以凝思，眇众虑而为言。笼天地于形内，挫万物于笔端。”语言表述上和老子的涤除玄鉴以及庄子的心斋、坐忘确实很相似，诚然是有点虚静的味道。他似乎没有意识到，当他“精骛八极，心游万仞”时，心是静的吗？当他“笼天地于形内，挫万物于笔端”时，心是虚的吗？

《文心雕龙·神思》被认为是刘勰创作论的核心：

> 故思理为妙，神与物游。神居胸臆，而志气统其关键；物沿耳目，而辞令管其枢机。枢机方通，则物无隐貌；关键将塞，则神有遁心。是以陶钧文思，贵在虚静，疏瀹五藏，澡雪精神。积学以储宝，酌理以富才，研阅以穷照，驯致以怿词。然后使玄解之宰，寻声律而定墨；独照之匠，窥意象而运斤。此盖驭文之首术，谋篇之大端。

论者多认为这是对老庄玄鉴虚静说的发挥，这是没有问题的。

“贵在虚静”一语，化用了《庄子·知北游》中的句子“汝斋戒，疏瀹而心，澡雪而精神”，与内篇《人间世》的心斋之说显然是同一理路。但虚静是要绝弃礼学的，而创作却不能不积学酌理。虚静要求排除万缘，物我两忘，心如止水，而创作却要求神与物游、情感活跃，既不虚，也不静。同时，既然已经虚静了，又如何感物而兴，神与物游？这使得今天学者在解释刘勰的创作论时，总给人一种无论如何也说不圆的感觉。

其实，这与庄子后学对虚静说的改造有关。《庄子》外篇《达生》中的几则寓言把庄子的心斋虚静导向了另一种境界，使之更接近于艺术创作的状态。第一则，梓庆削木为鐻（一种乐器），鐻成，见者惊犹鬼神。鲁侯问：“子何术以为焉？”梓庆回答道：

> 臣工人，何术之有！虽然，有一焉。臣将为鐻，未尝敢以耗气也，必齐以静心。齐三日，而不敢怀庆赏爵禄；齐五日，不敢怀非誉巧拙；齐七日，辄然忘吾有四枝形体也。当是时也，无公朝，其巧专而外骨消；然后入山林，观天性；形躯至矣，然后成见鐻，然后加手焉；不然则已。则以天合天，器之所以疑神者，其是与！（《庄子·达生》）

此篇作者无疑是很善于照猫画虎的。梓庆的一番话，又是静心，又是外物，又是观天性，很容易让人想起内篇的坐忘之说。但梓庆削木为鐻，用了七天时间去排除外物的干扰，最终达到的并不是真正的虚静，因为他“然后成见鐻”；心中有鐻，就谈不上虚静了，不过是类似今日所说的聚精会神而已。不仅为鐻要如此，做任何事情皆莫能外。读者很容易由这则寓言想到内篇的“庖丁解牛”，其实二者形似而神不似。庖丁的最高境界是“未尝见全牛”，而梓庆的最高境界是“然后成见鐻”，王先谦注“如全鐻在目”。二者的区别就在于，一个是把解牛当成体道的过程而忘了牛，一个是把为鐻当成技艺本身而只见鐻。庖丁说：“臣之所好者，道也，进乎技矣。”而梓庆尽管全神贯注，也只是“技”而已。

“以天合天”说得很玄，不过是孟子顺杞柳之性以为桮棬之意。

第二则寓言是说仲尼适楚，出于林中，见痀偻者承蜩，即用竿子粘蝉，“犹掇之也”，就好像在地上捡东西一样。仲尼曰：“子巧乎！有道邪？”

> 曰：“我有道也。五六月累丸，二而不坠，则失者锱铢；累三而不坠，则失者十一；累五而不坠，犹掇之也。吾处身也，若厥株拘；吾执臂也，若槁木之枝；虽天地之大，万物之多，而唯蜩翼之知。吾不反不侧，不以万物易蜩之翼，何为而不得？”孔子顾谓弟子曰：“用志不分，乃凝于神，其痀偻丈人之谓乎！”（《庄子·达生》）

就像梓庆削木为鐻一样。痀偻者承蜩，可谓静矣，但不可谓虚。“虽天地之大，万物之多，而唯蜩翼之知。”虚静要求物我两忘，既忘物，又忘身；而承蜩则忘外物而专心致志于蜩翼。虽然痀偻者自称“我有道也”，但这个道不是体虚静之道，而是凝神以成一技。

不过，正因其与虚静说的本意有差别，它与人间工艺创作的距离反倒拉近了。艺术创作比其他工作更需要一个专心营构的过程。黄庭坚形容陈师道的苦心搜求——“闭门觅句陈无己”，乃至王勃作文之前要打腹稿——“引被掩面而卧”，表现的都是这种情形。所以，被改造之后的虚静说是可以与创作挂上钩的，但这是庄子后学的“虚静”。

与虚静说紧密相关的，还有物化说。《庄子·达生》说：“工倕旋而盖规矩，指与物化而不以心稽，故其灵台一而不桎。”所谓“指与物化”，其实就是心与物化。只有心灵手巧、心与物化才能指与物化。从梓庆为鐻和痀偻者承蜩可以看出，庄子后学的虚静本身就是一个“物化”的过程。把所有外物都忘了，唯鐻唯蜩是知，确实是心与物化了。

显然，物化的原理与艺术创作息息相通。艺术创作包含一个主体的对象化过程。一个演员只有忘掉自我，与剧中人同化，才能入戏；一个小说家只有忘掉自我，与笔下的人物同化，才能表现人物的精神；一个画家只有忘掉自我，与描绘的对象同化，才能画出对象的神韵；甚至艺术欣赏也是一个物化的过程，一个人面对艺术品，全身心地去感受它的时候，不自觉地就会认假为真，往往忘记了自己是在欣赏艺术，美学上称之为“移情”或“以物观我”。凡此种种，都可以视为广义的“物化”。宋代文与可善画竹，苏轼对他的画技佩服至极。他在《书晁补之所藏与可画竹》诗中写道：

> 与可画竹时，见竹不见人。岂独不见人，嗒然遗其身。其身与竹化，无穷出清新。庄周世无有，谁知此凝神？

在苏轼的笔下，文与可画竹与痀偻者承蜩、梓庆为鐻的状态几乎完全一致。“嗒然遗其身”“其身与竹化”形象地表现了艺术创作中“物化”的过程。结尾他还感叹庄子不在世了，没有人会理解这种高妙的境界。如前所述，文与可的“见竹不见人”，其实是从庄子后学的虚静说引申过来的。如果庄子重生，他会视文与可为知己吗？

现代学者徐复观也把物化看成是庄子的“艺术精神”，大加推崇：

> 庄子在心斋的地方所呈现出的“一”，实即艺术精神的主客两忘的境界。庄子称此一境界为“物化”或“物忘”。这是由丧我、忘我而必然呈现出的境界。《齐物论》“此之谓物化”（一一二页），《在宥》“吐尔聪明，伦与物忘”，所谓物化，是自己随物而化，如庄周梦为蝴蝶，即“栩栩然胡蝶也，自喻适志与，不知周也”（《齐物论》一一二页）。此时之庄周即化为蝴蝶。这是主客合一的极致。因主客合一，不知有我，即不知有物，而遂与物相忘。《庄子》一书，对于自我与世界的关系，皆可用物化、物忘的观念加以贯通。郭象把这种主客合一

的关系常用一“冥”字加以形容。所谓冥，乃相合而无相合之迹的意思。……与物冥之心，即是作为美的观照之根据的心。与物冥之物，即成为美的对象之物。这是在以虚静为体之心的主体性上，所不期然而然的结果。[①]

显然，徐复观所阐发的物化，也是从庄子后学的虚静说引申而来的。从庄子后学的角度看，物化说与艺术精神有联系是说得通的。但能说这是庄子本人的“艺术精神”吗？换言之，庄子本人对物化的态度如何呢？

说起来庄子后学的“物化”确实是从庄子那里学来的。“物化”一词首次出现是在《齐物论》的结尾：

昔者庄周梦为胡蝶，栩栩然胡蝶也，自喻适志与！不知周也。俄然觉，则蘧蘧然周也。不知周之梦为胡蝶与，胡蝶之梦为周与？周与胡蝶，则必有分矣。此之谓物化。（《庄子·齐物论》）

梦往往是艺术家的创作动机和表现题材，弗洛伊德把创作称为“作家的白日梦”，曹雪芹写《红楼梦》，汤显祖写“临川四梦”，都传达出梦与文学创作的关系。梦蝶是一个很美的意象，难怪人们会将它与审美想象联系起来。但庄子梦蝶的本意是审美自由吗？我们首先看庄子对梦的态度，《齐物论》中有一段是专门讲梦的：

梦饮酒者，旦而哭泣；梦哭泣者，旦而田猎。方其梦也，不知其梦也。梦之中又占其梦焉，觉而后知其梦也。且有大觉而后知此其大梦也。而愚者自以为觉，窃窃然知之。（《庄子·齐物论》）

①徐复观：《中国艺术精神》，华东师范大学出版社，2001，第53页。

在庄子看来，梦是世人心智迷妄的一种表现，是尚未觉醒的人生。梦中或乐或哭，方其梦也，不知是梦。常人在梦醒之后，验证梦与非梦常用的手段是掐一下自己，以痛觉来辨认真假。但庄子提醒我们，一个人又怎么知道掐自己的动作不是在梦中呢？就如梦中占梦者，也以为自己是清醒的。愚者认假为真，还“自以为觉”，所以需要大圣加以点破。庄子是有资格做大圣的，可是他说别人在梦中，肯定会有人问他：“你又如何知道你现在不是在梦中呢？”《庄子·大宗师》中，“孔子”就对“颜回”说：“吾特与汝，其梦未始觉者邪？……不识今之言者，其觉者乎，其梦者乎？”所以庄子谦虚地借长梧子的话来自解：“丘也与女皆梦也；予谓女梦，亦梦也。”哪一个才是最后的清醒者呢？这真是一个吊诡的问题。庄子说：“万世之后而一遇大圣，知其解者，是旦暮遇之也。”

这位“大圣”才是最后的清醒者，相对于梦中的假人，他是终极版的“真人”。《庄子·大宗师》说：“古之真人，其寝不梦，其觉无忧，其食不甘，其息深深。”修道者的最高境界应该是无梦的，这才是真正的清醒。虚静状态如果只能在清醒时保持，那它的意义就是有限的，真正的修道者在睡境中也应做到一心不乱。章太炎《齐物论释》云：“夫常在定者，觉时无妄，睡中亦无妄相。……诸有梦者皆由颠倒习气未尽耳。”[①]不仅庄子这么看，就连受道家影响的荀子也把梦看成是乱心的表现：“心卧则梦，偷则自行，使之则谋；故心未尝不动也；然而有所谓静；不以梦剧乱知谓之静。”（《荀子·解蔽》）

梦蝶确实是一个物化的过程，但庄子的本意是为了否定它。“栩栩然胡蝶也，自喻适志与！不知周也”，这个“自”显然是蝴蝶而不是庄周了，这正是认假为真。只有到了“俄然觉”之际，才发现“蘧蘧然周也”，这才进入清醒状态，方知自己是庄周。“方其梦也，不知其梦

---

①章太炎：《章太炎学术论著》，浙江人民出版社，1998，第327页。

也”，梦为蝴蝶而不自知，安知此生不为蝴蝶之梦！“且汝梦为鸟而厉乎天，梦为鱼而没于渊。不识今之言者，其觉者乎，其梦者乎？”（《庄子·大宗师》）梦为蝴蝶就化成了蝴蝶，梦为鱼就化成了鱼，梦为鸟就化成了鸟，自我已经迷失，能说是“自在”吗？

其实，重要的倒不是化成什么物，而是在物化的时候，自我是不是跟着丢了。庄子是不怕化的，但在化的时候，有不化者在。《庄子·大宗师》中子舆有病，病体扭曲，变得不成人样。子祀往问之，问他说：“你讨厌它吗（女恶之乎）？”子舆说：

> 亡，予何恶！浸假而化予之左臂以为鸡，予因之以求时夜；浸假而化予之右臂以为弹，予因以求鸮炙；浸假而化予之尻以为轮，以神为马，予因以乘之，岂更驾哉？且夫得者，时也；失者，顺也；安时而处顺，哀乐不能入也。

化左臂以为鸡，“予”因之以求时夜；化右臂以为弹，“予”因之以求鸮炙；化尻以为轮，以神为马，“予”因以乘之。虽形体千变万化，而“予”心不变，这说明子舆是形化而心不化。庄子反对的是形化而心亦化。《庄子·齐物论》中说：“其形化，其心与之然，可不谓大哀乎？”外篇《庄子·知北游》中“古之人，外化而内不化，今之人内化而外不化。与物化者，一不化者也”，可以为此作注。《庄子·德充符》中说：“审乎无假而不与物迁，命物之化而守其宗也。”这也是说要认得真理而不与物迁移，顺物之化而心守其宗。《庄子·天地》中，许由评论啮缺“方且与物化而未始有恒”，就是说啮缺没有做到“命物之化而守其宗”。《淮南子·原道训》说“故达于道者，不以人易天。外与物化而内不失其情”，表达的正是庄子物化说的本义。

庄子在内七篇中大谈丧我、无我、无已，让人感觉他似乎正该是化蝶时的样子才对。其实，化蝶不是物我两忘，而是逐物意移、迷物丧我，一方面物还没有丧，另一方面把真我也丢了。曾经做过道士的李商隐《锦瑟》诗云："庄生晓梦迷蝴蝶。"一个"迷"字最能体贴庄子的原意。永明延寿《山居诗》云"庄周梦里多迷旨"，也是一语道破梦蝶的真意。

不仅庄子反对这种迷失自我的物化，就连儒家的子思也反对。《礼记·乐记》说："人生而静，天之性也。感于物而动，性之欲也。物至知知，然后好恶形焉。好恶无节于内，知诱于外，不能反躬，天理灭矣。夫物之感人无穷，而人之好恶无节，则是物至而人化物也。人化物也者，灭天理而穷人欲者也。"道学家对"玩物丧志"的警戒，就有担心被"物化"的意思。

总之，庄子是反对物化的，主张物化的是庄子后学。不过，以任情为率性，以悦物为与物同体，这虽然与庄子本意相去甚远，却为世间审美艺术打开了一扇大门。

后　记

书稿写完，即将付梓，交代一下成书的因缘。

1999年5月，古香古色的静园，紫藤花开得正浓，我到北京大学中文系参加面试。那时的我血气方刚，像一棵来自塞外荒原的野生的树，被移植到北京大学的校园里。当时我还没有意识到，我必须适应这里的水土和修剪，我根性里的村野之气也要与这里的学院气发生交会与碰撞。

小小的房间，对面是三四个教授。记得张鸣老师，高高的个子，过早花白的头发，温文尔雅，问我想学古代文学中哪一阶段。我说先秦和明清都可以。他问："为什么？"我说先秦是古代文学的起源，而明清是古代文学的总结，我想把住两头。于是，我被安排到先秦两汉专业，导师是于迎春老师。

多年之后，我才意识到，之所以倾向于学习先秦或明清还有别的理由。先秦有思想，而明清有性情，这是我精神世界的两个园地。我曾装模作样地要修身养性，后来才发现，唯有性情才是生机。我也曾倾心于文学创作，后来才发现，自己同样放不下对思想的执着。思想与性情结合，这决定了我要走美学研究之路。也是在多年之后，我才意识到，我希望在审美中寻求生命的自由，还是源于心灵中那棵野生之树的生命力。

既要性情，又要思想，骨子里是不安分的，写文章也不会安于四平八稳。我是于老师的第一个学生，以她的洞达人情，对我的毛病了如指掌，多次提醒我，不要在学术文章中时不时地让自己跳出来。后来转到钱志熙老师门下读博，他也苦于不能矫正我的习气。中期考查，有人说我的文章分段太多，钱师还为我辩解，说这未尝不是我年轻气盛的表现。

然而预答辩那次，我遇到了“滑铁卢”。我自以为有性情，然而清华的一位夫子翻开论文，先指硬伤，以此来嘲鄙我的性情。我自以为有思想，然而本系文献学的一位老师却说看不懂：“感觉大道不走，专钻死胡同。”其实，他也没说错，钻死胡同也就是大钻牛角尖，我确实喜欢钻牛角尖，我也确实喜欢走胡同。我想假如我是北京导游，我一定会带着游客串一串什刹海，因为那才是真正的北京。显然，这里面有我的价值观。但在当时，这些话我都没想起来。后来，哲学系的一位老师对我说：“毕业之后，你随便写；毕业之前，一定要识时务者为俊杰。”于是，我识了一下时务，结果答辩顺利通过，评委赞许有加。

博士毕业，一放就是七年。2012年，我突然动念，重新修改。我要与诸子直接对话，我要成一家之言。我走的依然是胡同导游的路子，希望带着读者在诸子思想的胡同里穿行。想起预答辩时老师们的话，慢慢感觉他们说得也有道理。有些胡同本来是死的，穿不过去，我是强行突破的。于老师曾对我说：“你没有说明白，是因为没想明白。你想明白了，就一定能说明白。”这话让我受益终生。

书稿改完之后，由于没找到出版途径，一放又是七年，直到2019年，开始第二次大规模修改，我心中有了更明确的期许。我最担心的是七子八章，各自为政，只是靠着胶订装在一起，我心目中的好文章要浑然一体，缘督以为经，冲气以为和，所以努力向这个境界靠近。钱穆为诸子系年，称自己的书如常山之蛇，击首则尾应，击尾则首应，击中则首尾皆应。我不敢妄拟前贤，停笔之际，终于感觉庶几近之，也算做到了脉络贯通、前后照应。

我是一个追求完美的人，曾从一个作家那里听到一个说法，说是好的散文，终结于完美的状态，如用黄金铸成，既不欠缺，也不浪费。当时感觉特别有道理，现在却想，我的书不是一尊凝固的黄金雕像，它跟我自己一样，也是一棵生长的树。它的美不在凝固，而在于生机。我只能说，到此为止，这棵文章之树最终长成了现在这个样子。记得硕士论文答辩会上，我曾讲了一个小故事。我说爱因斯坦小的时候，有一次上手工课，交了一个非常难看的小板凳。老师问道："世界上还有比这更难看的板凳吗？"爱因斯坦说："有的。"说着，从书桌里又拿出两个，说："这是我做的第一个和第二个。"现在，我重讲这个故事，是想说明，这是目前为止我能做出的最好的"板凳"了。

为了给当年的读书岁月一个仪式性的终结，我不能免俗地索序于导师，钱老师痛快地答应了。后来才意识到，我给他出了一个多大的难题。我们的学术兴趣并不相同，学术观点也多有分歧，而钱老师还是以长者之心，对我多有包容与鼓励，让我感愧莫名。

此书即将付梓，书名始终难以确定，这让我苦思了好几天。直到突然发现海昏侯墓出土的《齐论语》有佚篇《知道》，子曰："此道之美也，莫之御也。"我立刻决定，就是它了！这竹简在黄土中寂寞地埋藏了两千多年，似乎就为等着有一天让我发现"此道之美"。此书写作历时很久，诸子伴我精神成长，没想到最后书名还是受赐于夫子，这让我喜从中来，莫之能御。

文稿改毕，已是深秋。西风满天，黄叶纷飞。我坐在窗前，听着外面萧萧的风声，想起英格兰北部荒原上艾米莉·勃朗特的"呼啸山庄"，真喜欢这种宇宙的声音。在庄子的形容中，山林之畏佳，大木百围之窍穴，是唯无作，作则万窍怒号。两千年前，诸子独与天地精神往来，其言亦如吹，也是宇宙间的一种声音。两千年后，我亦得与诸子精神往来，而有此一番共振与言说。此言虽微，却也是一窍之鸣。想到从此以后，宇宙万有的合奏中，也有我的一种声音，心中还是有些激动和庆慰的。

张学君

2020年10月